圖解

三大特色
- 一讀就懂的素養導向教學原理
- 文字敘述淺顯易懂、提綱挈領
- 圖表形式快速理解、加強記憶

素養導向教學原理與設計

周新富 著

讀文字

理解內容

觀看圖表

五南圖書出版公司 印行

本書目錄

本書目錄

本書目錄

第 11 章　情意領域教學法

第 1 章

教學的基本概念

●●●●●●●●●●●●●●●●●●●●●● 章節體系架構 ▼

Unit 1-1
教學的概念分析（一）

以教學為專業的教師和其他的專業如醫師、律師等最大的不同，在於教師還沒有正式接受「專業教育」之前，已經接受多年的教育，也就是非正式地進行了十多年的「學徒式見習」（observation of apprenticeship），以致對於教學的涵義和作法，總有些常識性的看法（單文經，2001）。因為每個人的經驗皆有差異，所以對教學概念的確切涵義也會有所不同，有關教學概念分析，在1950-1960年代美國學者如史密斯（Smith）、謝富勒（Scheffler）及英國學者赫斯特（Hirst）相繼完成對教學之概念分析，茲將教學的概念整理如下（單文經，2001；周新富，2020；簡成熙，2005）：

一、教學的本義

索爾提斯（Soltis）提出「教學的本義」，認為教學活動具有以下五項條件：1.有一個人（P），擁有一些；2.內容（C），而且這個人；3.企圖把C傳授給 4.另一個人（R），這個人原來是缺乏C的，於是5.P和R構成了一層關係，其目的在使R能取得C。

二、教學敘述性定義

教學敘述性定義（descriptive definition of teaching）指某一詞彙傳統上約定俗成的意義及對此詞彙的解釋。傳統對教學的解釋是指透過訊號或符號對某人展示某些東西，因此教學就是給予訊息，告訴某人要如何做，或給予學科方面的知識，所以自古以來對教學的定義都是指對某人提供訊息，以教導某人做某些事或是傳授學科知識。

三、教學即是成功

教學即是成功（teaching as success）的觀點認為學習隱含在教學之中，「教」與「學」兩者之間有密切的關係，可以用「教─學」（teaching-learning）的形式來表達。教學通常期望達到成功的學習，但是「教」不一定導致「學」，「學」不一定由「教」開始，如果教師沒有達到教學成效，則需要探究原因何在。然而，依據學生的成就來評鑑教師的教學是有問題的，因為教師無法控制影響學習結果的所有變項。

四、教學是有意向的活動

第三種定義在邏輯上不一定成立，雖然教學有失敗的可能，但教師可以期望自己的教學能達成學習成效。教學是有意向的活動（teaching as intentional activity）的定義是指教學不僅是從事某種活動，而且是「試圖」去進行的活動，有意診斷並改變學生的行為。教師教學時總希望學生達成某種目標，因此教學本身就是有意圖、有目的的行為。

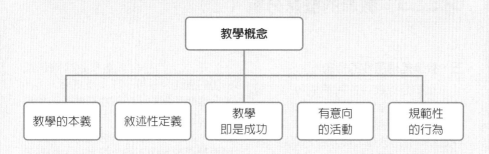

教學概念分析

教學概念

- 教學的本義
- 敘述性定義
- 教學即是成功
- 有意向的活動
- 規範性的行為

教學敘述性定義

教師 → 資訊（知識、技能） → 學生

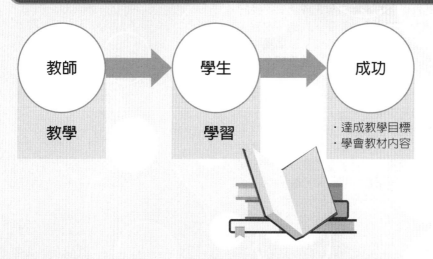

教學是有意向的活動

教師 → 學生 → 成功

教學　　　學習　　　· 達成教學目標
　　　　　　　　　　· 學會教材內容

Unit 1-2
教學的概念分析（二）

五、教學是規範性的行為

教學是規範性的行為的界定，說明教師教學時會依循某些原則或規準行事，也會考慮到倫理的問題。以規範來界定教學有助於釐清與教學相關的一些詞彙，例如「教導」（instructing）、「訓練」（training）、「灌輸」（indoctrinating）、「制約」（conditioning）、「宣傳」（propagandizing）、「說謊」、「恐嚇」（intimidation）等。

這些活動是否屬於教學，視活動過程所涉及的心智程度如何而定，也就是教學活動的過程當中是否訴諸事實的證據及理性。雖然制約和訓練都是在養成行為，但訓練在智能的表現成分較多，制約則較少，所以制約離教學的概念比較遠。

恐嚇與身體威脅是較接近的概念，以此方法為手段制約而成的行為，則不能稱之為教學，例如一個教師在教學時，經常使用責罵和體罰的手段，以達成其教學目的，但這種達成學生行為的改變方式不能算是教學。政治、宗教、社會或道德信念的教學較易淪為灌輸的形式，所以灌輸僅僅居於教學概念的邊緣。至於宣傳和說謊則遠在教學之外，或者根本不能算是教學，因為不論政府的政治宣傳或是生意人的商業宣傳，均有誇大失真的情形，而教師在教學時不能稍有誇大；教師絕對不可以在教室中對學生說謊，故意教些不真實的東西或故意散布不正當的思想和邪說。

由以上的分析得知和教學關係最密切的概念是教導，其次是訓練，再其次為灌輸和制約，這兩項活動若善加利用，可提高它們在教學上的價值。至於宣傳、說謊、恐嚇和身體威脅等概念，則離教學很遠，不能算是教學，如果教師在教學時，進行政治上的宣傳或是說謊，這樣的教學將無價值可言；如果教師在教室中濫施體罰，甚至使用不當的言詞威脅或恐嚇學生，這些行為都是相當嚴重的錯誤，都不能算是教學。

經由以上教學概念的分析，可知良好的教學需具備有意向獲致學習、方法需合理、方法在道德上可被接受三項特質。至於教學涉及了哪些認知結構？歐陽教（1998）認為教學存在三種類型，即事實的教學、技能的教學及規範的教學。在教學過程中，除了教材的客觀呈現外，教師要能掌握學生的認知經驗，以建立與教材的客觀聯繫，例如教師使用的語言（簡成熙，1999）。

教學是規範性的行為

教學的相關活動

教導	訓練	灌輸	制約	宣導	說謊	恐嚇
最接近教學	養成行為	道德信念	養成行為	不是教學	不是教學	不是教學

教學的認知結構

事實的教學

技能的教學

規範的教學

教學過程須掌握的重點

 教材的客觀呈現 **+** 掌握學生的認知經驗 **=** 建立與教材的客觀聯繫

Unit 1-3
教育的規準

　　教育的範圍包含教學、學習、訓導及輔導，不管這些方法或活動的方式如何翻新，一定要符合價值論或發展心理學的規準（criteria），合於規準的活動就是有教育意義或教育價值的，反之則為「反教育」或「非教育」（歐陽教，1998）。反教育指的是學習之後形成負面影響，甚至妨礙學生發展；非教育則是指學習之後與先前比較並未發生轉變，即表示該活動不具教育價值。任何教學活動皆要合乎教育本質，且有助於個體正向成長。

　　英國教育學者皮德思（Peters）提出三項判定規準，教學活動需符合這些規準（梁福鎮，2006；歐陽教，1995）：

一、合價值性

　　教育是價值傳遞與創造的活動，一切教育活動的內涵，都應是一種「有價值的活動」。就廣義的教育價值來講，舉凡「生命、真理、道德、美藝、權力、功利、宗教」等人生價值類型的追求，都可作為有價值的教育活動材料，解答人生各種不同範疇或層次的生活的意義。教育的合價值性（worthwhileness）最重要是必須符合道德規範的要求，否則即是反教育。例如教學生拿石頭打落水狗即不合價值性。

二、合認知性

　　教育活動還包含各種事實分析的領域，例如物理、化學、地理、歷史等，這些屬於認知的活動旨在求真，如果把真當假或把假當真，即是反教育。這說明教育所提供的內容應屬於證據充分的知識真理，缺乏證據的個人信念，或是錯誤不實的偏見迷信，都是違反認知性（cognitiveness）這項規準。例如學校應教天文學，不是教占星術；教地理，不是教風水等。

三、合自願性

　　所謂合自願性（voluntariness）亦即「自願的歷程」。教育活動不管是教學、訓導、輔導等工作歷程，要顧及學習者的身心發展的歷程與自由意志的表達，而不是在威脅、強制、灌輸之下參與，這樣的教育活動才容易收到最大的成效，反之容易造成悖離道德的反教育。

　　教學是教育活動最主要的成分，教學亦需符合這三項規準。教學的內容皆需符合價值性，不能教導學生以欺騙獲取不當利益，也不能教導學生賭博、傷害生命等違反社會正面價值的內容。合認知性及合自願性這兩項規準引起較多的爭議，教學的內容不一定是科學知識，應擴大至文學上的神話、虛構的小說等領域；合自願性這項規準如同上述「教學是規範性的行為」。

真教育、非教育、反教育意義的差別

教育活動分類	定義	舉例
真教育 （educative）	符合教育應有的規準，並且產生正面影響。	教導學生欣賞與吟誦唐詩三百首。
非教育 （non-educative）	不符教育應有的規準、未發揮教育之正向作用、沒有價值的判斷與導向、缺乏認知的意義。	舉辦吃水餃比賽，以提升班級凝聚力。
反教育 （mis-education）	悖離教育應有的規準，而且產生負面影響，例如違反真理認知、妨礙個人潛能發展等。	教導學生可以為謀私利而殺人或詐騙。

教育規準的內涵

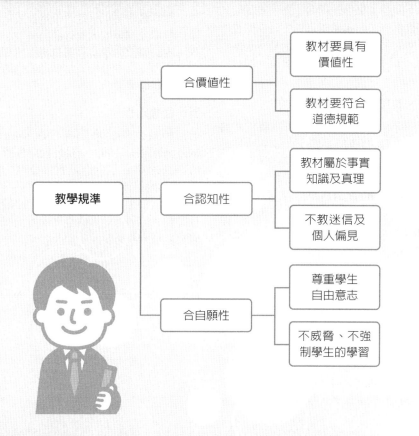

教學規準
- 合價值性
  - 教材要具有價值性
  - 教材要符合道德規範
- 合認知性
  - 教材屬於事實知識及真理
  - 不教迷信及個人偏見
- 合自願性
  - 尊重學生自由意志
  - 不威脅、不強制學生的學習

Unit 1-4
教學的基本要素

美國教育心理學者葛拉塞（Glaser, 1962）提出一般教學模式（general model of instruction, GMI）或稱爲基本教學模式，認爲所有的教學活動都包括四個基本要素：1.教學目標；2.起點行爲；3.教學流程；4.表現評量。後來美國學者奇伯勒（Kibler et al., 1974）將之修改爲：1.教學目標；2.評估；3.教學程序；4.評鑑。這個模式是對教學的設計、實施、評鑑和改進等過程的指導，可應用於各種教育層級、課程及教學單元，使教師在準備教學之前先思考以下問題：學生要學習什麼、要採用什麼教學方法、如何確定學生是否學會所要學的東西。該模式之教學基本要素包括（王財印、吳百祿、周新富，2019；黃光雄，1999）：

一、教學目標

準備教學目標是整個教學模式當中最重要的步驟，因爲教師必須決定他想教些什麼。此步驟需具有四項要件：1.選擇合適的目標；2.將預期達成的目標加以分類；3.分析學生表現何種行爲才算達成預期的目標；4.以行爲目標具體陳述。

二、評估

在單元教學開始之前先了解學生的起點行爲，稱之爲評估（pre-assessment）或前測，其目的在：1.了解學生知道多少；2.學生是否具備教學所需的行爲能力；3.教學活動要依據每位學生的需求，再將評估的結果應用到實際教學活動之中，決定哪些學生可以省略某些教學目標，哪些學生要先補足欠缺的能力，哪些學生要實施特別的教學活動。

三、教學程序

評估學生所具備的能力之後，就要開始進行教學，教學者要思考用什麼方法使學習者學會教材，所以這個步驟包括選擇教學策略、選擇教材、設計能有效達成教學目標的活動等。

四、評鑑

評鑑即一般所稱的評量或考試，再加上教師的省思。當完成教學單元之後，即評鑑學生以確定教學是否成功地達成該單元的目標，並且探討失敗的教學可能的原因。通常評鑑包括使用測驗或其他工具，測量學生所獲得的知識、技能和態度。

五、回饋環線

模式內的回饋環線（feedback loop）有兩項目的：一是在提醒教師依據評鑑的結果作爲修正教學目標、評估、教學程序等項目的參考；另一目的乃是提供學生有關其學習進步的回饋。教師藉此線思考是否改變教學方法或是調整教材的難易度。

一般教學模式

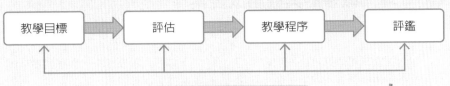

教學目標 ➡ 評估 ➡ 教學程序 ➡ 評鑑

回饋環線

取自 Kibler et al. (1981, p.34)

一般教學模式各階段的任務

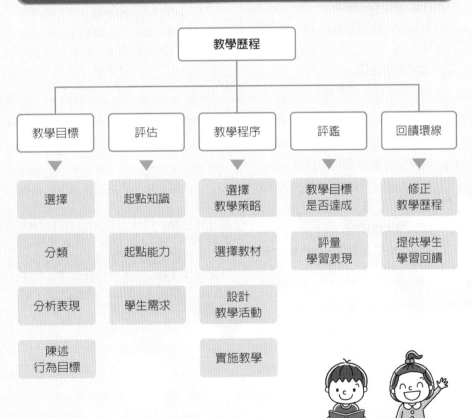

教學歷程

教學目標	評估	教學程序	評鑑	回饋環線
▼	▼	▼	▼	▼
選擇	起點知識	選擇 教學策略	教學目標 是否達成	修正 教學歷程
分類	起點能力	選擇教材	評量 學習表現	提供學生 學習回饋
分析表現	學生需求	設計 教學活動		
陳述 行為目標		實施教學		

009

Unit 1-5
教學的其他組成要素

由上述模式可以歸納出四項教學的基本要素，即學習者、教學目標、教學方法與教學評量。坎普（Kemp, 1985）認爲除基本要素外，還要有其他要素，才能組成完整的教學過程，他提出十要素的看法。除了學習者、教學目標、教學方法和教學評量之外，還要有以下六項：

一、評估學習者的需求
確定設計教學方案的目的、限制和先後順序。

二、選擇教學主題
確定教學的主要單元。

三、確定教材
依據教學主題編輯成教材。

四、選擇支援教學活動的資源
教學資源是指教學中可能使用到的材料、用具或設備。

五、特殊的支援服務
在執行教學活動時，在行政上需要如何提供支持服務，例如設備、教材、時間表、預算、人事等方面的配合。

六、前測（pretesting）
前測或稱爲預試，即進行教學之前的能力測驗，是用來決定學習者目前所擁有的知識程度，由前測可以得知學習者是否具備學習新教材所需的知識、能力。

上述的六項要素中，與學習者有關的要素爲學習者需求、前測兩項；與教學目標有關的要素有選擇教學主題、確定教材。教學資源和支援服務兩項不屬基本要素，坎普所提出的教學要素，其重點之一是在強調學校所提供的教學資源在教學中的重要性，如果有充分的教學資源供教師運用，則教學的成功率會顯著提升。

坎普所提的教學要素共包含以下十項：1.學習者需求；2.教學主題；3.學習者特性；4.主題內容（教材）；5.教學目標；6.教學方法與學習活動；7.教學資源；8.支援服務；9.教學評量；10.預試。由教學要素的分析可知，在教學的歷程，其所包含的要素大致相同，皆需包含：教學目標、教學者（教師）、導生或電腦台、教材、進度、方法、環境、學生組合（班級、小組或個人）、教學評量。不同的教學設計或教學模式，乃是由各種不同的要素組合而成（林生傳，1992）。例如目前流行的翻轉教學，教師課前事先錄製教學影片，可以在上課時間播放，或上傳平台供學生課後複習或進行補救教學，此時電腦在教學要素中即占重要的比重，學校需提供必要的支援服務。

坎普的教學要素

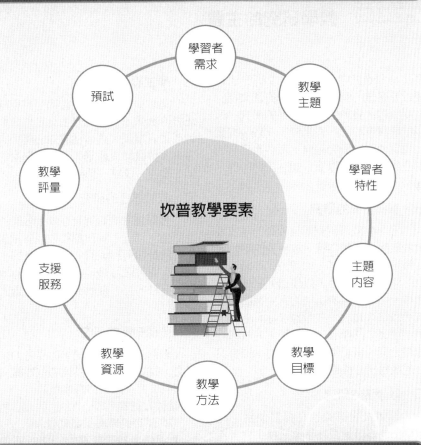

協助教學運作的資源

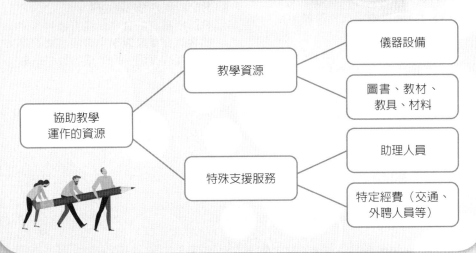

Unit 1-6
教學研究的主題

　　科學化的教學研究重視研究過程要以有系統、有條理的科學方法來探討教學問題，強調的是實徵性的研究，所以依解釋資料的形式來分，一般分成量化與質性兩種研究趨向，這些教學研究的主題可以分成以下六類（王財印等，2019；周新富，2019）：

一、教師特質的研究

　　最早的教學研究認爲教學的品質取決於教師個人的特質，故研究的目的在於鑑定教師的特質，如智力、經驗、儀表、熱心、信仰等，以作爲教師效能的指標。由研究歸納出來的有效教師的特質可以拿來建立一些效標（criteria），例如溫暖、同理心、負責任、有效率、激勵士氣、富想像力、創造力、維持良好班級秩序等特質。

二、教學法的研究

　　教學法的研究旨在探討使用不同教學法的班級是否在學業成就上會有差異，這種研究都以實驗法進行，讓兩個或兩個以上的班級接受不同的教學法，然後以班級學業成就比較教學法的優劣。但教學法的研究只取少數幾個班級爲樣本，代表性不夠；加上實驗控制的程度又相當低，以致研究結果經常受到質疑。

三、教師行爲的研究

　　這種研究主要是測量教師教學的行爲或表現對學生學習的影響，此一研究發展對有效教學技巧、能力本位的師範培育、教學評鑑等方面，提出許多具體的建議。

四、學生思考的研究

　　這種研究是先研究教師行爲與學生思考的關係，再研究學生認知思考與學習成果的關係。這是從認知心理學的角度來探討教師或教學如何影響學生的認知、期待、注意、動機等因素。

五、教師思考的研究

　　教師思考的研究旨在描述教師的心智活動，以及了解和解釋教師外顯的教學行爲是如何形成的。教師思考的研究提供有關教師行爲、行爲原因及有效行爲的資料，可引導教師進行有計畫的教學。

六、教師知識的研究

　　教師知識的研究是教師思考的後續研究，探討教師需要具備哪些知識。這方面的研究可歸納爲四種類型：

1. 探討教師在哲學、社會學、心理學等所使用的理論知識基礎。
2. 教師使用教學實務的知識有哪些？例如教學方法及策略等。
3. 教師所持有的學科知識有哪些？
4. 教師所持有的實務知識有哪些？例如教師在實際教學中發展出來的規則、原理原則、所形成的教學意象等。

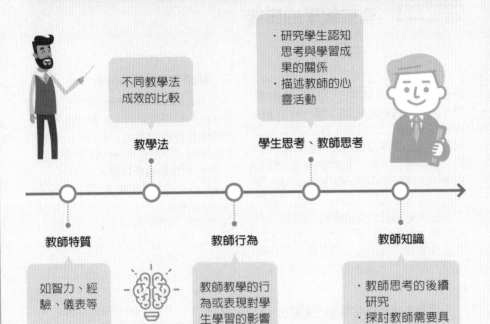

教學研究主題的發展

不同教學法成效的比較

研究學生認知思考與學習成果的關係
描述教師的心靈活動

教學法

學生思考、教師思考

教師特質

教師行為

教師知識

如智力、經驗、儀表等

教師教學的行為或表現對學生學習的影響

教師思考的後續研究
探討教師需要具備哪些知識

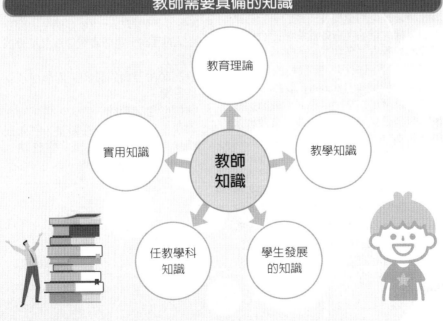

教師需要具備的知識

教育理論

實用知識

教師知識

教學知識

任教學科知識

學生發展的知識

Unit 1-7
有效教學的研究

有效教學（effective teaching）是指有用、有效率、有效益的教學，此一名詞與教師效能（teacher effectiveness）經常被視為同義字，指的是為達到教學目標所使用的策略、方式、途徑是有效的；也就是指在教學歷程中，教師所表現的一切有助於學生學習的行為（林進材，2002）。有效教學研究主要是測量教師教學時的行為或表現對學生學習的影響，這個研究模式對有效教學技巧有相當大的貢獻，其研究成果說明如下（周新富，2016；Jones & Jones, 1998）：

一、教師組織和經營教室活動的技巧

對教師組織和經營教室活動技巧的研究之所以受到重視，主要是因為有三項研究得到極大的迴響。第一項是庫寧（Kounin, 1970）的研究顯示教師組織和經營技能的重要性，他的研究結果得到這樣的結論：有效能的教師會使用不同的教學方法預防學生的不當行為。第二項教師組織和經營行為的研究是布拉裴和伊文森（Brophy & Evertson, 1967）以兩年的時間觀察59位教師的教學，其結果支持庫寧的研究，有效教學行為可以預防學生偏差行為及增進教學成效。第三項是艾默等人（Emmer, Evertson, & Anderson, 1980）觀察28位國小三年級教師在學校開學前幾週教學情形，發現整學年順利運作的有效能班級，大部分來自學校最初幾週能做有效計畫和組織的班級。這項研究持續進行到國中，證明開學早期的計畫和適當教學行為的重要性。

二、教師呈現教材的技能

有效教學研究教師的教學技巧，發現良好的呈現教材技巧可以預防學生上課時偏差行為的產生，並且可以充實學生的學習，以下是重要的研究結果：
1. 要有清楚的教學目標。
2. 提供有效的直接教學（direct instruction）。
3. 監控學生的學習。
4. 配合學生的學習形式（learning styles）。
5. 強調多元文化教育的重要性。

其中第五項多元文化教育在強調課程與教學的發展不能忽視族群因素，教師要了解學生的文化背景，才能引發其學習動機及促進學習成效。

三、教師與學生互動的技巧

有效教學研究的第三項重點是教師與學生互動的技巧，也就是師生之間良好關係的建立，這個研究領域又可分成兩個部分：
1. 探討師生互動的質和量對學生成就的影響。
2. 強調師生互動時，個人、情感層面對學生態度及成就的影響，例如我們所熟悉的「自我預言的應驗」（self-fulfilling prophecies），即屬這方面的研究。

有效教學定義

教師效能	=	教學效能	=	有效教學

達到教學目標所使用的策略、方式是有效的

有效教學的研究成果

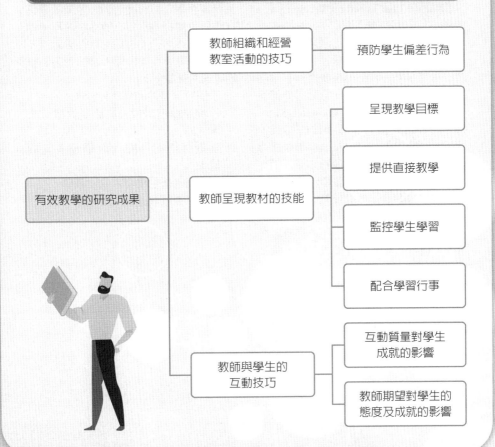

有效教學的研究成果
- 教師組織和經營教室活動的技巧 — 預防學生偏差行為
- 教師呈現教材的技能
  - 呈現教學目標
  - 提供直接教學
  - 監控學生學習
  - 配合學習行事
- 教師與學生的互動技巧
  - 互動質量對學生成就的影響
  - 教師期望對學生的態度及成就的影響

Unit 1-8
有效能教師應具備的專業知識

在專業特質論以及形成專業地位的策略中，專業知識是社會大眾信任的重要因素，而且專業知識更重要的是能成為專業人員可用的資源，使專業人員與他人之間產生社會距離，因此提升教師專業地位的途徑要先從充實教師專業知識著手（黃嘉莉，2008；簡良平，2007）。

教師需要具備哪些專業知識？美國在1986年由霍姆斯小組（Holmes Group）和卡內基教學專業小組（Carnegie Task Force on Teaching as a Profession）分別提出報告，討論教師專業和教師教育的問題，兩篇報告都認為：如果要確保教育質量，必須提高教師的專業水準。教師如果要進行有效的教學，最重要的是教師一方面需要擁有「學科知識」（content knowledge），另一方面需要擁有「教學法的知識」（pedagogical knowledge）。學科知識即教師所要任教學科之專門知識，例如國文、自然、數學等；教學法的知識即是將教材知識、社會的規範與價值傳遞給學生的知識與能力，例如課程設計、教學活動的規劃與執行、評量與班級經營等。這些知識在師資養成階段，除了理論講授之外，還要與教學實習相結合，讓學生能將理論應用到實際教學情境。此外，學習者的知識與其社會發展脈絡、實踐反思能力、個人實用知識，均是教師在專業化過程中所要學習的專業知識（周新富，2018）。

《師資培育法》將「師資職前教育課程」分為三類：普通課程、教育專業課程及專門課程。普通課程為培育教師人文博雅及教育志業精神之共同課程，教育專業課程為培育教師依師資類科所需教育知能之教育學分課程，專門課程為培育教師任教學科、領域、群科專長之專門知能課程。教育部（2020）修訂《中華民國教師專業素養指引──師資職前教育階段暨師資職前教育課程基準》，引導師資培育大學規劃師資職前教育課程與安排實踐活動，各種師資培育類科所需修畢的學分數亦在該指引中規定。其內容包含5項教師專業素養及17項教師專業素養指標，教師所需具備的專業素養如下：

1. 了解教育發展的理念與實務。
2. 了解並尊重學習者的發展與學習需求。
3. 規劃適切的課程、教學及多元評量。
4. 建立正向學習環境並適性輔導。
5. 認同並實踐教師專業倫理。

師資職前教育課程類型

普通課程	教育專業課程	專門課程
人文博雅及教育志業精神之共同課程	各師資類科所需教育學分課程	任教學科專門知能課程

教師需具備的專業素養

了解並尊重學習者的發展與學習需求

建立正向的學習環境並適性輔導

規劃適切的課程、教學及多元評量

了解教育發展的理念與實務

認同並實踐教師專業理論

Unit 1-9
有效能教師應具備的教學能力

　　教學工作具以下特性：1.設定標準，例如至少兩年的師資培育課程，通過資格考試及實習；2.專業倫理；3.遵守工作義務（Hall, Quinn, & Gollnick, 2008）。因此需要特定的知識和密集的學術準備，才能勝任這項工作。教師需具備以下的教學專業能力（張新仁，2008；曾憲政等，2007）：

一、教學清晰

㈠ 掌握所授教材的概念：1.能充分了解所授教材的概念；2.能將概念轉換成教學活動。

㈡ 清楚地教導概念及技能，形成完整的知識結構：1.能有組織，有系統，由簡到繁的呈現教材；2.能提供多種例證或範例，引導學生觸類旁通；3.設計有意義的練習或作業，指導學生確實完成；4.於每節課結束以前總結或摘要學習要點。

二、活潑多樣

㈠ 引起並維持學生動機：1.提出和學生生活相關或有興趣的問題，引起學生學習興趣；2.能以新鮮有趣的事物或活動，維持學生注意力；3.給予學生成功的經驗，增強其學習動機。

㈡ 運用多元的教學方法及學習活動：1.依教材之需要，應用多元的教學方法；2.能促進學生相互合作、共同討論或學習。

㈢ 使用各種教學媒體。

㈣ 善用各種發問技巧：1.能設計問題由淺而深；2.能使用開放性問題，以激發討論。

三、有效溝通

㈠ 運用良好的語文技巧：1.音量足夠，咬字清晰；2.使用學生能理解的語言文字；3.板書工整正確。

㈡ 適當地使用身體語言：適當地使用眼神、面部表情或手勢。

㈢ 用心注意學生發表，促進師生互動：1.鼓勵學生發表，傾聽學生說話，不隨便干擾；2.給予學生建設性的評語。

四、掌握目標

㈠ 充分地完成教學準備：能依教學目標來設計活動、練習及作業。

㈡ 有效掌握教學時間：1.上課時儘速進入教學活動；2.巧妙地銜接教學活動，維持流暢的教學節奏；3.利用走動、查看等技巧，促進學生積極學習。

㈢ 評量學生表現並提供回饋與指導：1.使用多元的評量方式，了解學生的學習成效；2.明確地改正和指導學生在學習上的錯誤；3.鼓勵進步的學生；4.對特殊需要的學生，採取補救教學或加深加廣的措施。

㈣ 達成預期學習效果：1.學生用心學習專注於學習活動；2.學生能理解並運用所學的概念及技能。

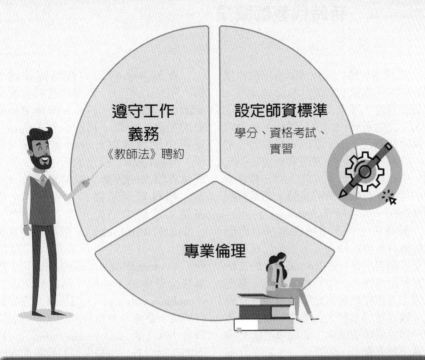

教學工作特性

遵守工作義務
《教師法》聘約

設定師資標準
學分、資格考試、實習

專業倫理

有效能教師應具備的教學能力

教學清晰	活潑多樣	有效溝通	掌握目標
▼	▼	▼	▼
掌握教材的概念	引起並維持動機	運用良好的語言技巧	充分地完成教學準備
清楚地教導概念及技能	多元教學方法	適當使用身體語言	有效掌握教學時間
	使用各種教學媒體	用心注意學生發表	評量學生表現並給予回饋
	善用發問技巧		達成預期學習效果

Unit 1-10
新時代教師圖像

教育部（2012）在《師資培育白皮書》中，所描繪的新時代教師圖像為：具備教育愛、專業力、執行力的新時代良師。面對新時代的教育環境，社會對於教師的關注，仍主要圍繞於教師敬業心、教師專業知能與實際教育成效等三項，所以培養富教育愛的人師、具專業力的經師、有執行力的良師，乃是教師圖像所在。

教育史上首先系統性地探討教師應當擁有教育愛特質者，主要以德國教育學者斯普朗格（E. Spranger）的文化教育學派為代表，他認為教育的任務是使個人人格在社會文化中獲得發展及完成，教育是培養個人人格的一種文化活動。為達成這項使命，他倡導教師必須具備「教育愛」，教育愛包含以下五項特質：

1. 幫助學生成長與改變，以提升自我主觀精神的層次。
2. 使學生自我完善，趨向未來理想圖像，彰顯「高層次自我」。
3. 使學生認同所有自然及心智生命者所遵循的法則。
4. 使學生感受教師的愛，能發自內心遵守教師的規定。
5. 教育愛是不求回報的，而且是惠及全體學生（朱啓華，2006）。總括來說，教育愛並不只是一種純粹的情感付出，教育愛所期盼的教師專業是：富有教育理念、文化目標、了解學生發展與其生活脈絡的關係、懂得運用文化與道德價值陶冶學生的品格與行動（葉彥宏、施宜煌，2017）。

要符合新時代的教師圖像需具備九項核心能力。要成為富教育愛的人師，「關懷」（care）學生是教育愛的起點，再以「洞察」（insight）掌握學生發展與社會變遷，讓「熱情」（passion）持續教育志業。要成為具專業力的經師，需要具備教育專業、學科專門知識、教學知能，從專業知能當中培養「批判思考力」（critical thinking），進而啟迪具有思考力的學生，並且需佐以「國際觀」（international perspective），以掌握全球發展，具備「問題解決力」（problem solving），以析釐面臨的教育挑戰。要成為有執行力的良師，需要具有「合作能力」（cooperation），共同與教師同儕、相關學校教育專業者溝通與推動教育事業，再以「實踐智慧」（practical wisdom）革新教育實務，「創新能力」（innovation）轉化創意思維而有嶄新的教育作為。因此，新時代良師需要具有關懷、洞察、熱情、批判思考力、國際觀、問題解決力、合作能力、實踐智慧、創新能力等九項核心內涵（教育部，2012）。

教育愛的特質

幫助學生
成長與改變

使學生
自我完善

使學生認同所有
自然及心智生命者
所遵循的法則

使學生感受
教師的愛

教育愛是
不求回報的

教師圖像及其核心內涵

教育活動分類	核心內涵		
富教育愛的人師	洞察 insight	關懷 care	熱情 passion
具專業力的經師	國際觀 international perspective	批判思考力 critical thinking	問題解決力 problem solving
有執行力的良師	創新能力 innovation	合作能力 cooperation	實踐智慧 practical wisdom

取自教育部（2012，頁13）

第 **2** 章

重要的學習理論

● ● ● ● ● ● ● ● ● ● ● ● ● ● ● ● ● ● ● 章節體系架構 ▼

Unit 2-1
行為主義的學習理論

　　從巴夫洛夫（I. Pavlov）的古典制約到桑代克（E. Thorndike）的效果律，行為主義在學習的研究得到許多豐碩的成果，讓這些理論可以應用到教學及班級經營之中，特別著名的學者是史金納（B. F. Skinner）所提出的操作制約理論，探討刺激在學習上的影響及刺激產生後的反應對學習的影響，這些理論對改變學生的不當行為成效頗佳。其理論最重要的原則是行為會因立即後果（immediate consequences）而改變，愉快的後果強化行為，而不愉快的後果則弱化行為。因此建議教師設計一套外在的獎懲系統，以鼓勵或處罰學生（周新富，2016）。

　　行為主義重視外在環境對學習的影響，較忽略個體內在的心理活動，操作制約就是指透過刺激反應的聯結與增強作用，協助學習者習得對他有用的行為。行為論觀點在教學的具體應用就是編序教學、電腦輔助教學、行為目標的撰寫、精熟學習等（張春興，2013）。

　　精熟學習（mastery learning）是一種教學策略與設計模式，係於1968年由布魯姆（Bloom）根據卡羅（Carroll）在1963年所發表的「學校學習模式」（a model for school learning）的理念加以發展而提出的教學法。其目的在使大部分的學生（80%至90%）皆能精熟學習目標，是屬於時間本位的教學設計（毛連溫、陳麗華，1987）。

　　卡羅（Carroll, 1963）指出學習的程度決定於個人學習的時間，那是依個人學習所需的時間、個人所能獲得的時間以及如何真正運用而定。在學習的過程中，「性向」（aptitude）固然重要，但時間的充分與否更是能否達成學習目標的重要因素。布魯姆的精熟學習理論主要是根據卡羅的學校學習模式衍生而來，他認為影響學生的學習成敗有兩類因素：一類是「穩定的變項」，例如智力、社經地位；另一類是「可改變的變項」，例如認知及情意的起點行為與教學品質等變項。認知的起點行為指學習者在學習某一特定任務之前所具備的基本知識和技能；情意的起點行為則指學習者對學習任務的興趣、態度、自我觀念等。至於布魯姆所主張的高品質教學則有四個成分：1.提示，即提供學生學習的線索或指引；2.參與，指學生內在或外在的參與學習活動；3.增強，指學生因學習而獲得鼓勵；4.回饋與校正活動，他認為回饋與校正是提高教學品質的主要方法（劉麗琴、呂錘卿、李坤霖，2008）。

行為主義學習理論

巴夫洛夫古典制約	桑代克練習律、 準備律、效果律	史金納操作制約
了解環境刺激與個體的關係，可以設計並控制刺激	反應後獲得獎賞，將使刺激反應連結增強	設計一套外在的獎懲系統

精熟學習理論

卡羅

學習的程度決定於個人的時間

「性向」固然重要，但時間的充分與否更重要

布魯姆

學習的穩定變項：智力、社經地位

學習可改變的變項：認知及情意的起點行為與教學品質

高品質教學：提示、參與、增強、回饋與校正

Unit 2-2
皮亞傑認知發展理論

認知（cognition）是指人類如何獲取知識的歷程，所謂認知發展是指個體自出生後在適應環境的活動中，對事物的認識以及面對問題情境時的思維能力與能力表現，隨年齡增長而逐漸改變的歷程（張春興，2013）。皮亞傑（Jean Piaget, 1896-1980）提出認知發展理論最爲著名，他認爲基模（schema）是每個人用來組織和理解世界的心理模式或架構，經由儲存成爲長期記憶。每個基模包含分離的資訊片段，以某種方式連結成爲個人的「意義」。每個人都需要分類，而基模即將發生的事轉化成心理儲存的類別。成年人有數千個基模，每個人的基模皆是獨特的。皮亞傑認爲認知是人與外在環境互動的適應結果，在適應的過程中，基模透過同化（assimilation）和調適（accommodation）的過程，使認知結構愈趨成熟，並且達到平衡狀態（Scales, 2008）。

皮亞傑按照認知結構的性質把整個認知發展劃分爲幾個時期（period）或階段（stage），每一階段均產生與上一階段不同的認知能力，代表兒童獲得了適應環境的新方式，各階段的發展不但是連續不斷且有一定的順序，階段不能省略，順序也不能顚倒，以下即分別說明認知發展各階段的特徵（張春興，2013；Piaget, 1981）：

一、感覺動作期

感覺動作期（sensory-motor period）爲0-2歲，才出生的嬰兒所擁有的感覺器官已能發展功能，例如已有視、聽、痛、觸、味覺等，亦能覺察出物體的顏色與形狀。此期幼兒主要靠身體的動作及由動作獲得感覺去認識他周圍的世界，口的吸吮和手的抓握是幼兒用以探索世界的主要動作。

二、運思前期

運思前期（preoperational period）約從2-7歲，正值接受幼兒教育的年齡，這段時期在教育上特別重要。當幼兒遇到問題時固然會運用思維，但他在思維時是不合邏輯的。這個時期的兒童能使用語言表達概念、能使用符號代表實物、能用直覺來判斷事物，但只會作單向思考，尚無法應變。

三、具體運思期

具體運思期（concrete operation period）約從7-11歲，兒童認知的主要特徵是能夠以邏輯法則推理來思考，但這項能力只限於眼見的具體情境或熟悉的經驗。

四、形式運思期

形式運思期（formal operation period）約從11-15歲，這時期的思維能力漸趨成熟，可以不藉具體實物，而能運用概念的、抽象的、純屬形式、邏輯方式去推理。思維能力到此已發展成熟，以後只從生活經驗中增多知識。

認知過程

基模   每個人用來組織和理解世界的心理模式或架構

同化   將新訊息納入既有的基模中

調適   不能同化新知時，必須改變基模來整合訊息

平衡   能同化新訊息，心裡感到平衡，否則會產生失衡

認知發展各階段的特徵

感覺動作期   **運思前期**   **具運體思期**   **形式運思期**

感覺動作期	運思前期	具運體思期	形式運思期
・0-2歲 ・靠身體的動作及感覺去認識他周遭的世界	・2-7歲 ・能用符號代表實物、能用直覺來判斷事物，但只會單向思考	・7-11歲 ・能以邏輯法則推理思考，但只限具體情境或熟悉的經驗	・11-15歲 ・不藉具體實物，能運用概念的、抽象的邏輯方式去推理

Unit 2-3
布魯納認知成長理論

布魯納（J. S. Bruner, 1915-2016）是美國發展心理學家，其理論稱為認知成長理論（theory of cognitive growth），雖然受到皮亞傑的影響，但他不主張認知結構發展的改變，而是重視兒童以不同的方式來獲得知識（Schunk, 2008）。布魯納在學習理論方面提出發現學習理論（discovery learning theory）。

一、認知表徵理論

布魯納將人類對環境周遭的事物，經知覺而將外在事物或事件轉換為內在心理事件的過程，稱為認知表徵（cognitive representation）或知識表徵（knowledge representation），指人類經由認知表徵的過程而獲得知識。布魯納認為人的認知發展有三種方式，而與發展的順序相結合，建議教師依學生的發展層級而以不同的教學方式呈現知識。這三種方式分別是（Bruner, 1966; Schunk, 2008）：

（一）動作表徵

指3歲以下幼兒靠動作認識了解周圍的世界，亦即透過行動的手段，來掌握概念或事物，像騎單車、敲打等肌肉的動作皆屬之。實物或具體物教具（花片、積木），皆為概念的動作表徵，它們可以被實際地操弄。動作表徵（enactive representation）是求知的基礎，雖然最早出現在幼兒期，但卻一直沿用到終生。

（二）圖像表徵

約3-5歲左右的兒童即能以圖像來運思，稱為圖象表徵（iconic representation）。即使具體物體已消失，但可以對物體知覺留在記憶中的心像（mental image）為材料，進行內在的活動；或是靠照片、圖形的學習，兒童亦可獲得知識。

（三）符號表徵

符號表徵（symbolic representation）或稱象徵表徵，指6-7歲以後在小學接受教育的學童能運用符號、語言、文字等抽象符號獲得知識的方式。認知發展至此程度，代表智力發展臻於成熟，以後兒童的認知主要是採用符號模式，但是他們還是繼續使用動作、形象模式來獲得知識。

二、發現學習理論

布魯納認為在教育上僅傳授知識，不能算是完整的教育，應讓學生自己探索、推理思考、解決問題、發現事實或法則、享受學習的樂趣，進而培養好奇心，鼓勵創造與探索未知世界，所以布魯納提出發現學習的教學理念。發現學習是強調由學生主動探索而獲得問題答案的一種學習方式，教師的角色是提供學生解決問題、評鑑和學習遷移的機會，這裡的評鑑是指由學習者評估新知識在解決問題的有效性，以及決定訊息的處理方式。問題本位學習（problem-based learning）及專案本位學習（project-based learning）皆來自於此理念（Scales, 2008）。

認知表徵理論

動作表徵 → **圖像表徵** → **符號表徵**

- ·0-3歲
- ·靠動作了解周圍的世界

- ·約3-5歲
- ·以照片、圖形來學習

- ·6-7歲以後
- ·運用語言、文字獲得知識

發現學習理論

發現學習

- 強調由學生主動探索而獲得問題答案的一種學習方式

- 教師的角色是提供學生解決問題、評鑑和學習遷移的機會

- 應用理念的教學法
  - 探究教學法
  - 問題本位學習
  - 合作學習法
  - 案例教學法

029

Unit 2-4
奧蘇貝爾意義學習理論

奧蘇貝爾（D. P. Ausubel）是美國認知行為論的重要學者，他將認知心理學與課堂教學密切地結合，稱之為意義學習理論（meaningful learning theory）。以下分別敘述其理論要點（張春興，2013；沈翠蓮，2002；甄曉蘭，1997；Ausubel, 1968; Schunk, 2008）：

一、基模理論

基模（schema）這個概念最初是由哲學家康德提出的，認為基模是對先前反應或經驗所形成的一種組織。瑞士心理學家皮亞傑（Piaget）透過實驗研究，賦予基模概念新的涵義，成為他的認知發展理論的核心概念，是人類組織和處理訊息的模式。奧蘇貝爾將基模描述成把資訊組成有意義概念的認知結構，所謂認知結構就是學生現有知識的數量、清晰度和組織結構，由學生目前能回想出的事實、概念、命題、理論等構成。奧蘇貝爾認為學習者知識的獲得都是建立在他已有認知結構的基礎之上，學習是「認知結構的重組」，學習過程就是學習者積極主動建構知識的過程。

二、前導組體

前導組體（advance organizer）或稱前導組織，是一種有參考價值的、可窺視全貌的介紹材料，在學習前介紹給學生，其特色為具有高度的摘要性（abstractness）、普遍性（generality）及全面性（inclusiveness）。前導組體就是對所要學習教材的初步陳述，以便為新訊息提供一個架構，並使新訊息能與學生已有的訊息產生關聯。這個架構是一組相當短的文字式或圖解式的資料，提供教材中重要概念之間的相互關係，可分為「說明式」（expository）及「比較式」（comparative）兩種形式。

三、有意義的學習

意義學習理論強調所學事物必須對學生具有意義，方能產生學習。所謂「有意義」是指當學生在學習新知識時，教師要配合學生能力與經驗來進行教學，這樣才會產生有意義的學習，這種學習稱為「接受式學習」（reception learning），即學習內容經由教師加以組織後，以有系統的方式提供給學生學習。與有意義學習相對的概念為「機械式學習」，是指學習者無法將新的學習內容與其舊經驗取得關聯，只偏重機械式練習、從事零碎知識的記憶，新知識無法融入學生原有的認知結構，這就是我們常說的「死記」。在有意義的學習歷程中，前導組體扮演的是一種橋梁的功能，在使學習者更容易將「新教材」融入其「舊知識」之中，而有助於意義學習的產生。

奧蘇貝爾意義學習理論

基模理論	前導組體	有意義的學習 （接受式學習）
・把資訊組成有意義概念的認知結構 ・學習是認知結構的重組	・一種有參考價值的、可窺視全貌的介紹材料 ・提供教材中重要概念的相互關係	當學生在學習新知識時，教師要配合學生能力與經驗來進行教學

前導組體與有意義的學習

先備知識	組織資訊	獲得新資訊
・教學前，呈現前導組體 ・配合學生能力與經驗進行教學	・教學時，新資訊與學生先備知識相結合 ・說明式或比較式	・強化學生學習的新知識 ・將新教材融入學生舊知識之中

Unit 2-5
訊息處理理論

訊息處理理論（information processing theory）是從1970年代興起的學習理論，主要受到電腦發明的影響，試圖以人腦模擬電腦的作業流程，探討人類內在認知結構和認知歷程的運作。該理論的要點如下（張春興，2013；張文哲譯，2005；Schunk, 2008）：

一、感官收錄

感官收錄（sensory register）是指個體以視、聽、嗅、味等感官收錄器感應到外界刺激時所引起的短暫記憶，稱為感覺記憶（sensory memory）。訊息若沒有進一步的處理，很快就會流失；若決定給予進一步的處理，就要對訊息予以注意（attention）及編碼（encoding），使轉換成另一種形式，否則便會遺忘（forgetting）。在教學過程中，最重要的工作是要獲得學生的注意，如果學生不能覺知到新訊息，則無法統整和儲存訊息，教師要使用不同的策略來引起學生的注意。

二、短期或工作記憶

短期記憶（short-term memory, STM）是一個儲存系統，它容量有限，僅能保留有限訊息，而且保留時間只有數秒，一旦停止思考某訊息，這個訊息的記憶就消失了，除非你再主動「複誦」（rehearse），記憶的消失是因為有新訊息取代短期記憶內的項目所致。短期記憶又稱為工作記憶（working memory），它是正在活動的、工作中的記憶。

三、長期記憶

將短期記憶的訊息加以編碼送入長期記憶（long-term memory）中，此一訊息的某些部分將會永久的保留下來，常見的編碼方式包括：複誦學習內容、學習題材精緻化（elaboration）、將學習內容分類及組織（organization）。編碼是否得當，不僅影響知識的獲得，也會影響日後對該知識的提取（retrieval）。短期記憶是限量記憶，而長期記憶是無限的，儲存（storage）在長期記憶中的訊息大致分為三類：情節記憶（episodic memory）、語意記憶（semantic memory）及程序性記憶（procedural memory）。

四、學習的認知條件

蓋聶將學習的條件分為內外兩種條件，內在條件（internal condition）指的是學習發生時，學習者內部所有牽涉到的知識過程和策略；外在條件（external condition）是指發生在學生外部的那些教學事件。因為學習結果要依這兩種條件來決定，所以要產生有意義的學習必須符合三種主要條件：

（一）接受（reception）

學習材料必須被學生所接受到，即學生必須注意到訊息。

（二）擁有性（availability）

學生必須擁有與新訊息有關的先備知識（prior knowledge）。

（三）主動激發（activation）

學生必須主動組織及統整新的訊息至認知體系之中。

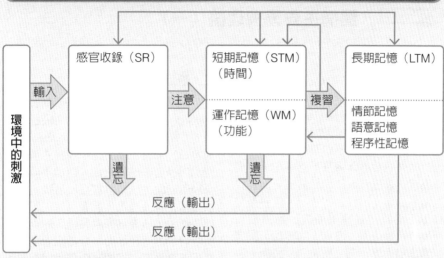

訊息處理心理歷程

取自張春興（2013，頁225）

記憶的歷程

注意、編碼	感覺記憶若沒有進一步的處理，很快就會流失，對訊息予以注意及編碼，便不會遺忘。
儲存	將感覺記憶儲存成短期記憶，但保留時間短暫，需「複誦」及精緻化後，形成長期記憶。
提取	長期記憶的訊息，經適當的編碼儲存後，當需要用到某些資訊時，提取至運作記憶之中以供使用。

學習的認知條件

	內在學習歷程	外在教學事件
1	注意力警覺	引起注意
2	期望	告知學生學習目標
3	檢索至運作記憶	喚起舊知識
4	選擇性知覺	呈現學習教材
5	語意編碼	提供學習輔導
6	反應	引發行為表現
7	增強	提供回饋
8	線索恢復	評量行為表現
9	類化	加強學習保留與遷移

Unit 2-6
建構主義學習理論（一）

建構主義嚴格說起來不是理論，而是認識論或以哲學觀點來解釋學習，理論是以科學的證據來驗證假設，但建構主義不針對學習原則進行考驗。同時，建構主義拒絕科學真理的存在，也對真理的發現與驗證不感興趣，他們認為沒有論述可被確認為真理，而且要對這些論述提出合理的懷疑。世界是以許多不同的方式建構而成，所以沒有理論可視為真理，沒有人的觀點可被確認為比別人更正確（Schunk, 2008）。建構主義不是一個整合的理論，可區分為個人或激進建構主義（radical constructionism）以及社會建構主義（social constructivism）兩學派，雖然觀點不同，但均重視認知過程中，個人和情境脈絡的關係，因為認知不能單獨存在個人的心中（Schunk, 2008）。

一、先備知識和準備度

學生的學習準備度與先備知識這兩個概念有密切關係。同年齡的學生在學習特定事物時，其學習經驗和準備度（readiness）是不同的，學生具備學習情境的訊息量和理解情形也有很大的差異。學生在教學前已經具有的知識稱為先備知識（prior knowledge），這是影響學生學習的重要因素，它會影響學生學習時的專心程度，也會對將工作記憶整合和保留至長期記憶發生影響。

二、最近發展區

蘇聯認知心理學者維高斯基（L. S. Vygotsky, 1896-1934）提出「最近發展區」（zone of proximal development，簡稱ZPD）來說明學生認知發展的情形，他認為學習準備度由個人兩個不同發展層級所支配，一是真實發展層級，另一個是潛在發展層級，前者為學生現在的學習能力，後者為學生在他人的協助下所能發展的潛在能力，介於兩者之間稱為最近發展區。這項理念告訴我們，如果教學是在教學生已知的知識，這是在浪費學生的時間，教學的內容是要教導學生所缺乏的知識，經由教師的協助才能提升學生的知識和技能（Arends & Kilcher, 2010）。

三、鷹架構築與中介學習

維高斯基強調鷹架構築（scaffolding）或中介學習（mediated learning）在學習過程的重要性，鷹架構築即接受協助的學習，中介學習即有中介的學習，這個中介就是教師，教師是文化的代理者，這個代理者引導教學，使學生精熟和內化那些使個體得以運作高層次的認知技能。例如教師派給學生複雜、困難和真實的作業，然後提供足夠的協助，以幫助他們完成這些作業（張文哲譯，2009）。

建構主義分類

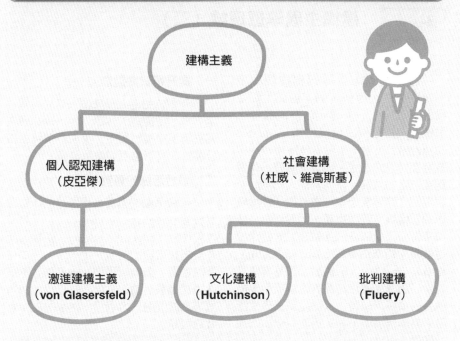

建構主義

個人認知建構
（皮亞傑）

社會建構
（杜威、維高斯基）

激進建構主義
（von Glasersfeld）

文化建構
（Hutchinson）

批判建構
（Fluery）

最近發展區與鷹架構築

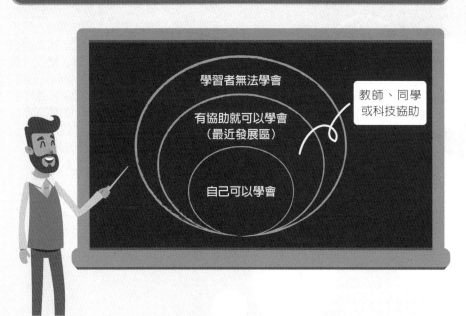

學習者無法學會

有協助就可以學會
（最近發展區）

自己可以學會

教師、同學
或科技協助

Unit 2-7
建構主義學習理論（二）

建構主義認為知識和技能的獲得是經由個人與情境的互動而主動建構的過程，不只是透過教師的教導，這種認知過程稱為情境認知（situated cognition），這是學習者理解學科知識及發展能力的方式。建構主義認為學習是在一定的情境，藉助其他人的幫助而實現的意義建構過程，由於對學習環境中的「情境」特別重視，因而提出「情境學習」（situated learning）的概念。這個概念由布朗等人（Brown, Collins, & Duguid, 1989）所提出，其基本假設是為了讓學生直接在真實情境或是模擬真實的情境下學習，以便達到讓學生能融入教學情境中，如此更能有效率的進行學習。

傳統教學常被詬病為填鴨式教育，學生無法將習得的知識靈活運用到日常生活中；情境學習卻可以使學生主動參與學習，促使學生思考、探索及解決問題。如果教師所設計的情境與現實情境相類似，且選擇的學習內容又具「真實性的任務」（authentic task），如此可協助學生解決在現實生活中遇到的問題。教師可依據學生的學習特性，設計出多樣化的教學情境，在學習過程中要求學生以設定目標、監控和評鑑自己的進步情形來進行自我調整學習（楊順南，2002；Schunk, 2008）。情境學習理論有以下的要點（陳國泰，2008；Brown et al., 1989）：

一、提升解決問題能力

學習的目的在於使個人有能力處理未來生活中面臨的複雜工作，因此應在真實情境中進行學習，不能與情境脈絡分離，才具有意義與應用價值。

二、學習活動的真實性

學習活動的真實性可區分成「物理真實性」（physical fidelity）及「認知真實性」（cognitive fidelity）兩類，前者是指在實際的情境當中學習，例如在醫院實習、去商店購物；後者強調專家從事其專業活動的實際認知過程，例如數學家的解題思考過程、作家的寫作思考過程等。

三、學習是濡化的過程

建構主義認為學習是從「合法周邊參與」逐漸朝向「完全參與」，新成員向社群中的成員學習行業的術語、模仿行業的行為舉止與文化規範，從而增加對該行業的認同感與責任感，整個情境學習是一種「濡化」（enculturation）的學習過程。例如認知學徒制即是在一個真實的社會情境脈絡下，讓具有實務經驗的專家引導學生學習，經由專家示範和講解，幫助學生主動學習與觀察，透過彼此的互動，使學生主動建構知識的過程。

傳統教學與建構式教學比較

類別	傳統教學	建構式教學
別名	教師中心、傳統的、舊式、教導的、行為主義的	學生中心、進步的、新的、反思的、人本的
學習的目標	1. 教導事實、原理原則和行動步驟 2. 強調基本技能	1. 教導概念、思維模式和抽象觀念 2. 強調理念（ideas）
學習的隱喻	獲得	參與
教學法	講述、告知、展示、直接、指導、解釋、作業練習、依賴教科書	個別化教學、發現學習、合作學習、認知學徒制、探究法、討論法、重視動手操作
教師的角色	教師是主宰者、教師是指導者、教師是控制者	教師是治療者、教師是解放者、教師是協助者
結合的理論	史金納行為理論、奧蘇貝爾的認知理論	杜威的理念；皮亞傑、維高斯基和布魯納的認知理論
評量	與教學分離且以考試進行	與教學相整合且以檔案進行

整合自Lefrancois(2000, p.204)、Reynolds(2005, p.66)

情境學習理論要點

提升解決問題能力

學習是濡化的過程

情境學習理論

學習活動的真實性

學習是自己與情境互動的過程

Unit 2-8
班度拉社會認知理論

1970年代，美國心理學家班度拉（Albert Bandura）結合行為主義（behaviorism）與社會學習（social learning）的概念，提出社會認知理論，或稱為社會學習論（social learning theory）。該理論主要是以個人、行為、環境三者之間的交互作用、相互影響的關係來解釋人的行為，強調個人行為運作的主體觀點（agentive perspective），亦即個人的期待、目的、自我評估，皆會對其動機與行動進行調整，因此個體的行為是對過去行為結果進行判斷與解釋後所做出的決定，而非直接受制於過去行為結果的影響（陳志恆，2009；Bandura, 2001）。茲將理論的重點說明如下（張文哲譯，2009；張春興，2013；Bandura, 1986）：

一、楷模學習和觀察學習

班度拉認為史金納學派強調行為後果的影響，卻忽略了楷模學習（modeling）及替代學習（vicarious learning）的影響，楷模學習是指模仿他人的行為，替代學習是指透過他人的成功或失敗來學習，不需親身經驗。而楷模學習隨時都可以發生，又稱為「無嘗試學習」（no-trial learning），尤其在從事危險性高的行為學習時，不可使用嘗試錯誤學習，例如學習跳躍動作、學習木工，可看示範來學習。上述的學習可以統稱為觀察學習（observational learning），即個體透過觀察他人行為表現或行為後果來獲得學習，並在以後用這種編碼資訊指導行動。

二、觀察學習的過程

班度拉把觀察學習的過程分為以下四個階段：

（一）注意階段

注意階段（attention phase）是觀察學習的起始環節，個體必須注意及知覺楷模所表現的行為特徵，並了解該行為的意義，否則無從經由模仿而成為自己的行為。

（二）保留階段

保留階段（retention phase）又稱記憶階段。個體觀察到榜樣的行為之後，必須將觀察所見轉換為表徵性的心像（把楷模行動的樣子記下來），或表徵性的語言符號（能用語言描述楷模的行為），方可將示範的行為保留在記憶中。

（三）再生階段

再生階段（reproduction phase）是依記憶中的符號和心像，將楷模的行為以自己的行動表現出來，即再現以前所觀察到的示範行為。換言之，在觀察早期的注意與保留階段，不僅由楷模行為學到了觀念，而且也經模仿學到了行動。

（四）動機階段

觀察學習的最後是動機階段（motivation phase），觀察者是否能夠表現出示範行為是受到行為結果因素的影響，如果會有獲得增強的機會，他們將會在適當的時機將學得行為表現出來。

社會認知理論

三元交互決定論　　觀察學習　　自我效能

三元交互決定論

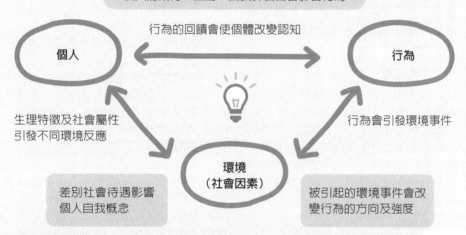

個人的期待、目的、自我評估皆會影響行為

行為的回饋會使個體改變認知

個人　←———→　行為

生理特徵及社會屬性
引發不同環境反應

行為會引發環境事件

環境
（社會因素）

差別社會待遇影響
個人自我概念

被引起的環境事件會改
變行為的方向及強度

039

觀察學習的過程

注意階段	注意及知覺楷模所表現的行為特徵，並了解行為的意義
保留階段	觀察到榜樣的行為之後，必須將其行為保留在記憶中
再生階段	將楷模的行為以自己的行動表現出來，即再現所觀察到的示範行為
動機階段	觀察者表現出的行為是受到增強

Unit 2-9
ARCS動機模式

ARCS 是凱勒（J. Keller）於1983年所提出的動機模式，他整合動機理論與相關理論至此模式之中，並且提出激勵學生學習動機所使用的教學策略。凱勒認為提升學生學習成效需具備的四個要素為：注意（Attention）、關聯性（Relevance）、建立信心（Confidence）和滿足感（Satisfaction）。其內涵說明如下（Keller, 1987）：

一、引起注意

在此模式中，第一要務是要引起興趣和維持學生注意。如果學生對一個主題沒有相當的注意力與興趣，則學習成效必不佳。但要引發學生的注意並不難，真正的挑戰在於如何讓學生持續其注意力與興趣於課程上，例如變化教學方式即可引起學生的注意。

二、關聯性

模式中的第二要素是讓學生對學習產生切身相關的體認，因此符合學生的特性、知識與文化背景的設計，對於學生學習興趣的提升是不可或缺的必備條件。此外，教師可善用技巧說服學生這個課程與將來生活、個人目標或工作生涯的相關性，以引起學生的學習動機。

三、建立信心

信心與學生對成功或失敗的預期有關，且會影響學生實際的努力與表現。教師在成功地引發學生注意力與輔導學生對學習產生切身相關之後，若是忽略了學生原本就已經對某學科所產生的恐懼感，或是讓學生覺得學習內容不具挑戰性、過於簡單，兩者都將扼阻學生學習動機的維持。針對前者，教師可以提供情境讓學生練習與發揮，並有機會可以完成具有挑戰性的目標；至於後者則可提供學生在適當範圍內可以自我控制、自我學習。

四、獲得滿足

滿足感是學生對學習結果所產生的一種評價，個人的滿足是動機能繼續下去的重要因素。提供學生學習的滿足感，最直接的方式便是讓他們經由自我表現的機會，將所學的知識概念或動作技能運用於環境中。教師亦可提供正向鼓勵，例如口頭讚美、獎勵，使學生可以獲得滿足感。

此模式的歷程如下：「先引起你對一件事的注意和興趣」，再讓你發現「這件事和你切身的關係」，接著你又覺得「你有能力和信心去處理它」，最後你得到了「完成後成就感的滿足」。教師在設計教學時要注意學習動機的引發、強化及維持，在設計教學活動時就要思考使用何種教學策略或教材，可以吸引學生興趣、激發學習動機（楊文輝、吳致維，2010）。

ARCS動機模式

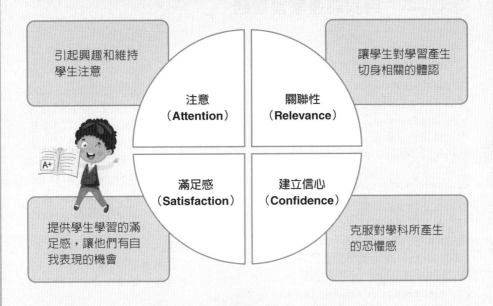

引起興趣和維持
學生注意

讓學生對學習產生
切身相關的體認

注意
（Attention）

關聯性
（Relevance）

滿足感
（Satisfaction）

建立信心
（Confidence）

提供學生學習的滿
足感，讓他們有自
我表現的機會

克服對學科所產生
的恐懼感

ARCS動機類別與教學策略

構成要素	教學過程中思考的問題	激發動機的教學策略
引起注意 Attention	1. 如何捕獲學生的注意與興趣？ 2. 如何維持學生的注意與興趣？	提供變化性 激發求知需求 善用發問技巧
切身相關 Relevance	1. 如何在學習過程中，提供學生適當的責任、自我訓練的表現機會？ 2. 如何讓學生了解課程能滿足其需求？	連結熟悉事物 與個人經驗產生關聯 以教學目標引導動機 配合學生特性
建立信心 Confidence	1. 如何使學生知道哪些學習活動和經驗可協助其提高學習能力？ 2. 如何讓學生知道成功掌控在自己的努力中？	訂定成功的標準及期待 提供自我掌控的機會 提供成功的機會
獲得滿足 Satisfaction	1. 提供哪些增強，鼓勵學生的成就？ 2. 如何協助學生成功創造正向積極的感覺？	提供學生表現的機會 提供回饋與酬償 維持公平性與等量指導

修改自楊文輝、吳致維（2010）

Unit 2-10
自我調整學習理論

　　行為主義、訊息處理論、社會認知理論（social cognitive theory），以及建構主義，均提出自我調整學習（self-regulated learning）理論，其中以社會認知理論最受重視。自我調整學習主要是在探討學習者如何在其學習過程中逐漸精熟課業學習活動。易言之，自我調整學習乃是學習者透過後設認知，在行為上主動參與他們自己的學習過程，自己產生想法、感覺與行動，以達到他們的學習目標。齊博曼（Zimmerman, 2002）認為自我調整學習歷程分為預慮階段（forethought）、表現或意志的控制（performance or volitional control）及自我省思（self-reflection）三個階段。以下分別說明之（王財印等，2019；Zimmerman, 2002）：

一、預慮階段

　　此階段乃學習前的籌劃，包括任務分析和自我動機兩方面。任務分析與學習目標的訂定和學習策略的規劃有關，學習者根據目標尋找學習策略，不同學科有不同的學習策略，不同的訊息處理歷程也有不同的學習策略。自我動機來自於學習者的自我效能，及對於自己是否具備完成特定任務所持有的信心水準，此種信念會和環境因素產生互動，例如教師的教學或來自教師的回饋，會影響學習者對學習成果的期待。

二、表現階段

　　這個階段包括自我控制（self-control）、自我觀察（self-observation）和自我監控（self-monitoring）三個次歷程。自我控制的具體作法，指學習者透過心像、自我教導、集中注意力等學習策略來協助完成任務。自我觀察可以激發行為的改變，有助於建立改變計畫，包括自我記錄和找出事件原因的自我實驗，能真實反映個人行為。自我監控是內隱的自我觀察，雖有助於學習者的學習，也有可能阻礙學習策略的運用，例如在學習過程產生疑慮、分散學習的注意力。

三、自我省思階段

　　自我省思階段可分為自我評價（self-evaluation）、歸因（attributions）、自我反應（self-reactions）及適應（adaptivity）四個歷程。自我評價是學習者使用某些標準或目標對當前表現作判斷，而自我評價後則常常會對成敗做因果解釋，此即是歸因，不同的歸因結果會導致不同的反應，透過歸因可找出學習困難之處，並找到最佳的策略，此即適應歷程。例如自己努力不夠、使用不當的學習策略，則比較容易使學習者下次更能努力達成學習目標。自我調整學習是一個循環的歷程，預慮會影響表現與意志控制，進而影響自我省思，自我省思最後又會影響後續的行動。

自我調整學習理論的主張

學習者透過後設認知，主動參與自己的學習過程

探討學習者如何在其學習過程中逐漸精熟學習活動

自己產生想法、感覺與行動，以達到學習目標

自我調整學習的循環歷程

043

預慮	任務分析	目標設定、策略規劃
	自我動機	自我效能、結果預測

表現或意志的控制	自我控制	透過心像、自我教導，集中注意力協助完成任務
	自我觀察	自我記錄和找出事件原因的自我實驗
	自我監控	內隱的自我觀察

自我省思	自我評價	使用這些標準或目標對當前表現作判斷
	歸因	對成敗做出因果解釋
	自我反應	不同的歸因結果會導致不同的反應
	適應	透過歸因可找出學習困難之處，並找出最佳的策略

第 **3** 章

教學設計與計畫

●●●●●●●●●●●●●●●●●●●●● 章節體系架構 ▼

Unit 3-1
教學設計的意義與作用

設計（design）是指事物發展或計畫執行之前的系統規劃過程，設計不同於計畫或發展（development），因設計需要的精確程度、監督與專業知能更高。教學設計有兩方面的意義：一是教學遵行的藍圖；另方面像教學處方，針對特定對象與目標，選擇特定的方法、內容與策略。教學若缺乏良好的設計，除造成時間與資源的浪費，更會帶來學習無效的後果（李宗薇，1997）。

一、教學設計的意義

何謂教學設計（instructional design）？蓋聶等人（Gagné, Briggs, Wager, 1992）認為教學設計是以系統化方式規劃教學系統的過程，這裡所指的教學系統是指為了提升學習而對資源和過程所做的安排。李宗薇（1997）認為教學設計是對教學的目標與學習者的特性，進行一系列分析、規劃、執行與評估的過程。綜合學者的看法，所謂教學設計是指教師為了提升教學品質而安善規劃教學過程，教師依據認知學習、教育傳播和系統科學等理論，並根據學生的學習特點和自身的教學風格，對教學過程的各環節、各要素預先進行科學的計畫、合理的安排，制定出整體教學運行方案的過程（詹瑜、王富平、李存生，2012）。

二、教學設計的作用

當教學者設計教學以達成特定的學習目標，其結果可能成功，也可能失敗。如果事前有充分的計畫，則成功的機率會比較高，所以教學設計的目的是在激發並支持學生的學習活動，以達成有效的、成功的教學結果。使用系統方式進行教學設計可發揮以下的作用（司曉宏、張立昌，2011；Gagné et al., 1992）：

（一）增強教學工作的科學性

教學設計可補充以往只依靠經驗而進行教學的不足，將教學工作建立在學習理論、教學理論和系統科學理論的基礎上，使教學過程成為實證的且可以複製的，以確保教學任務的完成和教學品質的提高。

（二）整合教學要素

系統取向模式用來設計、發展、執行和評鑑教學，包含一系列的步驟，所有的步驟同時運作可促使有效教學的達成。故教學設計能以整體性的觀點來規劃和安排教學活動，而將學習成果、學生特性、教學活動、評量緊密的結合在一起，讓教學達到最佳的成效。

（三）連接教學理論與教學實踐

教學設計的研究和實踐，就是為了把教學理論與教學實踐結合起來，充分發揮教學理論對教學實踐的指導功能。

教學設計的意義

教學設計是以系統化方式規劃教學系統的過程

教學設計是對教學的目標與學習者的特性，進行一系列分析、規劃、執行與評估的過程

教學設計是教師為了提升教學品質而妥善規劃教學過程

教學設計的作用

一 增強教學工作的科學性

補充以往只依靠經驗而進行教學的不足

二 整合教學要素

能以整體性的觀點來規劃和安排教學活動

三 連接教師理論與教學實踐

充分發揮教學理論對教學實踐的指導功能

Unit 3-2
教學設計的模式（一）

在教學設計過程中，因設計者所持的教育立場、教學理論依據、教學目標任務、教學對象特點等的不同，教學設計的基本步驟和方法也就不同，從而形成了不同的教學設計模式（詹瑜、王富平、李存生，2012）。最常見的教學設計模式是ADDIE模式，這個縮寫代表包含在模式中的五個階段，分別說明如下（杜振亞等譯，2007；Molenda, 2003）：

一、分析

在教學設計的第一個階段是進行分析（analysis），首先要決定教學的目的是要解決什麼問題，接著要決定此課程所欲達成的認知、情意、技能目標，還要分析學生所需具備的入門技能及了解學生的學習動機，最後要考量教學情境和限制，例如可用的時間有多少？有哪些可用的資源？

二、設計

有了確定的課程目標及前面分析所得的資料，接著就要根據這些資料進行設計（design），其主要任務在產生一個指引教學發展的計畫或藍圖。在這個階段所要完成的工作如下：
1. 轉化課程目標為表現的結果和單元目標。
2. 決定可以含括這些目標的主題或單元，及每個單元所需花費的時間。
3. 依課程目標安排單元的次序。
4. 設計教學的單元，並確認在這單元中所要達成的主要目標。
5. 規劃各單元的學習活動。
6. 發展特定的評量以確認學生的學習情況。

三、發展

發展（development）是指準備在學習環境中所要使用的材料。依據目標開始編製教材，教材的製作花費很大，為節省經費，可以選擇可用的教材且將之整合到課程模組中，以配合所欲達成的教學目標。

四、實施

實施（implementation）階段為教學設計者將所完成的教材及所設計的教學活動應用在班級教學之中，教師要發展一個適合情況所需的學習管理系統，像成績冊、學生個別紀錄等；提供學生的輔導與支持亦是此階段的重要工作，這些作法可以改善學習的品質。

五、評鑑

想要了解學生的學習成效及課程設計的品質就要進行評鑑（evaluation），這階段包含五種不同類型的評鑑：
1. 教材的評鑑，測試教材內容是否能達成學習目標。
2. 過程的評鑑，評鑑教學系統設計過程的品質。
3. 學習者的反應，即學生對教學過程的感受。
4. 學習者成就。
5. 教學的結果，針對教學實施來評鑑。但在班級教學，所偏重的評鑑還是學習者成就。

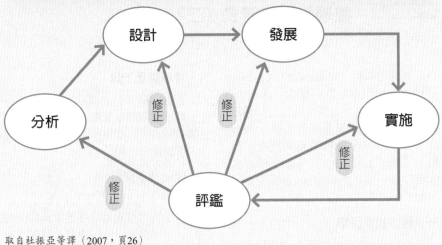

ADDIE模式

取自杜振亞等譯（2007，頁26）

ADDIE模式內涵

分析
1. 決定教學目的、確立教學目標
2. 分析學生起點行為、了解學生的學習動機
3. 考量教學情境和限制

設計
1. 轉化課程目標為表現的結果和單元目標
2. 決定每個單元所需花費的時間
3. 安排單元的次序
4. 確認單元中所要達成的主要目標
5. 規劃各單元的學習活動
6. 發展評量工具

發展
1. 依據目標開始編製教材
2. 選擇可用的教材且將之整合到課程模組中

實施
1. 進行班級教學
2. 發展學習管理系統
3. 提供學生的輔導與支持

評鑑
1. 教材的評鑑
2. 教學過程的評鑑
3. 學習者成就的評鑑

Unit 3-3
教學設計的模式（二）

迪克和凱利（W. Dick & L. Carey）於1978年提出系統取向模式（systems approach model），整個流程包括教師設計、執行、評鑑和修改教學，共分成十個項目來說明教學整個歷程（盛群力、李志強，2003）。以下簡要敘述各步驟內容（Dick, Carey, & Carey, 2005）：

一、確定教學目標

教學設計的第一步驟是確定教學目標，目標可來自：課程目標、特殊課程需求評估、學習困難學生的實際經驗、某項工作的分析。

二、實施教學分析

教學分析即學習任務分析，將教學目標分析成次級知識、技能及程序步驟，主要用意在於確定教學中所必須使用到的知識與技能。

三、分析學習者和情境

教學分析可以與學習者和情境的分析同時進行，分析學習者的起點行為，以及會在什麼樣的情境中學會及應用這些能力。確定學習者目前的能力、態度，與規劃教學環境及如何實際運用學會的能力是有關聯的。

四、撰寫表現目標

依據教學分析和起點行為的敘述，教師要寫下描述學生在完成教學後能夠達成的行為表現標準，這稱為表現目標，或稱為行為目標。

五、發展評量工具

根據所撰寫的目標，接著要發展評量工具，這個評量是要與所撰寫的表現目標相結合，以測量學習者的能力是否達成所描述的目標。

六、發展教學策略

即擬定教學中要使用的教學策略和教學媒體，教學策略可包含教學前的活動、呈現教學內容、練習、回饋、考試、追蹤活動等項目。

七、發展與選擇教材

確定教學策略後，接著要發展與選擇教材，教材包括教科書、教學指引、講義、視聽媒體、學習單及評量等。

八、設計和進行形成性評量

形成性評量是教學設計者在教學活動中，用來蒐集資料的過程，評量所獲得的資訊可以用來修正教學，使教學能提高效能。

九、修正教學

由形成性評量資料的解釋，認定學生學習有哪些困難之後，教師要全盤思考教學步驟，以及先前所作的分析，並進一步思考要如何調整教學活動。

十、設計和進行總結性評量

總結性評量主要目的是根據形成性評量所蒐集的資料來對教學做整體性的診斷，並作為教學設計或未來教學的參考。因為總結性評量並不是由教學設計人員所實施，所以這個因素不包含在教學設計過程中。

系統取向模式流程

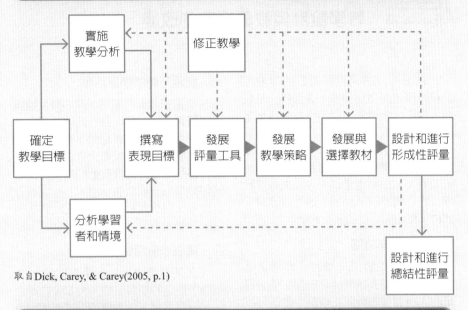

取自 Dick, Carey, & Carey(2005, p.1)

系統取向模式內涵

1	**確定教學目標**	課程目標、特殊課程需求評估、學習困難學生的實驗經驗
2	**實施教學分析**	學習任務分析、教材分析、教學目標分析
3	**分析學習者和情境**	分析學生起點行為，以及會在什麼樣的情境中應用習得的能力
4	**撰寫表現目標**	寫下學生在完成教學後能夠達成的行為表現標準
5	**發展評量工具**	評量與表現目標相結合
6	**發展教學策略**	擬定教學中要使用的教學策略和教學媒體
7	**發展與選擇教材**	包括教科書、教學指引、講義、視聽媒體、學習單及評量等
8	**設計和進行形成性評量**	教學中實施形成性評量，用以改進教學
9	**修正教學**	由形成性評量資料的解釋進行教學活動的調整
10	**設計和進行總結性評量**	根據形成性評量所蒐集的資料來對教學做整體性的診斷

Unit 3-4
教學設計與教學歷程的改變

教師可以透過教學設計的改變，兼顧到學生的個別需要，透過精心的設計，教師能夠為學生提供更多的時間來完成作業，或是調整教材的內容，或為學生提供多樣的學習活動。為因應學生學科背景、學科能力、學習興趣等方面的差異，教師可透過以下方式來調整教學（丘立崗等譯，2009；叢立新等譯，2007；Kauchak & Eggen, 1998）：

一、調整教學時間

不同學生對同一學習內容通常需要不同的時間去精熟，有的學生學會特定內容所需要的時間比較長。教師可以進行分組，等大部分學生完成共同任務之後，還要為個別學生提供更多時間來完成任務。但需注意的是，教師必須準備豐富的教學活動給較快完成作業的學生，例如額外練習、補充教材、閱讀文章等。

二、調整教材

教師透過教材的調整，也可因應學生學習的落差。同樣的學習內容可以區分為基本、適中、難三個部分，基本的部分要求每位學生都要學會，不會要進行補救教學，其餘教材依學生程度而教學。改編教材、編製講義、提供補充教材皆是這方面的作法。

三、使用不同的學習活動

學生學習偏好不同，有些學生能自行閱讀課本，有些人需要聽教師講解，有些學生喜歡討論或是動手操作。教師可以因應學生的學習形式來調整教學策略，讓學生選擇比較喜歡的學習活動。例如將學生分成數個小組，一起完成分組作業，對學習緩慢的學生則成立小組提供補救的學習活動。

四、調整學習目標

在某些情況下，教師可以為學生調整所設定的學習目標，例如允許學生在一個學習單元中選擇他們感興趣的內容，或選擇與他們自己的能力相匹配的項目。這一方式與調整教材相近似，其危險在於學習緩慢的學生其程度會與其他學生愈差愈遠，甚至因掌握不了課程的核心內容而無法完成重要的目標。這是教師面對特殊的學生和特定的情境時必須做出的抉擇。

五、運用科技作為學習輔助

科技可作為差異化教學的另一種方式，近年來科技的進步讓教師能使用的教學工具範圍大大地擴展。透過電腦、網際網路的線上學習形式，教師可以滿足不同學生的需要。例如提供適性化的作業及額外的練習給需要的學生，也可提供補充教材加快學習速度。

因應學生差異可調整的教學因素

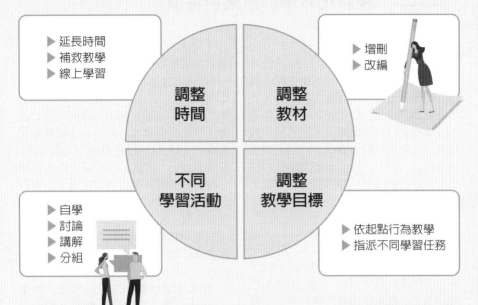

- ▶ 延長時間
- ▶ 補救教學
- ▶ 線上學習

調整時間

調整教材

- ▶ 增刪
- ▶ 改編

- ▶ 自學
- ▶ 討論
- ▶ 講解
- ▶ 分組

不同學習活動

調整教學目標

- ▶ 依起點行為教學
- ▶ 指派不同學習任務

分級任務

第三層 T3
特定學生

第二層 T2
中等以上程度

第一層 T1
全部學會

全面實施補救教學

- ▶ 知道學生的差異性，在同一學科內將教材區分為三級
- ▶ 第一層學習失敗的學生進行全面補救教學

Unit 3-5
差異化教學的意義與特徵

差異化教學的理念來自特殊教育的融合教育，在有特殊需求學生融入普通班的學習環境中，教師的教學方法便需要更富有彈性且具多元化，能夠滿足每位學生獨特的個別需求，而教師的教學彈性，則來自於對教學方式的重新思考與組合、運用不同的教學策略及各種教學資源的靈活運用等方面（賴翠媛，2009）。

一、差異化教學的意義

差異化教學就是針對同一班級不同準備度、學習興趣及學習偏好的學生，提供多元教學活動，讓每位學生在教學內容、教學程序及教學結果上能夠滿足學生的需求，進而獲得最大成效的教學模式（Tomlinson, 2005）。這種教學模式強調重要學習結果的教學與評量、尊重興趣但維持學業的高標準及挑戰（Price & Nelson, 2007）。湯姆林森（Tomlinson, 2005）對差異化教學作了以下的詮釋：
1. 差異化教學不是盛行於1970年代的個別化教學。
2. 差異化教學不是教室秩序一團亂。
3. 差異化教學不只是同質性分組的另一種形式。
4. 差異化教學不只是依學生能力分配不同的作業或評量。

二、差異化教學的特徵

以傳統教學和差異化教學的課堂來做比較，傳統教學均使用相同的教材，而差異化教學需要依據學生需求與能力，選擇不同的教材並且調整學習目標；教學方法上，傳統教學採取團體教學與相同的教學策略，差異化教學則可採用多樣的教學方式與學習策略；差異化教學同時也認為學生可以有不同的教學進度，依據學生興趣，提供合適的機會讓學生選擇學習活動，而傳統教學則需在一定時間內完成同樣的學習目標；評量方式上，傳統教學教師會對所有學生採用同樣的評量工具與作業，差異化教學則同意學生能採用多元的方式呈現學習成果（賴翠媛，2009）。

差異化教學設計具有下列特徵（國立臺灣師範大學教育研究與評鑑中心，2013）：
1. 能積極地針對學生的差異設計教學活動，而非消極地回應學生的學習困難。
2. 能運用彈性分組創造學生的學習機會，使每位學生得到高品質的教學。
3. 能設計多元化的教材滿足不同學生的學習需求。
4. 能針對學生的學習需求調整教學的進度。
5. 能使學生掌握學習單元的重要概念與學習技巧。
6. 能以學生的學習需求、興趣作為設計教學活動的依據。

傳統教學與差異化教學的比較

傳統教學	差異化教學
對學生差異視而不見	將學生的差異性視為設計教學活動的起點
使用相同的教材	選擇不同的教材並且調整學習目標
採取團體教學與相同的教學策略	採用多樣的教學方式與學習策略
在一定時間內完成同樣的學習目標	依據學生興趣讓學生選擇學習活動
對所有學生採用同樣的評量工具與作業	同意學生能採用多元的方式呈現學習成果

取自Tomlinson(1999, p.16)

差異化教學的特徵

01 積極地針對學生的差異設計教學活動

02 運用彈性分組創造學生的學習機會

03 設計多元化的教材滿足不同學生的學習需求

04 針對學生的學習需求調整教學的進度

05 使學生掌握學習單元的重要概念與學習技巧

06 以學生的學習需求、興趣作為設計教學活動的依據

055

Unit 3-6
差異化教學的作法

在進行教學設計時，對學生的起點行為及學習特質要先進行分析，有一定的認識之後再來設計教學活動，差異化教學是以學生為中心，所以設計的活動要能讓學生引起學習的興趣，且要具有挑戰性。差異化教學不把學生的差異視為阻礙教學的因素，而視為教學的起點。教師在進行教學之前，必須對學生的興趣、需求有所認識，才能設計最適合學生的教學模式（Tomlinson, 2005）。在合乎差異化教學的原則之下，教師依據學生的學習準備度、個人興趣、學習偏好而有系統地改變教學內容、過程、成品，因此需要使用一些教學和管理的策略（Tomlinson, 1999）。以下分別從三方面來說明（Benjamin, 2005; Price & Nelson, 2007; Tomlinson, 1999）：

一、教學內容

差異化教學允許教師彈性選擇課程主題，教師可依據具學生個人意義、符合卓越教學的課程標準和學生需要學習的重要知識三項條件來選擇內容。這些內容的形式包含文本資料、有聲教材、各類型的前導組體（organizers）及線上學習的資訊。全班學生都要學會基本的知識或技能，其他較深入的內容則供學生自行選擇。

二、教學過程

此步驟即學生建構個人的意義，差異化教學是依據建構主義的理論，認為學習者賦予外在資訊意義，才會產生學習。教師所提供的內容、知識或技能，學習者要經過處理，這樣才能建立有意義的學習。彈性的分組、合作學習活動和操作活動是教師提供給學生處理資訊的選擇。具體的教學活動則有學習契約、學習中心、小組探究、小組討論、分級任務（tiered task）、錨式活動（anchor activities）等。這裡的錨式活動是指導學生獨自完成的活動，例如讀一本書、瀏覽網頁、寫學習日誌、參與線上討論、複習需記憶的教材等。這些學習活動可讓學生自行選擇或由教師分配。

差異化教學用了許多的教學策略，例如文獻討論（literature circles）、課程壓縮（compacting）等，前者即讓學生事先閱讀一件文獻（書或文章）後，再進行小組深入的討論；後者是指當學生已精熟課程的某些資訊和技能，則可提升到進階層級的學習，通常是依據前測的成績來決定是否達到精熟。

三、教學成品

教學成品即學習結果，指學生經過學習後所表現的行為，學生可以選擇以何種方式展示他所學到的內容，例如示範、發表、檔案、考試、展覽等多元評量的方式。

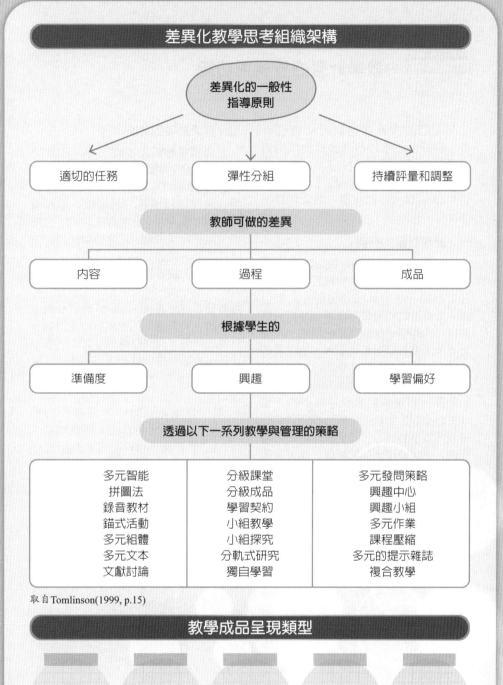

差異化教學思考組織架構

差異化的一般性
指導原則

適切的任務　　　彈性分組　　　持續評量和調整

教師可做的差異

內容　　　過程　　　成品

根據學生的

準備度　　　興趣　　　學習偏好

透過以下一系列教學與管理的策略

多元智能	分級課堂	多元發問策略
拼圖法	分級成品	興趣中心
錄音教材	學習契約	興趣小組
錨式活動	小組教學	多元作業
多元組體	小組探究	課程壓縮
多元文本	分軌式研究	多元的提示雜誌
文獻討論	獨自學習	複合教學

取自Tomlinson(1999, p.15)

教學成品呈現類型

示範　　發表　　檔案　　考試　　展覽

Unit 3-7
教學計畫的意義與功能

人們通常會透過制定周密的計畫，對於自己掌控事情發展的能力表現出極大的自信心，計畫對於教學也相當重要，教師每週大約要花工作時間的10%-20%在做計畫（叢立新等，2007）。

一、教學計畫的意義

教學計畫（teaching plans）就是教師在未教學前所做的安排和設計，透過計畫歷程，統整教學過程中的教學目標、教學策略和教學評量諸項要素，促使自己的教學能達到良好的成效。教學計畫是未來教學活動的藍本，透過各種教學方案來引導教學活動的進行，然而教學計畫不等同於「教案」，教學計畫的範圍比較廣，教案只是其中的一項（王財印等，2019）。新進教師需要訓練撰寫教案的能力，透過教學前的詳細規劃，除讓教學更加順暢外，亦可有效地落實各項教學目標。等到具備教學經驗後，就可以在心中做計畫，教學過程中的細節就可充分掌握。資深教師甚至只在上課前幾分鐘稍加構思，就可掌握該單元的教學重點。有些教師認為教學環境是複雜的、多變的，教師很難如實地依計畫教學，但是為了不使教學流於隨意、無效率，教學計畫對於新進教師還是有其必要。

二、教學計畫的功能

備課是教師的重要工作，上課時之所以會發生問題，是因為教師未能適當計畫課堂的活動所導致，當一位教師的教學過程零亂、無組織，這是教師能力不佳或未充分備課的訊號。張素貞、顏寶月（2004）認為教學計畫的功能為設計、溝通和管理，「設計」是指教學設計，設計教學活動是用來引發內容的，而非為活動而活動；「溝通」是指教學者彼此溝通、教學者與家長溝通及行政人員溝通；「管理」則是指教學目標的管理，使課程得以一貫和統整。此外，教學計畫尚具有以下的功能（叢立新等，2007；Ryan, Cooper, & Tauer, 2013）：

1. 幫助教師記住教學所要達成的意圖，以及用哪些方法、策略來完成自己的意圖。也就是增進教師對於教學目標和教學程序的了解與掌握，使教學順利推展。
2. 計畫指出學生在教學時所要學習或練習的知識或技能。
3. 計畫記載評量學生學習的方法和精熟的標準，協助教師於教學中隨時測量。
4. 教學計畫可使教師事先準備充分的教學材料與設備。
5. 提供新進教師教學的安全感與自信心。

教學計畫的意義

教學計畫是教師在為教學前所做的安排和設計

教學計畫是未來教學活動藍本

教學計畫不等於「教案」

新進教師需要訓練撰寫教案的能力

教學計畫的功能

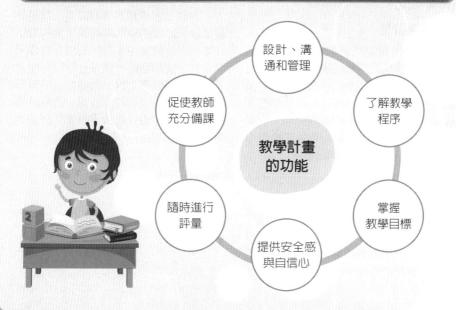

教學計畫的功能

設計、溝通和管理

了解教學程序

掌握教學目標

提供安全感與自信心

隨時進行評量

促使教師充分備課

Unit 3-8
教學計畫的類型

教學計畫可依教學時間的長短分成：學年計畫（yearly planning）、學期計畫（term planning）、單元計畫（unit planning）、每週計畫（weekly planning）、每課計畫（lesson planning），這些計畫以單元計畫及每課計畫最受重視。以下略述各類計畫之內涵（王財印等，2019；林美玲，2002；劉豫鳳等譯，2008）：

一、學年計畫

學年計畫是長期的、整個學年度的教學內容與課程時間的安排，這類計畫較常見的形式為教學行事曆、學年課程的教學計畫。學校教學行事曆是依據教育局的行事曆來規劃，載明一年內的重大活動日期，教師再依此規劃教學活動。目前只有大學開設學年課程，任課教師需撰寫學年計畫，擬定一年內所要授課的主題。

二、學期計畫

以學期為範圍的教學計畫較為常見，例如學校的課程計畫、教師的課程教學計畫。在撰寫學期計畫時，通常要參考教師手冊、教科書、學校行事曆，而以「教學進度表」的型態呈現，它是以週為單位，詳細規劃每週的教學進度，如此可避免耽誤教學進度。

三、單元計畫

單元是課程最主要的次部分，通常一個單元就是一項主題、議題或主要概念，一門學科必須包括三至二十個單元，構成一個有邏輯結構的學科整體。單元計畫是決定在一特定時間，期望學生獲得何種學習經驗的教學藍圖，它是學習過程的片段。單元計畫把教師能想到的各種教學目標、教學內容與教學活動結合在一起，決定連續幾節課的教學流程，如此可以對某一單元做好充分的備課。

四、每週計畫

每週計畫通常是由幾個每課計畫所組成，教師通常以單元計畫為架構，依實際教學狀況擬定每週計畫。教師若事先做好一週的教學計畫，當教師缺席或請假時，代理教師便能迅速銜接教學進度。在美國有些學區會要求新進教師撰寫每週課程計畫，但內容不像單元計畫那麼詳細，只要以表格的形式填寫目標、教學活動、資源與教材、學生作業等項目。

五、每課計畫

每課計畫或稱為每日計畫，這種計畫是以一節課的時間為範圍所做的教學計畫。在此計畫中，教師要構思教學所需教材、安排活動、評量及時間分配、準備所需設備等項目。蓋聶的九項教學事件即適合應用在每課計畫，這類計畫可幫助教師熟悉課程內容及做好課前的準備工作。

學期計畫示例

○○高中○○學年度第○學期○年級○○科教學計畫

一、教學目標	
二、評量方式	
三、成績計算	
四、對學生的期望	

五、教學進度

每週節數	節	編定教師		使用書籍		年級	
						組別	
週次	日期起訖	教學內容		作業		備註	
一	8/30～9/02					8/31暑假作業考	
二	9/05～9/09						
三	9/12～9/16					9/12中秋節放假	
四	9/19～9/23						
五	9/26～9/30						
六	10/03～10/07					6、7日第一次期中考試	

依教學事件形成的教學計畫

教學事件	方法／媒體	時間分配	教學處理或策略
1.獲得學生注意	使用黑板教學	1～5分	將不同外貌的圖形畫在黑板上。
2.告知學生目標	使用黑板教學	1～3分	列出數對特質非常不一樣的圖形，告知學生如何辨識這些形狀。
3.刺激先備條件的回憶	使用PowerPoint	5～10分	列出成對直的、不直的平行、不平行的線和開放或封閉的三角、四邊或五邊形，請學生指認其中的差別。
4.呈現刺激性材料	使用PowerPoint	10～20分	列出一系列的圖形，各含梯形與其他形狀，請學生指認每種四邊形。
5.提供學習指導			
6.誘發表現	學習單	10～20分	提出一張含有20個平面圖形之學習單，其中8個是不規則四邊形，其他則是具有不同特徵的形狀，請學生勾選不規則四邊形。
7.提供回饋	電腦單槍與教師口頭練習	5～10分	當學生完成學習單時，將一張投影片投影出來，指認哪些是梯形，並解釋為何其他形狀條件不符合。
8.評估表現	學習單	0～10分	用一個類似學習單的考試，請學生勾選不規則的四邊形。
9.強化保留與遷移	學習單		請學生觀察四周圍有哪些物品也會呈現這些形狀。

修改自杜振亞等譯（2007，頁284）

Unit 3-9
單元教學活動設計的撰寫

圖解素養導向教學原理與設計

單元教學活動設計又稱為教案（lesson plan），是教師在每一單元教學之前，將在此單元中所要達到的目標、學習內容、進行的活動、評量的實施等，預先作好規劃，並寫成書面資料，依此實施教學。教案包含的項目如下（Linn & Gronlund, 2000; Ryan, Cooper, & Tauer, 2013）：

一、教學目標

教學目標是預期學生能學到的學習結果，包括認知、情意與技能三個層面，教學目標的撰寫最好能包括一般目標與行為目標。

二、教材研究

即對此一單元的教學內容做一探討，以了解該單元的重點。這部分包括教材分析與教學聯繫，教材分析包含：教材性質、範圍、內容重點、教材疑難及本單元主題的重要性等；教學聯繫則寫出本單元與同學科、跨學科的相關性。

三、學習條件分析

在進行每一單元教學前，應先了解學生學習此一單元應具有的知識、能力或背景，以了解學生之起點行為。例如列出各科目中學生已學習過的與本單元有關的教材，以及已具備的舊經驗。

四、教學活動

在構思教學活動時，可融入重要議題及差異化教學的理念：

（一）準備活動

一節課的開始先要讓學生做好準備，所以準備活動包括三項要點：告訴學生這節課要學什麼、複習上一節課的內容或相關概念、進行引起學生學習動機的活動。

（二）發展活動

這是教學的主要階段，教師進行新進度的教學，教案中要敘述教師使用何種學習活動，例如講述、分組討論、練習等。教師所設計的活動主要在協助學生達成學習目標，也就是讓學生精熟概念或技能。將教學所要實施的活動及發問的問題詳細敘述，會使教學進行得更加順暢。

（三）綜合活動

教師在此階段可增加學生對重要概念或技能的記憶，也可了解學生的學習狀況，指派家庭作業也在這個階段進行。通常教師會因時間控制不當而草草結束教學，教師在上課時要知道離下課還有幾分鐘，才能有足夠的時間結束教學。

五、評量、教具、時間

計畫教學時也要思考如何進行評量，評量的方式可採紙筆測驗、口頭問答或實際操作等方式，在教學過程中或結束後皆可進行評量，以確定學生是否學會教學目標。教案同時也要說明進行教學活動所需用到的教具，以及每項活動所預估的時間，以適當分配教學時間。

單元教學活動設計表

單元名稱		班級		人數	
教材來源		時間	分鐘	編寫者	
教材研究					
學生學習條件分析					
教學資源					

教學目標	單元目標	具體目標
	一、認知領域 　　1. 　　2. 　　3. 二、技能領域 　　4. 　　5. 三、情意領域 　　6. 　　7.	1-1 1-2 2-1 3-1 3-2 3-3 ⋮

時間分配	月	日	節次	教學重點

教學目標	教學活動	教具	時間（分鐘）	評量	備註
（填寫代號，如1-1）	一、準備活動 二、發展活動 三、綜合活動				

一節課的規劃

準備活動
· 告知教學目標
· 複習舊教材
· 引起動機活動

發展活動
· 進行新教材教學
· 進行教學活動

綜合活動
· 總結教學重點
· 進行教學評量
· 指派家庭作業

063

Unit 3-10
素養導向教學活動設計的撰寫

新課綱實施後，教育部推動素養導向教學。以下說明素養導向教學活動設計的撰寫要領：

一、教學場域分析

即針對實施對象及教材內容加以分析，例如對學生的多元文化背景、起點行為、特殊需求進行分析。

二、核心素養

請參考各領域課程綱要，列出本主題所使用之總綱及領綱的核心素養。

三、議題融入

在九年一貫課綱就已涵蓋七大議題，分別是「性別平等教育」、「環境教育」、「資訊教育」、「家政教育」、「人權教育」、「生涯規劃教育」及「海洋教育」。而十二年國教除延續外，同時增加更多的重要議題，教育部並編製《議題融入說明手冊》供教師參考。教師在設計教案時，可參考各領域課程綱要及說明手冊，將議題適切融入領域的教學。

四、領域學習重點

參考各領域列出本主題／單元所使用之相關的學習表現，且能具體表現在學習目標上。

五、教學資源

列出與本單元使用的課程教材，包括文本、數位教材，以及教學設備。

六、教學目標

撰寫教學目標可說是編寫教案的重點，但也是比較難寫的部分。以下列出撰寫步驟詳加說明：

（一）撰寫一般目標

教師依據認知、技能、情意分類系統寫出一般教學目標，不能只顧及認知層面而忽略其他層面，也不能只侷限於低層級的記憶、理解的認知目標，而忽略高層級的分析、評鑑、創造目標。情意目標如「能培養探討自身周遭鄉土特色的興趣」、「能養成同儕合作完成調查的能力」也是易被忽略的學習目標。

（二）撰寫具體目標

教師要思考如何將一般目標轉換成可測量的具體目標，具體目標是實施教學評量的重要依據。教師每次上課時要列出這節課所要達成的教學目標，並判斷是否能在一節課內完成。具體目標要與一般目標緊密結合，每項一般目標都要列出足夠的具體目標，來描述學生的學習結果是否可以達成該項目標。雖然具體目標有逐漸受到忽視的趨勢，但一項完整的教案不應該忽略具體目標的撰寫。有關教學目標的敘寫，將在下一章中詳加說明。

七、學習活動設計

這部分主要是敘述教師要用什麼方法來呈現教學內容，包括準備活動、發展活動、綜合活動等部分，分別撰寫教學活動、時間及評量活動等內容。

素養導向教學活動設計示例：國小專題研究教學單元設計

領域／科目	校訂課程		設計者	國立屏東大學附設實驗國民小學邱麗珍
實施年級	三年級		總節數	共8節，320分鐘
單元名稱	整理分析研究內容			

設計依據				
學習重點	學習表現	自pa-Ⅱ-1能運用簡單分類、製作圖表等方法，整理已有的資訊或數據。 自pc-Ⅱ-2能利用簡單形式的口語、文字或圖畫等，表達探究之過程、發現。	核心素養	E-A3具備擬定計畫與實作的能力，並以創新思考方式，因應日常生活情境。 自-E-A3具備透過實地操作探究活動探索科學問題的能力，並能初步根據問題特性、資源的有無等因素，規劃簡單步驟，操作適合學習階段的器材、儀器、科技設備與資源，進行自然科學實驗。
	學習內容	自INb-Ⅱ-6常見植物的外部形態主要由根、莖、葉、花、果實及種子所組成。		
教材內容	自編教材			
學生經驗分析	1. 學生曾有蒐集相關植物資料的經驗。 2. 學生已繪製好研究架構圖。 3. 學生在國語課學習過摘要策略，在閱讀課學習過心得寫作課程，具有進行歸納的初步經驗。			
學習目標	1. 針對蒐集的資料內容，配合研究架構圖，進行各子題資料分類。 2. 能將各子題的資料，整理到「研究內容」與「研究結論」兩個表格中。 3. 與組員良好互動與溝通，進行研究相關的討論。 4. 在研究過程積極參與，並提出研究結論，以完成小組任務。			
教學策略	講述、討論（學生分組討論、師生共同討論）、實作			
教學評量	參與態度、口語表達、分組討論、實作評量			
教學設備／資源	1. 教師：⑴整理研究內容表格及研究結論表格；⑵蒐集與研究主題玫瑰花相關資料。 2. 學生：學生蒐集研究主題之書面資料、研究報告之「研究架構圖」。			

第一節：師生共同討論植物「基本資料」的書寫類		時間
準備活動	複習研究架構圖概念：教師提問：「植物研究必要之研究小主題有哪些？」學生回應：「基本資料、外形和用途。」	5
發展活動	1. 教師請各小組討論，找出三份書面資料屬於「基本資料」類別中共同的部分，並圈出來。 2. 教師請各小組討論，找出三份書面資料屬於「基本資料」類別中除了共同的部分，還有提到其他的類別，並圈出來。 3. 歸納整理學生的回應。	30
綜合活動	由各組指派代表上台發表整理歸納的植物「基本資料」類別。	5

（第二節至第四節教案，略）

修改自周淑卿、吳璧純、林永豐、張景媛、陳美如編輯（2018，頁24-28）。

第 **4** 章

核心素養與教學目標

● 章節體系架構 ▼

Unit 4-1
標準與課程綱要

　　近年來，美國教育的改革作法之一是建立全國核心課程的標準，稱之為「全美共同核心標準」（Common Core State Standards, CCSS），清楚地說明從幼兒園到十二年級的英語和數學課程的學習標準（Ryan, Cooper, & Tauer, 2013）。所謂標準就是說明教什麼和學什麼的陳述，標準說明對學生的學習目標或期望，但標準並未指定特定的課程、教科書或教學方法。標準可分為內容標準和表現標準兩類，內容標準說明「學什麼」，表現標準說明「有多好」。內容標準是說明學生在英語、數學的課程內容或知識領域應該知道什麼和具備什麼能力；表現標準取決於內容標準，但加入預期學生能達成表現水準的詳細說明，例如以小論文、專題、考試等為證據，說明可接受的學生表現品質是通過或是A等（鄒慧英譯，2003）。標準為學科專家所制定，說明學生應該學會哪些知識和技能，而且是課程目標的重要來源之一。

　　我國目前實施的「課程綱要」與美國所推展的內容標準頗為相似，從幼兒園到高中都要將課程綱要所規範的教學科目、時數納入學校的教學。所以課程綱要是教育部依據各級學校教育目標，而訂定各個學科的課程目標、教材綱要及實施通則，以作為編製教材、進行教學的依據。這是一項法令，對各級學校在課程安排上具有強制的規範（方德隆，2001）。

　　繼《九年一貫課程綱要》、《普通高級中學課程綱要》、《職業學校群科課程綱要》之後，民國103年公布《十二年國民基本教育課程綱要總綱》，明訂十二年國民基本教育之課程發展本於全人教育的精神，以「自發」、「互動」及「共好」為理念，強調學生是自發主動的學習者，學校教育應善誘學生的學習動機與熱情。新課綱以「成就每一個孩子——適性揚才、終身學習」為願景，兼顧個別特殊需求、尊重多元文化與族群差異、關懷弱勢群體。在基本理念引導下，訂定如下四項總體課程目標：1.啟發生命潛能；2.陶養生活知能；3.促進生涯發展；4.涵育公民責任。為落實十二年國民基本教育課程的理念與目標，以「核心素養」作為課程發展主軸，以裨益各教育階段間的連貫以及各領域／科目間的統整（教育部，2014）。依據總綱的精神，陸續修訂各領域／科目的課程綱要，並且於108學年度正式實施。

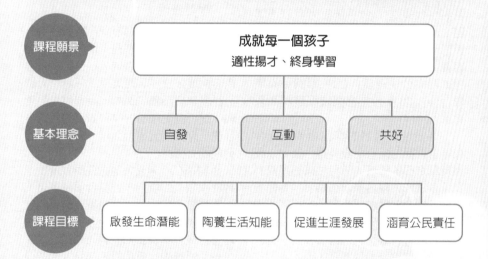

全美共同核心標準

全美共同核心標準（各州自行決定是否採用）	
英語	**數學**
內容標準 / 表現標準	內容標準 / 表現標準
學什麼 / 有多好	學什麼 / 有多好

十二年國民基本教育課程精神架構

課程願景
成就每一個孩子
適性揚才、終身學習

基本理念
自發　　互動　　共好

課程目標
啟發生命潛能　　陶養生活知能　　促進生涯發展　　涵育公民責任

Unit 4-2
核心素養的内涵

108課程總綱對「核心素養」的解釋如下：是指一個人為適應現在生活及面對未來挑戰，所應具備的知識、能力與態度。核心素養強調學習不宜以學科知識及技能為限，而應關注學習與生活的結合，透過實踐力行而彰顯學習者的全人發展。核心素養包含：A自主行動、B溝通互動及C社會參與三大面向，再細分為九大項目：A1身心素質與自我精進、A2系統思考與解決問題、A3規劃執行與創新應變、B1符號運用與溝通表達、B2科技資訊與媒體素養、B3藝術涵養與美感素養、C1道德實踐與公民意識、C2人際關係與團隊合作、C3多元文化與國際理解（教育部，2014）。

各領域／科目的課程綱要需結合或呼應總綱的核心素養具體內涵，以發展及訂定「各領域／科目之核心素養」及「各領域／科目學習重點」。各領域／科目學習重點由「學習內容」與「學習表現」兩項內涵所組成，以引導課程設計、教材發展、教科書審查及學習評量，並經由教學予以實踐，因此學習重點亦屬於課程目標的一部分。各領域／科目學習重點應與各領域／科目核心素養進行雙向檢核，了解兩者的對應情形（國家教育研究院，2015）。以下說明學習內容與學習表現（國家教育研究院，2015）：

一、學習内容

學習內容需能涵蓋該領域／科目之重要事實、概念、原理原則、技能、態度與後設認知等知識，依據學習內容可以發展成適當的教材。學習內容的內涵非常接近九年一貫課程中各領域的「基本內容」、「教材內容」，或是高中的「教材綱要」概念。

二、學習表現

學習表現是強調以學習者為中心的概念，重視認知歷程、情意與技能之學習展現，代表該領域／科目的非具體內容向度，應能具體展現或呼應該領域／科目核心素養。例如：能運用一手資料，進行歷史推論。學習表現的內涵在性質上非常接近現行九年一貫課程中的分段能力指標。

總綱核心素養將透過各學習階段、各課程類型的規劃，並結合領域綱要，以落實於課程改革。各領域／科目的核心素養是延續總綱的三面九項而來，其理念目標、學習重點，與總綱核心素養是彼此呼應的（范信賢，2016）。領綱的「學習重點」在課綱中居於重要的地位，是課程教材、教學及評量的依據。

核心素養內涵

生活情境

系統思考
與解決
問題

身心素質
與自我精通

規劃執行
與創新應變

自主行動

符號運用
與溝通表達

多元文化
與國際理解

終身學習者

社會參與

溝通互動

生活情境

人際關係
與團隊合作

科技資訊
與媒體素養

道德實踐
與公民意識

藝術涵養
與美感素養

生活情境

取自教育部（2014）

新課綱的重要改變

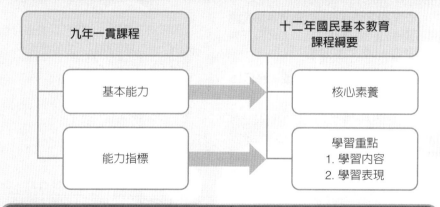

國語文的學習重點內涵

學習內容　文字篇章、文本表述、文化內涵

學習表現　聆聽、口語表達、標音符號與運用、識字與寫字、閱讀、寫作

Unit 4-3
核心素養導向教學設計

十二年國教提倡素養導向教學，培養學生具備批判性思考、問題解決能力、團隊合作的能力、溝通能力及創新能力等基本核心素養（林永豐，2014）。其中最關鍵的問題是要如何進行素養導向教學呢？

OECD（2018）針對素養導向的課程與教學設計提出六項原則：學生的主動性、課程的嚴謹性、課程的連貫性、課程教學與評量的關聯性（alignment）、重視學習遷移及提供學習的選擇空間。提醒課程設計者要能掌握學科概念及技能、活動設計要確實能促發學生的主動學習、教學與評量密切連結。此外，核心素養導向教學要能與學生真實生活情境密切結合，讓學生透過行動與探索來培養（劉青雯，2020）。

范信賢（2016）認為素養導向的課程、教學及評量實踐途徑，要參照下列兩大準則：

一、依據並妥善運用各領域／科目課程綱要

各項領綱內涵並非只在教學設計後端被作為檢核勾稽之用，而是課程及教學設計前端時的依據、鷹架及工具，以使課程及教學設計是建立在有系統且嚴謹的基礎之上。

二、結合並融入素養導向教學四項原則

參照總綱的核心素養敘述及意涵，素養導向課程及教學設計可綜整為以下四項原則：

（一）關照知識、技能與態度的整合

強調學習是完整的，不應只偏重知識方面。

（二）導入情境脈絡化的學習

透過體驗、事例、場景、關係、線索、條理、架構或任務等，串連所學習的知識、技能與態度，以促進抽象和經驗、部分和整體，以及新舊、前後之間的連結。

（三）關注學習策略及方法

需把學習內容與探究歷程結合在一起，陶養學生學會學習，成為終身學習者。

（四）強調活用實踐的表現

讓學生可以將所學知能遷移至實際生活或新情境中，是「做中學、學中做」的靈活運用與反思辯證。

依據四項原則，在撰寫素養導向教學設計時，可以依據以下步驟來進行：
1. 選擇一個學習單元；
2. 單元價值定位（設計理念）；
3. 呼應的領綱核心素養；
4. 撰寫單元目標；
5. 設計總結性表現任務；
6. 設想連結的情境脈絡；
7. 列出節次安排；
8. 擇定設計節次，選出學習重點，轉化為學習目標；
9. 設計學習活動及形成性學習評量；
10. 本設計與素養導向教學四大原則的呼應或開展（范信賢，2016）。

核心素養在課程綱要的轉化及其與學習重點的對應關係

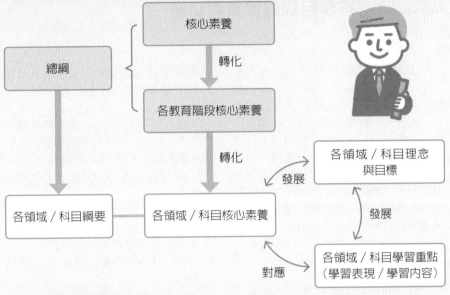

取自范信賢（2016，頁3）

領域素養導向教學設計的兩大準則

1 妥善運用領綱的理念、目標、領域核心素養、學習重點等

2

| 整合知識、技能與態度 | 導入情境脈絡化的學習 | 強調學習方法及策略 | 著重活用實踐的表現 |

取自范信賢（2016）

素養導向教學設計的步驟

選擇學習單元 → 單元價值定位 → 呼應的領綱核心素養 → 撰寫單元目標 → 設計總結性表現任務 → 設想連結的情境脈絡 → 列出節次安排 → 選出學習重點，轉化為學習目標 → 設計學習活動及評量 → 與教學四大原則的呼應

073

Unit 4-4
教學目標的意義與功能

課綱所列的課程目標或核心素養大部分是屬於長期的、抽象的，不易評鑑出實際的成效，因此有必要再細部化、具體化，教學目標可以說明課程目標的具體陳述。也有學者使用學習目標（learning objectives）此一名詞，如果從教師的觀點來看，教學目標即教學時所要達成之預期理想；如果從學生觀點來看，教學目標即是教師指導學生達成其所預期的學習效果，稱為學習目標，兩者名異而實同（高廣孚，1988）。

一、教學目標的意義

教學目標即是描寫學生在學完一項指定的教學單元以後，所應展現出學習表現之陳述，是教學活動實施的方向，也是對教學成果的預期（涂金堂，2009）。教學目標在敘寫上可分為兩種方式，一是採用一般性目標，例如：知道、理解、掌握、欣賞、認識、體會、喜愛等涵義較廣的動詞來描敘行為；一是採用行動取向的行為目標，又稱具體目標，例如：操作、說出、寫出、指出等可具體觀察的行為動詞。教師所編寫的教學目標要由易而難，對於學習較快的學生可學習較難的目標，對於學習較慢的學生，則要求學會基礎性的目標。

二、教學目標的功能

教師在進行教學活動之前，必須思索三個重要的問題：
1. 學生應該獲得哪些學習成果（知識、技能、情意態度）？
2. 教師該採用哪些教材與教學活動，來協助學生獲得教師所期待的學習成果？
3. 教師該如何確定學生是否達到被期待的學習成果（涂金堂，2009）？

這三個問題都與教學目標有關，由此可以得知教學目標在教學歷程中扮演重要的角色。以下歸納學者的意見，將教學目標的功能陳述如下（林寶山，1995；涂金堂，2009；張霄亭等著，2000）：
1. 可協助教師或課程設計者，讓他們更能清楚地呈現教學的內容。
2. 教師可根據目標來選擇和組織教材。
3. 可提供教師分析教學活動的內容，並據以設計學習活動。
4. 可描述特定的實作表現，教師可據此評估教學的成功與否。
5. 可協助教師評鑑和改進教學歷程與學習目標。
6. 可讓學生清楚知道他們被期待的學習表現，藉此引導自己的學習歷程。
7. 教師可根據教學目標以實施追蹤輔導及補救教學。
8. 可讓學生父母、其他教師、學校行政人員或社會大眾了解教學內容，以達到溝通教學的目的。

教學目標的意義

教學目標的意義	描寫學生在指定的教學單元以後，所應展現出學習表現之陳述

教學目標的敘寫	· 一般性的指標 · 行為目標

教學目標的功能

清楚呈現 教學內容	選擇和 組織教材	設計 學習活動	評估 教學表現
協助教學 歷程的改善	引導 學生的學習	實施追蹤輔導 及補救教學	與他人溝通 教學內容

教學目標內涵

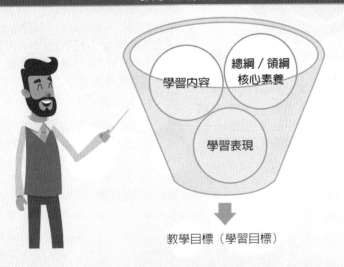

學習內容　總綱／領綱核心素養

學習表現

↓

教學目標（學習目標）

Unit 4-5
認知領域教學目標

1956年經由布魯姆（B. S. Bloom）等人提出教育目標的分類，將教學目標分成認知、情意、動作技能三大領域（Bloom et al., 1956），此系統幾已成為教學目標的共同語言，認知領域教學目標，更提供了各學科課程發展、教材教法、教學評量、編製試題的重要依據，影響至為深遠（陳豐祥，2009）。認知領域的教學目標強調學習者在教學歷程中獲得有關知識或認知歷程的學習結果，布魯姆將認知領域的教學目標分成知識、理解、應用、分析、綜合、評鑑等六個類別，前三類屬較低的認知能力，後三類屬高層次的認知能力。以下分別敘述之（涂金堂，2009；李坤崇，2006；黃光雄譯；1983）：

一、知識

知識（knowledge）是認知領域最低層次的教學目標，要學生將學習到的各種基本事實、術語、公式、學說及原理原則等牢牢記住，例如能說出七夕情人節的由來。

二、理解

理解（comprehension）在培養學生的了解能力，指學過的教材內容能明白它的意義，及其與其他資料的關係；或在明白其涵義之下，為所得到的資訊做結論，或者從資訊中看出（推論）結果，例如能將物理實驗觀察記錄資料製成圖表。

三、應用

應用（application）是指學生能將所學到的原理原則、觀念、理論、概念、公式等資訊運用到新的情境。在應用之前，學生要先具有充足的知識，而且要對這些知識有相當的理解，例如運用習得的二位數加法來計算另外二位數加法問題。

四、分析

分析（analysis）能力是指對材料構成部分的分拆，即分離拆解某理論或事物成各個重要元素的技巧，再深一級的認知能力是要能知道各要素之間的關係為何。在分析層次，學生被要求能夠分辨邏輯上的錯誤，或找出想法之間的關係，並加以比較。例如給學生一段荒謬的敘述，學生能夠指出矛盾點。

五、綜合

綜合（synthesis）能力是指能將各種要素或部分整合起來，形成一個整體。也就是將零碎的知識、概念，依其相互的關係，以構成一個完整的體系，學生即能創造一些獨特且具有原創性的東西。例如能設計新的實驗計畫、能設計單元教學計畫。

六、評鑑

評鑑（evaluation）是認知領域最高的層次，是指學生評價和判斷的能力。學生做價值判斷或批評時，必須根據內在的證據或外在的標準。例如能根據印象畫派觀點，評判一幅畫的構圖與用色。

布魯姆認知領域目標分類與行為動詞

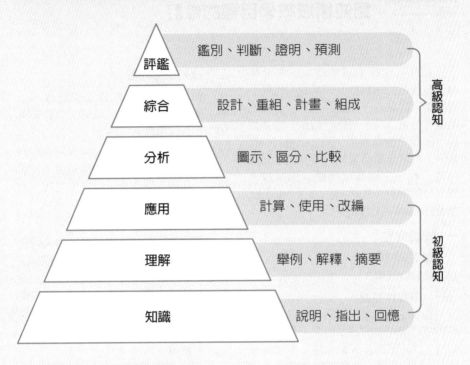

認知領域教學目標涵義

認知領域	涵義	舉例
知識	記住各種基本事實、術語、學說及原理原則	說出七夕情人節的由來
理解	學過的教材內容能明白它的意義	用自己的話解釋牛頓運動定律
應用	將所學到的原理原則、觀念等資訊運用到新的情境	將牛頓定律運用於適合的情境
分析	分離拆解某理論或事物成各個重要元素的技巧	推論故事中人物的行為動機
綜合	將各種要素或部分整合起來，形成一個整體	設計新的實驗計畫
評鑑	根據證據或外在的標準做價值判斷或批評	判斷哪一種是最適當的解決問題方法

Unit 4-6
認知領域教學目標的修訂

認知心理學的研究成果，引發學者對布魯姆認知目標分類系統的質疑，特別是針對綜合、評鑑等高層次目標的階層性是否合理，不斷呼籲應予重新檢討。因此安德森等人（Anderson et al., 2001）的修正是將認知目標分成「知識向度」和「認知歷程向度」兩系統，以下分別說明（Anderson & Krathwohl, 2001; Krathwohl, 2002）：

一、知識向度

屬名詞詞態，以學習內容為主，將知識區分成四類：

（一）事實性知識

指學生應了解的術語，或進行問題解決時必須知道的基本要素，包括術語知識、特定細節及元素知識。例如科學術語、注音符號、重要人物事蹟等。

（二）概念性知識

從較複雜、較大的基本元素間抽取共同屬性，予以分類形成的知識。例如心理問題的種類、進化論等理論知識。

（三）程序性知識

知道如何做某事的知識，通常是一系列或有步驟的流程，也就是做某事的方法及使用技能、算法、技術與方法的準則。例如水彩畫的技巧、社會科學的研究方法等。

（四）後設認知知識

指一般對認知的認知以及對自我知識的認知和覺察，包含認知知識、監控、控制、調整認知。例如不同記憶的策略、運用不同策略於不同情境、知道自己學習的優缺點等。

二、認知歷程向度

修訂版分為較低層次的記憶、了解、應用和分析，及較高層次的評鑑與創作，全採用動詞型態。

（一）記憶

從長期記憶中提取相關知識，包括再認、回憶。例如說出中日甲午戰爭的發生年代。

（二）了解

從口述、書寫和圖像溝通形式的教學資訊中建構意義，使新知識與舊經驗產生連結，包括說明、舉例、分類、摘要、推論、比較、解釋次類別。例如比較中秋節和端午節的異同、解釋颱風發生原因。

（三）應用

牽涉使用程序執行作業或解決問題，與程序知識緊密結合，包括執行及實行。例如能應用定理或執行某種運算。

（四）分析

指的是將材料分解為組成的部分，並確定部分之間的相互關係。例如能進行區別、組織與歸因。

（五）評鑑

是指根據準則與標準做出判斷。例如檢視結論與數據是否吻合，或評論解決問題的方法中哪一種較好。

（六）創造

將各個元素組裝在一起，形成一個完整且具功能的整體。例如提出新的假設、計畫新的研究報告等。

安德森對認知領域目標的修訂

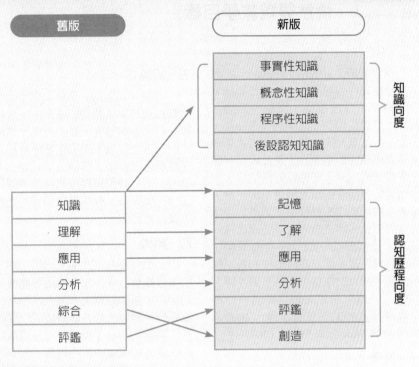

取自 Anderson et al. (2001, p.268)

認知歷程向度與知識向度關係

認知領域	次類別	知識向度
記憶	再認、回憶	事實性知識、概念性知識、程序性知識、後設認知知識
了解	說明、舉例、分類、摘要、推論、比較、解釋	事實性知識、概念性知識
應用	執行、實行	程序性知識
分析	區別、組織、歸因	概念性知識
評鑑	檢視、評論	程序性知識、後設認知知識
創造	通則化、規劃、製作	概念性知識

Unit 4-7
情意領域教學目標

　　情意領域（affective domain）的教學目標指獲得有關感情、態度、興趣等學習結果，分成接受、反應、評價、組織、形成品格等五個類別（李坤崇，2008）。這五類的教學目標，可視為學生情意價值的形塑歷程，先接收到有關情意價值的訊息，在適當的情境中，學生願意對所接收的情意價值有所反應，接著在價值形成的歷程中，懂得珍視所接受的價值，然後將所接受的價值進行統整，使其形成一個有系統的價值組織，最後學習者則是將所形成的價值體系內化至個人的性格中（郝永崴等譯，2007）。以下敘述此類目標內涵（郝永崴等譯，2007；張霄亭等，2000；Krathwohl, Bloom, & Masia, 1964）：

一、接受

　　接受（receiving）或注意（attending）指學生願意去注意特定的現象或刺激。教學所關心的是教師如何引起、保持和引導學生的注意力，若不能達到這個層次，任何知識或技能的教學都不可能進行。接受的教學目標如：學生在聆聽莫札特音樂作品時能不離開座位。

二、反應

　　反應（responding）指學生主動地參與學習活動，它不只是注意到特定的現象，而且以某種方式對它做反應。學生的反應可細分成三種層次：勉強反應、願意反應、樂於反應，分別代表了不同程度的學習興趣。例如願意報名擔任醫院義工。

三、評價

　　評價（valuing）是要求學生能夠在不被強迫和要求順從的情況下，表現出單一信念或與態度一致的行為。價值評定的程度在行為上不只是要樂於反應，還要穩定與持續，讓他人足以認出其價值觀，所以評價可再分為接納、偏好和堅信三個等級，教學目標如學生能經常欣賞古典音樂。

四、組織

　　組織（organization）指學生把不同的價值觀整合在一起，解決不同價值間的衝突，並開始建立一個內在和諧的價值系統。強調的是各個價值觀之間的比較、關聯和綜合。組織又可分成價值概念的建立和價值系統的組織。教學目標的範例如：學生能比較死刑和其他替代性選擇，並且決定何者較符合自己的信念。

五、形成品格

　　形成品格（characterization）是指由於個人價值系統的影響，而在某些方面產生主動、長期、一致性的行為，而形成他個人的生活風格。在這個層級裡，學生不但已經學習到前面所有層次的行為，同時也將其個人價值觀融合至一個完全及普遍的哲學系統中，例如養成節儉的生活習慣。

情意領域教學目標層級

有關感情、態度、興趣的學習結果

形成品格

組織
· 價值概念的建立
· 價值系統的組織

評價
· 接納
· 偏好
· 堅信

反應
· 勉強反應
· 願意反應
· 樂於反應

接受
· 注意

情意領域教學目標內涵

情意領域	涵義	相關動詞
接受	學生願意去注意特定的現象或刺激	同意、接納、關注
反應	學生主動地參與學習活動	遵守、認同、支持
評價（價值評定）	學生在不被強迫的情況下，表現出態度一致的行為	參與、從事、衡量
組織（價值組成）	學生開始建立一個內在和諧的價值系統	歸納、統整、組合
形成品格	學生能產生主動、長期、一致性的行為，而形成個人的生活風格	實踐、持守、表現

Unit 4-8
技能領域教學目標

動作技能領域的教學目標指獲得有關動作表現、動作技能的學習結果。哈羅（Harrow, 1972）曾依據不同類型的動作技能，將動作技能的教學目標分成反射動作、基礎功能性的動作、知覺性的能力、生理性的能力、技巧性的動作，以及協調溝通等六個類別，但其觀點並未獲得廣大迴響。辛普森（Simpson）的技能領域教學目標較常被引用，以下說明其內涵（李坤崇，2006；李堅萍，2001；Simpson, 1972）：

一、知覺

知覺（perception）指肢體或感官在察覺、注意或感應到外界之物體、性質或關係的歷程。知覺是成為一項動作的最初步驟，也是「情境—解釋—行動」最基本的一環，教學目標如：能知道使用觸覺選擇合用的木柴。

二、趨向

趨向（set）或稱預備、準備，是在感官收得刺激、產生感覺或感應後，開始要採行某種動作或意向之肢體與心智的準備狀態，是展現行動方向的初步動作與意念，包括心理趨向、生理趨向和情緒趨向，例如能顯現出打字效率的慾望。

三、引導反應

引導反應（guided response）是指在教學者的教學指導下，或在操作手冊、說明書、教學影片等文本的導引下，而展現的動作與行為。此層次為真正的教學功用，包含模仿、嘗試錯誤兩個層次，例如能從各種工具的試用中找出最適當的操作工具。

四、機械化

機械化（mechanism）是指技能已成為習慣性、反射性的連續順暢動作反應。經由多次的練習，即能產生「不加思索、立即正確反應」的動作與自信，例如能示範簡單的舞步。

五、複雜性的外在反應

複雜性的外在反應（complex overt response）是指含有複雜內容、但明確有效率的動作技能，這種技能已超越機械式的反應動作，能以最合適動作、最經濟流程，融合多種動作或行為的技能反應，例如熟練地操作電腦。

六、適應

適應（adaptation）是在面對內容不明或初次嘗試的事項，重組或修正改變動作行為，以因應新問題情境。雖然面對外在環境變化，但仍具有重組或變化修正既有技能加以調適或解決的能力，例如能根據已掌握的舞蹈技巧，編製一套現代舞。

七、創新

創新（origination）是以既有的知識與技能為基礎，加入個人創意而建構新的動作、行為等，這是最高階層的技能表現，能自既有的技能表現形式中，發揮全然不同以往或超乎現有水平的技能，例如創作一款新的衣服款式。

技能領域教學目標的層級

哈羅（Harrow）	辛普森（Simpson）
反射動作	知覺
基礎功能性的動作	趨向
知覺性的能力	引導反應
生理性的能力	機械化
技巧性的動作	複雜性的外在反應
協調溝通	適應
	創新

辛普森技能領域教學目標的內涵

以既有的知識與技能為基礎，加入個人創意而建構新的動作	創新
重組或修正改變動作行為，以因應新問題情境	適應
能以最合適動作、最經濟流程，融合多種動作或行為	複雜性的外在反應
技能已成為習慣性、反射性地連續順暢動作反應	機械化
在教學者指導下，或在文本的導引下，而展開的動作與行為	引導反應
產生感覺後，開始要採行某種動作	趨向
感官察覺、注意到外界之物體	知覺

Unit 4-9
行為目標的敘寫

行為目標（behavioral objectives）所強調的是必須在目標中明確敘述出學習者學習完畢後應該能表現出來的學習成果，而這些學習成果都是可觀察或是可測量出來的行為，又稱為「表現目標」（performance objectives）或「具體目標」（張霄亭等，2000）。所以行為目標最大的特色就是強調以比較具體的行為動詞，避免以過於抽象、籠統的語詞敘寫教學目標。行為目標的敘寫方式說明如下：

一、三要素寫法

行為目標起源於1962年梅格（Mager, 1984）在教學目標的專著中，強調要清楚、準確地說明學習者在完成教學後應該能做什麼，書中他提到描述教學目標的三要素：1.可觀察行為，如寫出、解決、排列、說出等行為動詞；2.重要條件（conditions）或情境的敘述，例如不使用課本、使用地圖等；3.評鑑學生行為表現是否成功完成目標的標準，例如必須答對70%的準確率。梅格的行為目標的寫法為：1.在沒有任何參考資料的情況下（條件），學習者能夠按照順序列出（行為）清朝12位皇帝的年號（標準）；2.提供學習者50題有關美國地理的選擇題（條件），使學習者能夠回答（可觀察的行為）出40題正確答案（標準）（劉豫鳳等，2008；張霄亭等，2000）。

二、五要素的寫法

黃光雄（1985）、郭生玉（1993）及奇伯樂（Kibler, et al., 1974）皆主張行為目標包含五要素，分別是：1.對象；2.行為動詞；3.學習結果；4.條件或情境；5.標準。這種目標的寫法如下：1.學生（對象）能分辨出（行為）花園中（情境）5種以上（標準）的草本科植物（結果）；2.給予測量用尺（情境），學生（對象）能正確無誤（標準）量出（行為）教室的面積（結果）（王財印等，2019）。

三、內部過程與外顯行為相結合的寫法

葛隆倫（Gronlund, 1978）提出內部過程與外顯行為相結合的方式來陳述教學目標，首先是陳述內部心理過程的一般目標，其範圍較廣，所用的動詞較含糊，例如知道、了解、培養等；然後列舉相對應的具體目標，而對象、情境、標準三個要素都可省略，只寫出行為和學習結果就可以。這種教學目標的寫法如下：一般目標：1.欣賞優秀的文學作品；具體目標：1-1敘述優秀和不良文學作品的區別。1-2在自由閱讀時間內選讀優秀的文學作品。1-3說明為何喜愛某些優秀的文選（黃政傑，1991）。

行為目標敘寫的三要素

行為動詞
- 可觀察
- 可測量
- 例如寫出、排出、說出

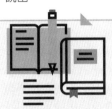

條件或情境
- 行為的條件或情境
- 例如不使用課本、使用地圖

表現水準或標準
- 評鑑行為表現是否達到標準
- 例如70%的準確率

內部過程與外顯行為相結合的寫法

教學目標	一般目標	具體目標
特徵	內部心理過程、範圍較廣、動詞較含糊	外顯行為、可觀察、可測量、範圍較小、與一般目標相對應
敘寫用詞	知道、了解、促進、培養、欣賞、喜歡、認識	說出、指出、找出、操作、寫出、畫出
兩者結合的寫法	1.了解律詩的格律	1-1.說出律詩的句數 1-2.說出律詩的押韻

社會領域素養導向學習目標的撰寫

學習表現
歷1b-1V-2運用歷史資料，進行歷史事件的因果分析與詮釋

學習內容
歷1b-1V-1晚清時期的東西接觸與衝突

學習目標
選用歷史資料，分析並詮釋鴉片戰爭的衝突起因及對清國天朝體制的挑戰

Unit 4-10
表意目標與蓋聶的分類系統

行爲目標的敘寫方式引發教育學者的論戰，贊成者認爲行爲目標具有以下優點：教學目標具體化、教學重心在學生、教學過程有順序、教學成果容易評量等。然而也有學者持否定的理由：1.行爲目標比較狹窄，會忽視重要和不可預期的學習成果；2.過於瑣碎，不容易敘寫；3.行爲目標是側重結果而不是過程；4.教學過程機械化（孔企平，1999）。

一、表意目標的敘寫

在反行爲目標陣營中最著名的學者是艾斯納（E. W. Eisner），他提出表意目標（expressive objective）的概念。表意目標係指學生經歷設計好的學習活動後，會產生一些可能的結果，但這些結果不事先訂定，也無事先建立評鑑標準。其重點不在學生從事教學活動後應該展示的行爲結果，而在確立學生所經歷的情景，即重視學習過程的經驗。這種目標可以使教師和學生擺脫行爲目標的束縛，以便學生有機會去探索、發現他們自己特別感興趣的問題或課題（施良方，1999；Eisner, 1985）。表意目標的寫法如下（黃政傑，1991）：

1. 解釋失樂園的意義。
2. 檢視和評估老人與海的重要性。
3. 使用電線和木材，設計三度空間的形式。
4. 訪問動物園，討論其中的趣味。
5. 選擇和學習彈奏一項樂器。

二、蓋聶的教學目標分類系統

美國學者蓋聶（R. M. Gagné）將教學目標分爲以下五類（張春興，2013；杜振亞等譯，2007）：

（一）心智技能

指學習者透過學習獲得使用符號與環境相互作用的能力。例如使用語言和數學這兩種最基本的符號進行閱讀、寫作和計算。心智技能由簡單到複雜、由低級到高級，又可分爲四個層次：辨別（discrimination）、概念（concept）、規則（rule）、問題解決（problem solving）。

（二）認知策略

認知策略的學習結果與解決問題學習層次有關，是學習者運用他們自己的注意、學習、記憶和思維等內部過程的技能。

（三）語文資訊

指學習者經過學習以後，能記憶事物的名稱、符號、地點、時間、定義、對事物的具體描述等等事實，能夠在需要時將這些事實敘述出來。

（四）動作技能

動作技能是一種習得能力，如寫字母、跑步、做體操等，這些動作的表現可以引導出其他的學習，例如學生使用書寫字母的技能來書寫字與句子。

（五）態度

態度即布魯姆的情意領域，例如對別人的尊重、對知識及學習的正向態度等。

行為目標的優缺點

優點
▶ 教學目標具體化
▶ 教學重心在學生
▶ 教學過程有順序
▶ 教學成果容易評量

缺點
▶ 會忽視重要和不可預期的學習成果
▶ 過於瑣碎，不容易敘寫
▶ 側重結果而不是過程
▶ 教學過程機械化

表意目標的寫法

定　義	特　徵	範　例
有些學習活動無法預知結果，故不事先訂定結果，也無事先建立評鑑標準	重視學習過程的經驗而非學習結果	・參觀美術館後討論印象最深的作品 ・聆聽音樂分享內心感受

蓋聶的教學目標分類系統

心智技能
・辨別
・概念
・規則
・問題解決

認知策略
・內部過程的技能
・與解決問題學習有關

語文資訊
記憶事物的名稱、符號、地點等事實

動作技能
・一種學習能力
・例如寫字母、跑步等

態度
・布魯姆的情意領域
・例如對別人的尊敬

Unit 4-11
教學評量的意義與趨勢

教學評量（instructional assessment）是教師用來測量學生在學習後表現的方法，所謂評量是運用科學方法和技術，蒐集有關學生學習行為及其成就的正確資料，再根據教學目標，就學生學習表現的情形，予以分析、研究和評斷的一系列工作（簡茂發，1999）。若依據布魯姆等人的分析，評量具有以下的性質：

1. 是一種用以確定學生學習水準和教學有效性證據的方法。
2. 評量是確認學生達成教學目標程度的輔助手段。
3. 評量是一種回饋—校正系統，在教學過程中判斷該過程是否有效（邱淵等譯，1989）。

依據教學的一般模式，教師要得知預期的教學目標是否達成、學生是否具備學習的起點行為或基本能力，就要透過教學評量活動。簡茂發（1999）就認為教學評量具有下列功能：

1. 診斷：即了解學生的潛能與學習成就。
2. 調節：即了解學生學習的困難。
3. 教學：即評估教師教學的效果。
4. 增強：即獲悉學習進步的情形。

素養導向評量為新近的發展趨勢，所謂素養導向評量是用來評估、回饋與引導素養導向課程與教學之實施。素養導向評量之「導向」二字意味著期望透過適當的評量實務，引導並落實能夠培養學生核心素養和領域／科目核心素養的課程與教學（教育部，2018b）。這種評量是全球教育趨勢，不管國中教育會考或大學學測、指考的命題都朝向這種趨勢發展。素養導向命題具有三大重點（大學入學考試中心，2017）：

一、情境化

試題素材引用生活情境或學術探究情境，主要以解決真實生活問題為主，包含學科知識及學習概念延伸的應用。

二、整合運用能力

考察學生是否能夠整合運用知識與技能，以處理真實世界或學術探究的問題，包括閱讀理解、邏輯推論、圖表判讀、批判思考、歷史解釋辨析、資料證據應用等。

三、跨領域或跨學科

考察學生是否能夠融會貫通，善用不同領域或學科所學來處理一個主題中的相關問題，因為一項情境所面對的問題往往是跨學科的。

可以預見素養導向評量將對學習與教學帶來以下挑戰（大學入學考試中心，2017）：

1. 閱讀理解重要性將更為提升。
2. 需大量閱讀與理解不同類型文本。
3. 接觸與認識重要的生活、社會、文化、全球情境。
4. 教學需打破學科藩籬，學習力求統整運用。

教學評量的性質

1 是一種用以確定學生學習水準和教育有效性證據的方法

2 評量是確認學生達成教學目標程度的輔助手段

3 評量是一種回饋—校正系統,在教學過程中判斷該過程是否有效

教學評量的功能

診斷

教學

增強

調節

素養導向評量的重點

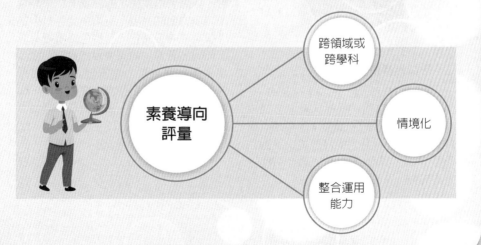

素養導向
評量

跨領域或
跨學科

情境化

整合運用
能力

Unit 4-12
教學評量的類型

教學評量依照教學前、教學中、教學後不同實施的時間點，可分為安置性評量、診斷性評量、形成性評量及總結性評量，加上新近所強調的多元評量共五類，以下分別說明之（余民寧，2012；郭生玉，1993；Arends & Kilcher, 2010; Kubiszyn & Borich, 2007）：

一、安置性評量

安置性評量（placement assessment）或稱為預備性評量（readiness assessment），為教學前對學生所具有的起點行為之評量，它關心的是學生在教學開始前所具有的一些知識、技能，依據評量結果，教師要做以下的決定：決定是否先行複習舊教材內容、決定選擇何種適當的教材和教法、決定如何將學生分組或安排在特殊班級。

二、診斷性評量

指在教學活動過程中，對於學生持續性、反覆呈現的學習困難原因的診斷，通常在教學中或教學後進行評量，目的在診斷學生的困難所在，並針對其困難，予以必要的補救教學。

三、形成性評量

形成性評量（formative assessment）是指在教學活動進行過程中，隨時採用簡短的測驗，評量學生學習的進步情形，其目的在於提供教師和學生的回饋，幫助教師修正教學策略，或是幫助學生了解學習狀況。

四、總結性評量

總結性評量（summative assessment）是指在教學若干單元或課程結束後，對學生學習結果的評量，其目的是為了決定預期教學目標的達成程度，同時也用來驗證學生對於教材的熟練程度。總結性評量的內容較廣、題數較多，評量後需要給學生成績或等第，其重點是評定學生學習成就。

五、多元評量

傳統評量以紙筆測驗為主，這種評量方式有諸多限制，例如教師多半傾向使用具有標準答案、計分方便且具公平客觀的測驗方式進行評量，學生必須根據書本或教師所教的答案去回答試題，作答容易僵化。紙筆測驗通常僅能評量到較低層次的認知能力目標（記憶、理解），對於較高層次的認知能力目標（如分析、綜合、應用、評鑑）則比較無法評量。因此教學評量的新趨勢主張多元評量，強調評量要與實際生活相結合，教師要以多樣化的評量方式來評量學生多方面的表現。所謂多元評量即是評量方式的多元化，其特色為重視高層次能力的評量、強調使用真實的問題、使用多向度分數、重視歷程勝於結果等，例如兼採口頭發表、實驗操作、檔案紀錄、過關遊戲、參觀報告等評量方式。

依教學程序對評量的分類

教學前：安置性評量

| 對學生所具有的起點行為之評量 | 依據評量結果決定選擇適當的教材和教法 |

教學中：診斷性評量

| 對於學生學習困難原因的診斷 | 針對困難予以補救教學 |

教學中：形成性評量

| 教學活動過程中，隨時採用簡短的測驗 | 目的在於提供教師和學生的回饋 |

教學後：總結性評量

| 在教學若干單元後，對學習結果的評量 | 驗證學生教材的熟練程度，也評定學生學習成就 |

多元評量的內涵

定義

評量的多元化，即多樣化的評量方式

評量學生認知、情意、技能等方面的表現

特色

1. 重視高層次認知能力的評量
2. 強調使用真實的問題

3. 使用多向度分數
4. 重視歷程剩餘結果等

方式

口頭發表
實驗操作
動態評量

檔案紀錄
過關遊戲
參觀報告

傳統評量與多元評量的比較

傳統評量	多元評量
以紙筆測驗為主	評量方式的多元化
有標準答案、計分方便	使用多向度分數（規準）、重視評量的歷程
作答容易僵化	評量能與實際生活相結合
僅能評量到較低層次的認知能力目標，如記憶、理解	重視高層次認知能力的評量，且兼顧情意領域的評量

第 5 章

教學策略

● 章節體系架構 ▼

Unit 5-1
發問的定義與功能

發問（questioning）又稱為提問（probing），是教學過程中不可或缺的教學策略。發問最早源自古希臘哲學家蘇格拉底所運用的問答教學法，教師透過這種方法，可將學生的知識引導出來，如同助產士在接生時一樣，所以又稱為產婆術、產婆式教學法或詰問式教學法（伍振鷟、林逢祺、黃坤錦、蘇永明，2010）。巴西當代教育學者弗雷勒（Paulo Freire）提出以問題為中心的「對話教學」及「提問教學」，鼓勵學習者能主動探索，進而對挑戰做出回應（周新富，2018）。

傳統式的教學相當依賴教師的講述及發問，教師藉由發問引發學生的討論，對學生思考能力的提升產生很大的影響。20世紀70年代對發問的研究相當興盛，其採用的方法為觀察研究，焦點集中在教師發問的方式和問題類型兩方面，這些研究得到兩項重要的發現：強調事實性問題對提升年級較低兒童的成績特別有用、強調高層次的認知問題對培養學生的獨立思考極為有效（Arends, 2009）。

適當的發問是一項複雜的技術，教師在課堂中要問哪些問題？用怎樣的方式發問？在提出問題時要注意哪些事項？學生回答問題後要如何處理？這些問題將在發問策略中探討。

在教學的過程中，發問是教學的主要活動。在教學過程中，發問通常占用相當多的時間，因為一開始從複習舊教材開始就要使用發問，當教師進入新教材的教學時，發問可讓學生練習所學到的知識，教師可以檢查學生的理解情形，以決定哪部分的教材要再教一次，課程結束前的總結也是以發問來進行（Muijs & Reynolds, 2005）。以下就相關文獻歸納出發問的功能（張玉成，1991）：

一、引起學習動機

教師在課堂上提出問題，可使學生集中注意力，導引學習心智，激發探討興趣。

二、幫助學生學習

發問具有提示重點、組織教材內容、幫助了解及促進記憶的功能。

三、提供學生參與討論、發表意見的機會

對學生組織發表能力的發展有幫助。

四、評鑑功能

一方面可藉以了解學生學習成就，另一方面可以分析其弱點或學習障礙所在，以為補救教學實施的依據。

五、引起回饋作用

教師透過學生對問題的反應或回答，幫助自我檢討教學成效，以供改進的參考。

六、啟發學生思考

引導學生思考方向，擴大思考廣度，提高思考層次。

發問的發展

蘇格拉底詰問式教學法 ○┈┈┈ 弗雷勒以問題為中心的對話教學 ○┈┈┈ 20世紀70年代以後強調以發問培養學生的獨立思考

發問在教學活動的重要性

開始教學	新教材的教學	課程結束前
使用發問複習舊材料	以發問檢查學生的理解情形	以發問來進行教學總結

發問的功能

提供參與討論、發表意見機會

評鑑功能

幫助學生學習

引起回饋作用

引起學習動機

啟發學生思考

Unit 5-2
問題的類型

發問前先要形成問題，對於問題的分類有幾種分法，最簡單的是分爲閉鎖式和開放式問題，桑達士（Sanders）細分爲記憶性、轉譯性、解釋性、應用性、分析性、綜合性及評鑑性七類問題；葛拉格和亞斯納（Gallagher & Aschner）分爲認知記憶性、聚斂性、擴散性及評鑑性問題四類（張玉成，1991）。筆者歸納上述學者的分類，將問題的類型分爲聚斂性、擴散性、評鑑性問題三類外，再加上省思性問題，共分爲四類，以下介紹各類問題的性質（張玉成，1991；Orlich, Harder, Callahan, Trevisan, Brown, & Miller, 2013）：

一、聚斂性問題

聚斂性問題（convergent questions）包含認知記憶性問題和推理性問題，是鼓勵學生聚焦在某一主題來回答，認知記憶性問題是學生回答問題時，學生只需對事實或其他事項作回憶性的重述；而推理性問題則須對所接受或所記憶的資料，從事分析及統整的歷程，而得到預期的結果或答案。例如：長方形與正方形有什麼異同？馬關條約的內容是什麼？

二、擴散性問題

擴散性問題（divergent questions）也可稱爲創造性問題，學生回答問題時，需將要素、概念等重新組合，或採新奇、獨特觀點作出異乎尋常的反應，此類問題並無單一性質的標準答案。當使用擴散問題進行發問時，學生回答的時間會比較長，因爲要引導出問題完整或較有創意的答案。例如：假如沒有電腦和網路，學校會變成什麼樣子？要營造永續環境有哪些有效的作法？

三、評鑑性問題

評鑑性問題（evaluative questions）或稱爲批判性問題，回答問題時，學生需先設定標準或價值觀念，據以對事物從事評斷或選擇。通常這類問題是以擴散性問題爲基礎，但增加評鑑的因素，與擴散性問題的差異在評鑑性問題有一套評鑑規準爲依據。例如：爲什麼全球暖化是一項重要的問題？

四、省思性問題

省思性問題（reflective questions）是最近發展出來的新形式問題，與擴散性、評鑑性問題相類似，但不是問學生「是什麼」或「爲什麼」的問題，而是在協助學生發展高層次的思考，例如：引發動機、做推論、推測原因、思考影響性和思考結果。教師試著鼓勵學生去思考某些事物隱含的意義或尋找可能的結果，這種引導思考的過程或可稱爲批判性或分析性的思考。例如：個人電腦對我們學校的課程有何影響？如果代數列爲八年級必修課程，你認爲會發生什麼問題？

問題的分類

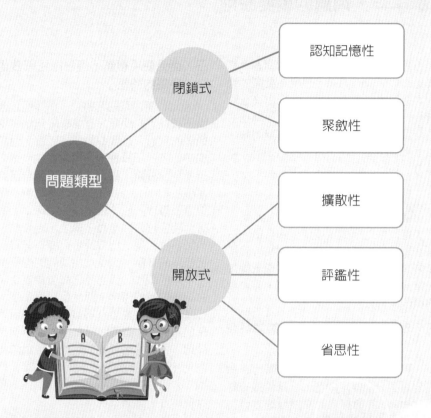

各類問題性質

1 聚斂性問題

包含認知記憶性問題和推理性問題，是鼓勵學生聚焦在某一主題來回答

2 擴散性問題

也稱為創造性問題，學生回答問題時，需將要素、概念等重新組合，此類問題並無標準答案

3 評鑑性問題

又稱批判性問題，回答問題時，學生需先設定標準或價值觀念，據以對事物從事評斷或選擇

4 省思性問題

在協助學生發展高層次的思考，例如：引發動機、做推論、推測原因、思考影響性和思考結果

Unit 5-3
問題的編擬原則

通常在教學時，所想到的問題大都屬低認知層級的問題，想要在發問的過程中進行得很順暢，而且能提出高認知層級的問題來引導學生思考，教師務必要在做教學計畫時就要著手編擬問題。以下僅就編擬問題的原則說明如下（李春芳，1988；郝永崴等，2007）：

一、問題要符合教學目標

發問的目的是要刺激學生動腦思考，進而協助學生達成課程的目標。教師在編擬教學計畫時，就要開始設計所要發問的問題，最簡單的方式是依據每一單元的教學目標來構思問題，每一項目標至少可以寫出一個問題。

二、問題必須事先設計，且兼顧各類問題

問題的編擬應依據上一單元四種問題類型分別擬定問題，或是依據布魯姆（Bloom）所提之認知領域的教育目標分類，依其認知層次分為記憶、理解、應用、分析、評鑑、創造等六類，前兩類偏屬記憶性問題，而後四類則偏重聚斂性與擴散性思考，特別是高層次的問題更需要預先構思。各層次問題並無好壞之分或重要性之別，故應兼顧各類問題。一般而言，開始上課可先提出記憶性問題或概念性問題，看學生是否已掌握了基本的觀點，接著提問應用性及分析性的問題，最後以有助於激發批判性和創造性思考的問題作為總結。鑒於上課時間的限制，各類問題的比例亦需考量，其比例為知識、理解、事實占60%，應用、分析、比較占20%，評鑑、創造性思考占20%。

三、避免使用複雜、模稜兩可或雙重性質的問題

冗長而複雜的問題及一個問題包含兩個或以上的問題，會讓學生無法了解問題的意思，以致不知如何回答。這類問題如下：「單細胞的生物要如何讓自己受孕並分裂，以製造看起來像自己的類似生物？」、「你對於南北戰爭、伊拉克戰爭或一般的戰爭看法如何？」當教師問完這類問題後，學生一定會要求教師重述問題，而教師也可能不記得自己複雜的措辭，因此為相同的問題提供了不同的版本。為避免這種現象產生，在編擬問題的用字上要注意以下事項：1.每個問題只集中一個概念；2.使用明確的語言；3.盡可能用較少的文字陳述問題。例如應用性的問題如下：為防止瓦斯中毒，熱水器及瓦斯宜設置於何處？分析性的問題如下：你在下列的哪一個圖片中看到三角形？

問題的編擬原則

01 問題要符合教學目標

教師在編擬教學計畫時，就要開始設計所要發問的問題

依據每一單元的教學目標來構思問題

02 問題必須事先設計，且兼顧各類問題

問題的編擬應依據單元5-2所述四種問題類型分別擬定問題

高層次的問題更需要預先構思

各類問題的比例亦需考量，例如：知識、理解、事實占60%

03 避免使用複雜、模稜兩可或雙重性質的問題

避免冗長而複雜的問題，以及一個問題包含兩個或以上的問題

避免會讓學生無法了解問題的意思，以致不知如何回答

在用字上要注意的事項

1 每個問題只集中一個概念

2 使用明確的語言

3 盡可能用較少的文字陳述問題

編擬問題的範例

問題類型	範例
知識性問題	資本主義的定義為何？三角形的定義為何？
理解性問題	你能用自己的話來解釋資本主義的概念嗎？
應用性問題	牛頓第二定律在什麼情況下運用？
分析性問題	有哪些因素可以區分資本主義和社會主義？
評鑑性問題	你認為哪部小說是最好的文學作品？
創造性問題	結合資本主義和社會主義主要特徵的經濟制度會是什麼樣子？

Unit 5-4
創造性問題的編擬

創造性問題亦稱為綜合性問題，綜合層次的問題要求學生產生某種獨特或原創性的東西，這個層次通常和創造力有關，但是並非所有的答案都是可以被同等接受。為激發學生的創意思考能力，教師可以提出創造性問題來發問。以下為編擬問題的參考（陳龍安，1997，2014）：

一、假如的問題

預設問題以設想答案，要求學生對一個假設的情境加以思考，可用日常生活中的人、地、事、物、時假設來發問，例如：假如家中失火了，你該怎麼辦？假如你有一千萬，你將如何運用？

二、列舉的問題

舉出符合某一條件或特性的事物及資料，且愈多愈好。比如問學生：茶杯有什麼用途？讓學生發表自己的意見。

三、比較的問題

比較的問題是指拿兩樣或以上的東西讓學生比較，依其特徵或關係比較其異同，以使其仔細觀察、縝密思考。例如：人腦和電腦有什麼不同？

四、替代的問題

提出問題以設想替代方案，用其他的字詞、事物、涵義或觀念取代原來的資料。例如問學生：如果你去郊遊，卻忘了帶茶杯，你可以用什麼東西來代替它？

五、除了的問題

針對原來的資料或答案，鼓勵學生能尋找不同的觀念或比較別出心裁的答案。例如：要到美國去，除了搭飛機之外，還有什麼方法？

六、可能的問題

要求學生利用聯想推測事物可能發展，或做回顧與前瞻性的了解。例如：明天如果下雨，可能會發生什麼事？爸爸現在可能在做什麼？

七、想像的問題

有關未來或現實生活中沒有遇過的問題，讓學生充分運用想像力於未來或化不可能為可能的事物。例如：想想看，一百年後的台北市會變成什麼樣子？

八、組合的問題

提供學生一些資料，要求他們加以排列組合成另有意義的資料。例如：這幾個不同的字，可以組合成什麼句子？

九、六W的問題

可以經常使用為什麼（Why）、是什麼（What）、在哪裡（Where）、誰（Who）、什麼時候（When）和怎麼辦（How）等所謂的「六W」的方式來設計問題。例如：為什麼要種樹？要種什麼樹？什麼時候去？

十、類似的問題

選擇相近的事物加以比較，可以促使仔細觀察；若選擇毫不相干者加以比較，則可激發想像力。例如：媽媽和警察有什麼相同的地方？眼鏡和唱歌有什麼關係？

創造性問題的類型

創造性問題：激發學生的創意思考能力

假如的問題	假如家中失火了，你該怎麼辦？	**列舉的問題**	茶杯有什麼用途？
比較的問題	人腦和電腦有什麼不同？	**替代的問題**	忘了帶茶杯，可用什麼東西來代替？
除了的問題	去美國除了搭飛機外，還有什麼方法？	**可能的問題**	明天如果下雨，可能會發生什麼事？
想像的問題	一百年後的台北市會變成什麼樣子？	**組合的問題**	這幾個字可以組合成什麼句子？
六W的問題	為什麼要種樹？要種什麼樹？	**類似的問題**	眼鏡和唱歌有什麼關係？

創造性問題的類型

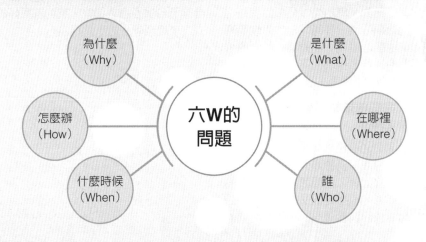

Unit 5-5
教師發問的方式

問題編擬好之後，就要在教學的歷程中來提問，無論是在複習舊教材或講解新教材，教師若能妥善運用，對提升學習成效會有很大的幫助。以下將發問的方式說明如下（Muijs & Reynolds, 2005; Ryan, Cooper, & Tauer, 2013）：

一、用隨機的方式點學生回答

教師不要以預先安排的方式點學生回答，例如依照座號的次序或排列的順序發問，通常會讓已經回答過問題的學生感到無聊及分心，用隨機的方式可以協助他們更加專注，例如抽籤方式。

二、先發問後再指名回答

好的發問技巧是教師先提出問題後再指名回答，這樣可以讓所有學生有更多的時間思考問題，可以引起學生的專注。如果先點某位同學回答，則其他人可能就不會注意教師問了什麼問題。

三、有邏輯性且有順序地提出問題

問題的提出應由易而難、由淺入深，一般以記憶性、理解性等較低認知層次問題為先，應用性、分析性問題次之，而以創造性、評鑑性及省思性等高認知層次問題殿後。相對地，教師應依據問題的性質來指名回答，高認知層次的問題要指名程度較好的學生來回答。

四、問完問題後給予學生至少3秒的思考時間

教師發問之後到學生回答的時間，稱為等待時間。為確保教學的順暢，等待時間不宜太長，但要讓學生有足夠的時間來思考，等待時間又是必要的，通常教師會依問題性質來決定等待時間的長短。如果是低認知層次的問題，3秒左右是最佳的等待時間；如果是開放、高認知層次的問題，則允許學生有15秒的思考時間，太長的等待時間會導致學生的浮躁不安。

五、清楚而明確地表達問題

教師發問時，語音要清晰，語速要緩急適度，問題的內容及敘述的文字要適合學生程度，避免含混或模糊不清的問題，清晰具體的問題可以增加正確回應的機率。如果回答的是低成就學生，教師可以自然、簡單、符合學生程度的語言發問。

六、鼓勵多數學生參與

在發問策略上，建議採用高原式策略，一個問題由多人回答後再提出另一個問題，避免採用尖峰式策略，讓同一位學生連續回答好幾個問題。

七、不以發問作為懲罰

有些教師會以發問作為懲罰學生的一種方式，但是這樣的行為會對學生的自尊及自信心造成傷害，或許有更好的方式來處理學生的不當行為。

發問的流程

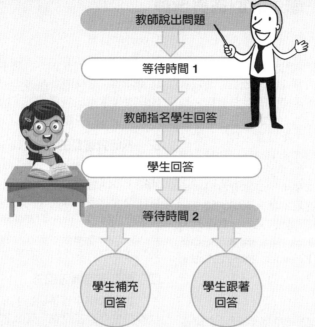

教師說出問題

↓

等待時間 1

↓

教師指名學生回答

↓

學生回答

↓

等待時間 2

↓↓

學生補充回答　　學生跟著回答

取自 Orlich et al.（2013, p.225）

發問的方式

1 用隨機的方式點學生回答

2 先發問後再指名回答

3 有邏輯性且有順序地提出問題

4 問完問題後給予學生至少3秒的思考時間

5 清楚而明確地表達問題

6 鼓勵多數學生參與

7 不以發問作為懲罰

Unit 5-6
學生的回答與處理

　　教師問完問題之後，接下來就是學生的回答，回答完後，教師要做適當的處理，這樣才是完整的發問歷程。學生回答的方式包括：個別回答、齊聲回答、同伴回答、小組回答、寫出回答、動作回答（Archer & Hughes, 2011）。學生回答後，教師要進行處理，這稱為理答技巧。通常學生的回答會有對錯或不完整，或是沉默不語，不同的情況，教師要有不同的處理方式（李春芳，1988；Cruickshank, Jenkins, & Metcalf, 2009; Muijs & Reynolds, 2005; Orlich et al., 2013）：

一、給予提示

　　教師面對某一位學生回答不出或是答案不對時，常會轉問另外一位同學，以便得到正確答案。此種方法往往使回答不出問題的學生產生挫折感或退出討論。為了克服此一問題，當學生不能立即回答時，教師需給學生一些提示（prompting），讓學生可以正確回答問題。最常用的方式是口語的提示，其次是手勢的提示或肢體的提示，例如教師做出正確的握筆行為，或比出某物體的形狀等。

二、整理學生所提出的答案

　　當學生回答問題就在進行思考，無論答對或答錯，回答行為本身即值得鼓勵，答對者若能給予即時的讚美，則更能激發學習的意願和內在動機。有些學生雖然可以做正確的回答，但常常不夠深入，教師可以使用轉問的策略，指名其他學生繼續回答，如此能對問題做更深入、更詳細的探討。對於回答錯誤的學生不做消極的批評，可給予時間思考後再回答，或轉問其他學生。如果學生的答案偏離主題而且冗長，這時應中斷其回答並引回主題。

三、教師宜避免的行為

　　學生在回答問題時，教師要注意傾聽，不能心有旁鶩，如能注視學生，可使學生感受到尊重。同時教師也要避免以下的行為：同一問題要所有學生回答、自己回答問題、不允許學生完成較長的回答、一直找相同的學生回答等。

四、鼓勵非自願者回答

　　對於未舉手回答問題的學生，教師也要請他們回答問題，可以讓這些學生有準備後再指名回答，使他們有成功的回答機會，教師先用簡單回答的問題，再慢慢引導至需要較長答案的問題。

五、記錄學生的表現

　　發問能夠迅速了解學生學習的表現，發問可視為非正式評量的一種。如果教師要將學生參與回答的情況列入平時成績或進行分組競賽，那就要對學生的表現加以記錄，作為加減分數的參考。

學生回答方式

個別回答　　齊聲回答　　同伴回答

小組回答　　寫出回答　　動作回答

學生回答後的處理

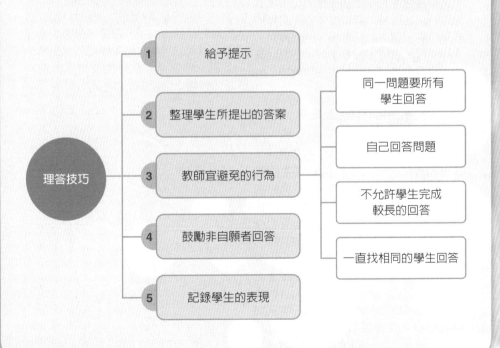

理答技巧

1 給予提示

2 整理學生所提出的答案

3 教師宜避免的行為

4 鼓勵非自願者回答

5 記錄學生的表現

同一問題要所有學生回答

自己回答問題

不允許學生完成較長的回答

一直找相同的學生回答

Unit 5-7
討論教學的特性

　　討論是教學策略的一種，可以普遍應用於任何學科、活動和年級，是落實杜威民主教育理念最佳的教學形式，對於培養學生民主參與精神有很大助益。討論是在一種情境中，學生或師生可以分享資訊、理念、意見及共同解決問題，從早期的師生之間的問答，到後現代的提問式教學或合作學習，皆應用討論這項教學策略。有效能的討論教學可以達成多項目的及功能，教師如能掌握討論教學特性，則可擬定出良好的教學計畫。以下針對討論教學的特性說明之（Orlich et al., 2013; Ryan, Cooper, & Tauer, 2013）：

一、討論教學適用在多種教學情境

　　討論教學可以單獨使用，也可與其他教學結合使用，適用在多種不同目的的教學情境，例如直接教學、概念教學、合作學習、道德兩難教學等。小組討論亦可應用在複習舊教材、補救教學、分享經驗的教學活動中。

二、每位學生各有角色及責任

　　小組中，每人都有一個角色，由教師或小組分配，每一角色有其權利、義務和責任，例如主持人負責主持討論的進行，摘要者負責報告討論的摘要，研究者蒐集討論所需的資訊，跑腿者（runner）負責完成工作所需要的設備或用品，計時員負責掌握討論時間，記錄員負責記錄成員討論的結果。小組一般都會設小組長，討論時要推選主席，主持討論的進行，成員沒人自願發言時，主席要指名發言。在第一次的討論實施前，教師要教導小組長如何計畫、如何發問、如何做摘要、如何限制冗長發言、如何請成員發言等技巧。組內各種角色必須輪替，讓每人有不同的經驗。教師是促進者（facilitator）的角色，教導學生討論的技巧、指導學生學習，小組討論進行時，教師要巡視行間，傾聽、觀察和鼓勵學生參與。

三、較少控制學生的學習與秩序

　　小組討論透過師生或學生同儕的交談來學習，教師在學習的過程中較少控制學生的學習及規範，以致每位學生學習到的概念或資訊是不相同的。也會因為學生交談及移動桌椅的音量過大，使得班級常規變得較難控制。

四、要事先教導學生的社交技巧

　　討論的基本特性之一是以口語、面對面的互動方式進行學習，學習的過程即是溝通的過程，學生需要教導領導、溝通、建立信任和解決衝突等社交技巧，好讓學生能夠有效地進行討論。

討論教學的特性

01	討論教學適用在多種教學情境
02	每位學生各有角色及責任
03	較少控制學生的學習與秩序
04	要事先教導學生的社交技巧

討論教學適用的教學情境

直接教學　概念教學　合作學習　道德兩難教學　問題導向學習

小組討論成員的角色及責任

| 主持人 | 研究者 |
| 負責主持討論的進行 | 蒐集討論所需的資訊 |

| 摘要者 | 計時員 |
| 負責報告討論的摘要 | 負責掌握討論時間 |

| 跑腿者 | 記錄員 |
| 負責完成工作所需要的設備或用品 | 負責記錄成員討論的結果 |

Unit 5-8
討論教學的實施程序

討論教學的實施程序可分爲四個階段，以下分別說明各階段的重點（張霄亭、朱則剛、張鐸嚴等，2000；林進材，2008；Arends, 2009; Orlich et al., 2013）：

一、討論前準備

這個階段的重點是確定討論的主題及完成討論前的準備工作，在準備討論教學前所要考慮的因素如下：

（一）考慮教學目標

教師要確定討論教學是否適用於上課的教材？是否能達成教學目標？如果答案都是肯定的，接下來則要準備討論的內容，是聚焦在認知或情意層面？是否需要與其他教學策略相結合？

（二）考慮學生經驗與發展

教師必須在課前對學生已有的知識有所了解，也要知道學生是否具備討論和社交的技巧。爲使成員具有足夠的資訊，教師要提供獲得資訊的管道，例如書本或是網站可以獲得所要的資訊，讓討論可以持續下去。

（三）選擇討論模式

討論法的模式很多，教師應依據教學目的與學生的特性選擇討論模式。教師的角色是安排問題、布置、時間管理，如果學生不熟悉討論的歷程，教師要知道如何引導。

（四）考慮教室座位安排

教室的空間要如何妥善安排亦是考慮的一項因素。如果是全班討論，學生座位可以排成ㄇ字型或是圓形，甚至不必調整也可進行。但是小組討論就要規劃如何安排小組的座位，簡單的方法是改變桌椅的方向，讓學生能面對面，而且不受他組的干擾。

二、展開討論

進行小組討論前，教師要用5-10分鐘向全班說明討論的題目、時間、討論規則、評量等事項，同時教師可以透過講述或影片等方式進行講課，作爲引起動機之用，以帶動討論的氣氛。在各種準備工作完成後，可以立刻進行討論。討論時，教師要注意以下兩件事：1.維持教室秩序；2.監督學生討論。

三、結束討論

小組工作完成後，教師要針對討論活動做總結及評量，可請各小組報告討論的重點，或是以簡短的講解新知識做總結，也可透過省思性的問題做總結，例如在今天的討論中，你主要的收穫是什麼？你認爲討論中最具挑戰性的任務是什麼？除總結討論活動外，評量亦是在此階段進行，教師可依據小組的討論記錄、成果發表予以評分。

四、結束後的評估

討論教學結束後，教師要評估是否達成教學目標，並要省思如何改進討論過程所發現的缺失。

討論教學的實施程序

```
討論前      展開      結束      結束後
準備        討論      討論      評估
```

討論教學前的考慮因素

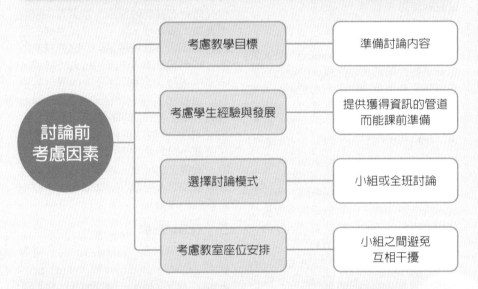

討論前
考慮因素

- 考慮教學目標 —— 準備討論內容
- 考慮學生經驗與發展 —— 提供獲得資訊的管道而能課前準備
- 選擇討論模式 —— 小組或全班討論
- 考慮教室座位安排 —— 小組之間避免互相干擾

討論時教師的工作

討論前
- ·向全班說明討論的流程
- ·帶動討論的氣氛

討論中
- ·維持教室秩序
- ·監督學生討論

討論結束
- ·安排各小組分享討論內容
- ·教師以簡短的講解做總結

Unit 5-9
常用的討論教學模式

　　小組討論的模式很多，教師要選用哪種討論的型態，則需考慮討論的目的及學生的能力等因素，因此教師必須了解各類型之特色及程序，以期在教室中能有效使用。

一、腦力激盪法

　　腦力激盪（brainstorming）英文的意涵是要脫離常人思考模式的軌道，此技術最早是由美國廣告公司的創始人奧思朋（Osborn）在1938年首創，其意義為一群人共同運用腦力，作創造性思考，在短暫的時間內，對某一項問題的解決提出大量構想的技巧（陳龍安，2005）。實施方式可採用全班討論或分組討論的方式進行，若採分組討論可在討論後推派代表上台報告成果。實施此技術需遵守以下原則（林美玲，2002；Ryan, Cooper, & Tauer, 2013）：

1. 除開玩笑以外，所有的想法均可列入紀錄，對於他人的意見不做批評。
2. 成員可依據別人的意見提出新的想法，也就是採取搭便車或撞球策略，尋求觀念的整合及修正。
3. 小組的領導者對沉默的成員要引導他們提出意見，並給予正增強。
4. 鼓勵奇異、怪誕觀念，但品質重於數量，且所提意見需強調創造性。
5. 不允許有任何人身攻擊，陳述正向的語言，對事不對人。
6. 最後列出各項意見和觀念，並進行評鑑，留下可行性較高的項目。

二、菲利普66法

　　菲利普66法為美國密西根大學教授菲利普（J. D. Phillips）於1949年所提倡，此法適合於不熟習小組討論的班級在做新的嘗試時採用，學習者在事前不需做太多準備，也不必具備熟練的團體討論技巧。其特色是6人和6分鐘的原則，即班級的各小組均由6人所組成，小組形成後，立即在1分鐘內選出各小組的組長和助理，然後教師在1分鐘內說明討論主旨和問題的範圍，接著各小組必須在6分鐘內獲得討論結果。教師在此種小組討論的任務包括決定討論主題、安排小組成員、宣布開始討論、從旁觀察或給予回饋等（林寶山，1995；張新仁，1999）。

三、滾雪球討論

　　滾雪球討論（snowballing）包含思考、配對、分享三步驟（think-pair-share），教師提出一個問題後，每個學生針對問題寫下自己的想法（或答案）（think），然後教師讓學生與鄰座的同學分享他們寫下的想法（pair）。分享完後，他們再找另一個2人小組，討論共同分享他們的心得（share）。教師可以將學生最初的個人思考紀錄收回，作為評量的依據（史美瑤，2018）。

常用的討論教學模式

腦力激盪法	菲利普66法	滾雪球討論

腦力激盪法

可採用全班討論或分組的方式進行	鼓勵奇異、怪誕觀念，品質重於數量
除開玩笑以外，所有的想法均可列入紀錄	不允許有任何人身攻擊
可採取搭便車或撞球策略，尋求觀念的整合及修正	最後進行評鑑，留下可行性較高項目
小組的領導者對沉默的成員要引導他們提出意見	

菲利普66法

各小組由6人所組成	1分鐘內選出小組長	教師在1分鐘內說明討論主旨和問題	各小組在6分鐘內獲得討論結果

滾雪球討論

寫下自己的想法或答案	與鄰座的同學分享	再找另一個2人小組討論分享	可再找4人小組討論分享

Unit 5-10
一節課的活動安排（一）

在教學的過程中會遇到有些學生不想參與課程及表現出不當行為，這時教師需要運用某些策略或活動來維持教室秩序，使教學得以順利進行。以下說明每節課所要使用的教學活動（劉豫鳳等譯，2008；林進材，2012；Burden & Byrd, 2010）：

一、教學開始

一節課的開始如果是成功的，就可以給學生一個有意義的學習經驗，讓學生願意集中注意力在學習上。

（一）點名

任課教師早上進入教室的第一件事是點名，對遲到或未到的學生做紀錄與追蹤，任教新的班級要認識學生也是從點名開始，所以班級的座位表及點名單是必要的。

（二）吸引學生注意力

學生應該了解在上課時要專注在學習上，教師要獲得全班注意力後才開始教學，當學生做好上課的準備時，教師才傳遞開始上課的訊息。為避免學生在上課初期出現分心，教師可以這樣做：1.選擇一個提示（cue）吸引學生注意，例如關上門；2.直到全班都注意老師，課程才開始；3.移開讓人分心的事物，例如桌上不需使用的物品。

（三）提供每日回饋

開始上課可以做個簡單的複習，例如複習先前的授課內容、訂正家庭作業、複習與今天課程有關的概念等。每日複習的目的，在確認學生是否已獲得課程中必要的、不可或缺的知識和技能。

（四）建立心向

心向導引（set induction）是上課開始的活動，用來引導學生具備學習動機的狀態，以發展學生對這堂課的心理準備。引導活動的作法有以下方式：
1. 引起學生對教學內容感到興趣。
2. 引導活動需與教學有關聯。
3. 教師的引導活動必須讓學生能理解。
4. 引導活動需與學生的生活或先前的教學有關。

（五）介紹教學目標

上課初期，教師應該清楚敘述這節課所要達成的教學目標，可以寫在黑板上或用PowerPoint呈現。建立心向及簡介教學目標，皆在提供學生前導組體，提供課程內容的架構，幫助學生連結到他們已知的知識。

（六）分發和蒐集教材

講義、地圖或學生習作等教材的發放或蒐集最好是在剛上課時，讓學生能將注意力集中在重要的教材上，以避免分心。

（七）給予清楚、明確的指導

在上課一開始，教師就要告訴學生在今天活動中要做的事、要完成的作業、預期完成作品的形式等，用口頭或書寫的形式向學生做具體的說明。

開始教學的活動

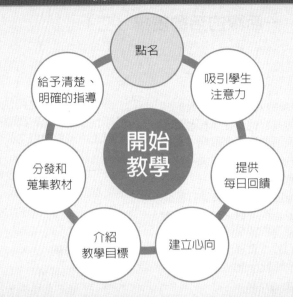

點名

給予清楚、明確的指導

吸引學生注意力

開始教學

分發和蒐集教材

提供每日回饋

介紹教學目標

建立心向

開始上課吸引學生注意力的作法

1. 選擇一個提示吸引學生注意，例如關上門

2. 全班都注意老師，課程才開始

3. 移開讓人分心的事物，例如桌上不需要使用的物品

建立心向的作法

建立心向：用來引導學生對這堂課的心理準備

引起學生對教學內容感到興趣

引導活動需與教學有關聯

教師的引導活動必須讓學生理解

引導活動需與學生的生活或先前教學有關

Unit 5-11
一節課的活動安排（二）

二、教學中間

教師在教學時會展現出有效的班級管理行為，這些行為包括掌握教學節奏、順暢的轉換活動、任務取向（確保學業學習時間）清楚明確和展現熱忱。

（一）掌握教學節奏

節奏（pacing）是教學進行的速度，有效的節奏是既不會太快，也不會太慢，視需要來進行教學節奏的調整。缺乏有效節奏的教室將會拖拉時間，單調到無法抓住教師教學重點。

（二）順暢的轉換活動

轉換（transitions）是指從一個活動轉換到另一個活動，流暢轉換會讓活動平滑地融入教學中，不流暢的轉換會增加秩序混亂或違規行為。為減少轉換活動可能產生的混亂，可以參考以下的作法：

1. 規劃教室的有效動線。
2. 製作並張貼一天流程。
3. 準備好下節課所需的教材。
4. 給學生簡單明確的指導。
5. 提醒學生接續活動的重要步驟。

（三）任務取向

教師應以任務取向為重，提供足夠的時間講解、提問，讓學生參與學習活動，對於學校行政工作、學生違規行為的處理要迅速完成。

（四）清楚明確

教師需要給予學生清楚而明確的指導、教學和期待，學生才會知道教師期望他們做什麼，之後參與教室活動、課外作業及其他任務時，才知道怎麼進行，例如指派作業時。

（五）展現熱忱

熱忱是一種興奮和強烈的表達，一位熱忱和充滿生氣的教師與缺乏熱忱的教師相比，前者顯得比較熱情有趣。熱忱可用多種方式來傳達，包括生動的肢體表達、眼神的接觸、音調的變化、在教室中走動。但教師不必一直持續表現高度熱忱，有弱有強，不同程度的熱忱表現比較恰當。

三、上課結束前

一節課的結束之前也要有效地加以整理，不能草草結束，提供摘要、結論，對一節成功的課來說，是極為重要的。

（一）統整本次教學的重點

結束是一種行動或是敘述，為一節課呈現適當的結論，在此階段要達成三項目的：1.吸引學生的注意力到教學結束；2.幫助學生組織學習重點；3.加強或統整重要的概念。

（二）準備離開

下課之前，教師必須給學生一些時間將物品或教材歸放到適當的位置。如果需要時間整理教室，也要預留時間給學生，讓學生在打鐘時可以準時離開教室。「準時下課」是每位好老師的基本條件，不要因為趕進度的問題而延遲下課時間。

教學中間的活動

掌握教學節奏

· 節奏是教學進行的速度
· 不快不慢，視需要來調整

順暢的轉換活動

· 規劃教室的動線
· 製作並張貼一天流程
· 準備好下節課所需的教材
· 給學生簡單明確的指導
· 提醒學生接續活動的重要步驟

任務取向

· 提供足夠的時間講解、提問
· 讓學生參與學習活動

清楚明確

給予學生清楚明確的指導、教學和期許

展現熱忱

· 生動的肢體表達
· 眼神的接觸
· 音調的變化
· 在教室中走動

上課結束前的活動

統整本次教學的重點

1. 吸引學生的注意力到教學結束

2. 幫助學生組織學習重點

3. 加強或統整重要的概念

準備離開

1. 將物品或教材歸放到適當位置

2. 預留時間整理教室

3. 準時下課

第 **6** 章

直接教學法與講述技巧

章節體系架構 ▼

Unit 6-1
直接教學法的意義

圖解素養導向教學原理與設計

118

如果將教學法分成兩類，一類是以學生爲中心的教學法（learner-centered instruction），例如討論教學；另一類爲以教師爲中心的教學法（teacher-centered instruction），最常用的是講述教學法及直接教學法（direct instruction）。以教師爲本位的教學法是以教師爲主要核心，將知識以非常明確的方式直接地表達出來（丘立崗等譯，2009）。

教學法又可分爲直接教學模式（direct instruction model）及間接教學模式（indirect instruction model），這兩大類型是依據學習結果而分，即教師依據學習結果的差異而採用不同的教學策略。學習結果可分爲兩種類型，一是事實、原理原則及行動步驟，二是概念、思維模式和抽象概念。前者代表複雜性較低的層次，在認知領域是知識、理解、應用層級，情意領域是知覺、反應和價值層級，動作技能領域是模仿、操作和精確層級。後者代表較高層次的學習，例如認知領域的分析、綜合和評鑑，情意領域的組織和形成品格層級，心理動作領域則是聯結（articulation）和適應及創新層級。類型一需要使用直接教學策略進行教學，類型二則需使用非直接教學策略進行教學（Borich, 2004）。

「直接教學法」基本上是對照「非直接」教學法而來，屬於「教師中心」的教學模式，也稱爲明確教學（explicit instruction）、教導教學（didactic teaching）、主動教學（active teaching）（Kyriacou, 1995）。直接教學法就是上課時，教師以直接的方式呈現資訊、技能或概念給學生，由教師組織上課時間，以達成所列的教學目標。這種教學法是由教師主導整個教學歷程，有明確的教學目標，有一定順序及高度結構性的教學步驟，可以持續評量學生的學習結果，並立即提供回饋與修正的教學法（Slavin, 1997）。通常是用來協助學生精熟學業、社交技能和獲得結構的事實性知識。當教學內容有以下特質時，即適合使用直接教學模式：
1. 教學內容具體詳細而且定義明確。
2. 教師期望每位學生都能熟習教學內容。
3. 學生很難靠自己的能力習得教學內容的知識和技能（丘立崗等譯，2009）。「講述教學法」只是直接教學模式中的一種策略，教師除講述教科書的內容外，可搭配視聽媒體進行教學，也可進行討論教學。教師在教學中要提出問題發問，讓學生有練習的機會，教師再給予學生適度的回饋，其目的在提高學生的學習動機與學習成效（王財印等，2019）。

教學法的分類

以教師為中心的教學法	以學生為中心的教學法
直教教學模式	間接教學模式
偏重事實、原理原則及行動步驟	偏重概念、思維模式和抽象概念
例如講述教學法及直接教學法	例如討論教學，合作學習

直接教學的意義

直接教學定義

教學以直接的方式呈現資訊、技能或概念給學生，由教師組織上課時間，以達成所列的教學目標

直接教學特性

· 由教師主導整個教學歷程，有一定順序及高度結構性的步驟
· 可以持續評量學生的學習結果，並立即提供回饋與修正

適用於直接教學的教材

教學內容具體詳細而且定義明確

教師期望每位學生都能熟習教學內容

學生很難靠自己的能力習得教學內容的知識和技能

Unit 6-2
直接教學法的發展

120

　　有關直接教學法的發展過程，存在一些不同的說法，一說發源於1960年代中期，由貝瑞特（Carl A. Bereitor）和英格曼（Siegfried Engelmann）在伊利諾大學成立一個為5歲幼兒而設的幼兒園，名為貝瑞特－英格曼幼兒學校（Bereiter-Engelmann Preschool），每天使用2小時直接教導文化不利小孩讀、算、語言課程。1967年貝瑞特離開，貝克（Wesley C. Becker）加入，改名為英格曼－貝克直接教學模式（Engelmann-Becker Direct Instruction Model，簡稱B-E模式），他們還發展出一個「Distar方案」，屬於早期的直接教學，其教學過程與教師效能研究與認知策略研究相一致。1981年起，這個模式被改稱為直接教學模式（Direct Instruction Model，簡稱DI模式）（簡楚瑛，2005；Rosenshine，2008）。後來教育學者杭特（Hunter，1982）提出的精熟教學七步驟，並由羅森許（Rosenshine, 1979）將之應用在閱讀教學，之後直接教學法於1980-1990年代大受歡迎。直接教學與布魯姆（Bloom）於1971年提出的精熟學習理念也有密切的關係（Arends & Kilcher, 2010）。

　　因為這種教學模式由教師主導整個教學歷程，由教師提供主要的資訊供學生學習，所以又被稱為被動學習的教學法。20世紀初，進步主義的學者批評此教學法太過強調教師主導，也提供了太多的結構性活動。1950-1960年代課程改革者強調探索和發現學習的重要性，但到了1970-1980年代強調結構取向的教學又回來了，這是因為「過程－結果」的研究支持這種教學法可提升學生某種類型的學習成果。建構主義學者亦批評這種教學法，認為其所依據的行為主義學習理論是錯誤的，而且是過時的，行為主義的學習策略不適合用來教導21世紀的學生，教師不能僅依賴直接教學模式。平心而論，直接教學在某些內容的教學是有價值的，例如程序性知識、社交技巧等；對於初學某種知識的學生，可用這種教學法讓學生具備先備知識後，再進行發現和問題中心取向的學習（Arends & Kilcher, 2010）。

　　直接教學法視教師為知識和資訊的主要來源，該模式的理論依據與行為主義學習理論、社會學習論、訊息處理理論、奧蘇貝爾的認知理論及有教師效能的研究有密切關係。行為論強調教師角色的重要性，教師安排情境及控制獎懲引發學習，這方面的理論大家比較熟悉。認知學習論在教學上的主張大多偏向建構主義教學模式，但是部分理論被應用到直接教學法。以下幾個單元將介紹直接教學法的理論基礎。

直接教學法的發展

起源於1960年代中期貝瑞特—英格曼幼兒學校

每天使用2小時直接教導文化不利小孩讀、算、語言課程

1981年，這個模式被改稱為直接教學模式

杭特（Hunter）提出的精熟教學七步驟，羅森許（Rosenshine）應用在閱讀教學

1980-1990年大受歡迎

此模式與布魯姆（Bloom）提出的精熟學習理念有密切的關係

對直接教學法的批評

進步主義批評此教學法太過強調教師主導

建構主義批評這種教學法所依據的行為主義學習理論是錯誤的

課程改革者認為直接教學忽略探索和發現學習的重要性

直接教學法的價值

社交技巧的教學

程序性知識的教學

可讓學生具備先備知識

Unit 6-3
直接教學法理論基礎：行為主義

直接教學法的理論基礎之一是行為主義的學習理論，教學時強調師生的互動、示範、增強、連續漸進及經常給予學習者回饋，並且經由評量和練習促進學習達到精熟程度。以下說明理論要點（丘立崗等，2009；沈翠蓮，2002；Arends & Kilcher, 2010; Slavin, 1997; Rosenshine, 2008）：

一、確定學生起點行為與終點行為

起點行為是在確定學生既有的先備知識與技能，終點行為是指經過學習後預期學生能學到什麼，這也就是教學目標。教學時，教師要能以呈現具體而明確的行為目標來引導學生學習。

二、行為塑造與工作分析

操作制約學習理論提出連續漸進法（successive approximation）來塑造行為，此法的程序是先把要求個體學習的目標行為列出來，再以分解動作、逐步漸進的方式，將多個反應連貫在一起形成複雜行為。這個理論應用在教學上則是使用工作分析，教師對於學生所要完成的學習結果，要細分成幾個步驟，使學生能循序漸進地熟練每個步驟。教師依這些次級成分發展訓練活動，最後再安排整體性的學習情境，確保學習的遷移與整合。在傳遞教材的技巧上，短時間內教導學生大量新的材料，學生獲得有限，必須一次教一種概念或技巧，這是編序教學（programmed instruction）理念的應用。

三、練習理論

直接教學法的心臟是練習活動，整個教學模式中有三個階段與練習有關，所運用的理論是行為塑造，所有的練習其目的是要使學生達到精熟學習，即學生能獨自而無誤地表現技能，在練習過程中，教師使用不同的協助方式促使學習的進步。行為主義的練習原則是強調分散練習在學習過程中的重要性，認為時間短、密集、高動機的練習比次數少、時間長的練習來得有成效。

四、回饋與增強

在最初階段的練習，教師要給予正確的回饋，避免錯誤的步驟留在記憶裡，立即而正確的回饋會改變錯誤概念；除發現學生的錯誤之外，對於學生的正確表現也要予以增強，教師可以口頭讚美及分數進行增強。教學過程中，監控和回饋是用來控制教學品質。

五、觀察學習

班度拉社會學習理論的觀察學習說明人們經由觀察、模仿他人的動作而學得新的態度、技能和行為。示範（modeling）是觀察學習中很重要的一環，是指人們經由觀察而學習他人的行為。

直接教學法所應用的行為主義理論

01	確定起點行為與終點行為	04	回饋與增強
02	行為塑造與工作分析	05	觀察學習
03	練習理論		

工作分析的作法

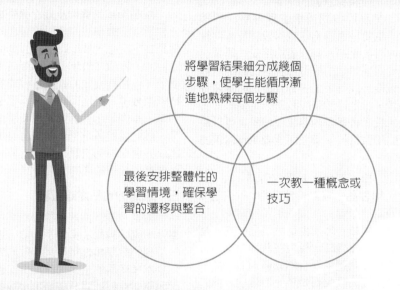

將學習結果細分成幾個步驟，使學生能循序漸進地熟練每個步驟

最後安排整體性的學習情境，確保學習的遷移與整合

一次教一種概念或技巧

練習理論

練習目的是要使學生達到精熟學習

在練習過程中，教師要使用不同的方式促進學習

練習原則強調分散練習

Unit 6-4
直接教學法理論基礎：認知主義

在認知學習理論方面，直接教學法應用了奧蘇貝爾、維高斯基及蓋聶的理論，以下分別說明。

一、奧蘇貝爾的學習理論

直接教學應用奧蘇貝爾（Ausubel, 1968）的理論有以下幾項：

（一）強調有意義的學習

奧蘇貝爾認為學生獲得學科的知識，主要是通過適當教學設計及解釋教學材料，而進行有意義的接受式學習。接受式學習是指學習內容經由教師邏輯組織後，以有系統的方式提供給學習者學習，這是目前學校教學的主要形式。如果教師將學習內容統整成學生可以接受的學習材料，學生即能產生有意義的學習。

（二）學習者能主動處理資訊

學習者是個資訊處理者，不只是一個資訊接受者，在接受學習的情境中，學生的求知心理活動仍然是主動的。在學習一種知識時，學生在教師提供的引導下，嘗試運用既有的先備知識，從不同的角度去吸收新知識，最後納入他的認知結構，成為自己的知識。

（三）教學強調關係和策略

有意義的學習不是機械式的刺激反應學習，它重視學生能主動探索教材內容的關係，讓新舊教材能相連接；以教師為中心的學習方式，因為有組織結構的教材與策略，較容易在師生互動中引發舊基模和新基模的銜接，而獲取新知。

（四）善用前導組體

奧蘇貝爾認為教材組織必須先有意義，然後才能產生有意義的學習。要使教材組織有意義，必須善用前導組體，以協助教師說明新概念和已學過相關概念的異同。

二、維高斯基的社會建構主義

維高斯基的鷹架及最近發展區的概念亦是直接教學法的理論依據之一。鷹架是學生在學習技能時由教師提供的教學協助，教師在教學中提供鷹架的方法很多，包括把複雜的技能分解成更細的技能來教導、提出問題並引導學生面對困難、舉例、示範解題過程及解決方法等。最近發展區是學生無法自己解決問題或展現學得的技能，但經由教師的協助就可以成功達成的學習情況。

三、蓋聶的資訊處理理論

蓋聶依資訊處理理論提出九項教學事件，直接教學法採用了七項，透過這一系列的教學事件可達成有效的教學。訊息處理理論的短期運作記憶的概念，說明複雜的技能需分成幾項次級技能，以較小的、有意義的意元組（chunks）來呈現和解釋。

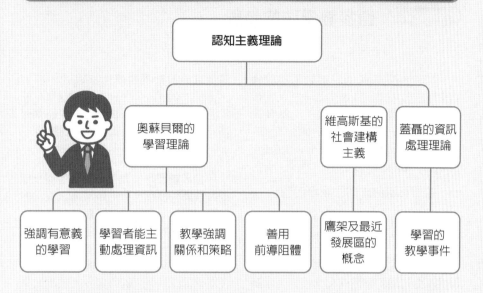

直接教學法所應用的認知主義理論

認知主義理論

奧蘇貝爾的
學習理論

維高斯基的
社會建構
主義

蓋聶的資訊
處理理論

強調有意義
的學習

學習者能主
動處理資訊

教學強調
關係和策略

善用
前導阻體

鷹架及最近
發展區的
概念

學習的
教學事件

直接教學法採用的七項教學事件

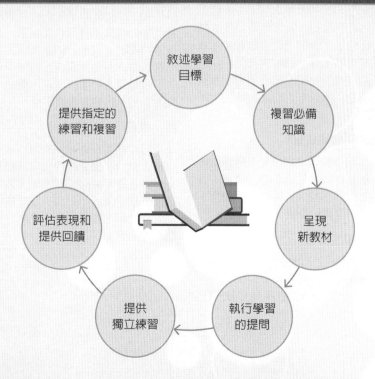

敘述學習
目標

複習必備
知識

提供指定的
練習和複習

呈現
新教材

評估表現和
提供回饋

提供
獨立練習

執行學習
的提問

Unit 6-5
直接教學法的步驟

　　依據相關研究將直接教學法的實施程序統整成以下六個步驟，三、四步驟會在其他單元詳細說明（沈翠蓮，2002；Muijs & Reynolds, 2005; Joyce, Weil, & Calhoun, 2008; Arends & Kilcher, 2010; Burden & Byrd, 2010）：

一、複習和檢討先前的教學內容

　　教學第一個步驟是複習和檢討，強調學生要記住先前的知識和了解其與新知識的關係。這個步驟告訴學生今天課程需要哪些先備知識，藉由複習機會也提供學生知識的整體感和連續性，了解學生是否具備與上課內容有關的知識。

二、解釋教學目標

　　教師呈現新的教材之前，先要敘述這堂課的教學目標。陳述教學目標的用意，是要簡單、明確地告訴學習者這堂課的教學重點，以及教師對具體成果的期望，這些教學目標應和先前所學相連貫，同時是在所有學生的能力範圍內所能達成的。

三、呈現知識和技能

　　第三個步驟是要逐步呈現新教材，在呈現新教材時，教師要提供豐富的實例。通常教師在教學時會有一個缺失，即提供太多教材給學生。

四、指導學生練習

　　所謂「練習促使完美」（practice makes perfect），就算不會促使完美，也會加深記憶，所以直接教學法的第四步驟是教師提供學生指導式的練習（guided practice），即教師要讓學生練習他們所學的知識和技能。如果時間允許，則可進一步使用獨立練習的策略。

五、回饋和校正

　　指導練習時，教師要對學生的反應提供回饋和校正，特別是答案正確但猶豫時的處理。教師熟練回饋技巧是直接教學法的重點，可依據學生在回答問題的實際表現，給予分數、稱讚或鼓勵來加強和建立學生的信心，儘量不要予以責備或批評；所問的問題要反映出教學的重點，且能讓學生得到60%的正確答案，最好是75%的學生能主動舉手回答問題。對於技能性的練習，教師則要巡視行間，仔細觀察學生的行為表現，當發現學生的錯誤時要立即糾正，並告訴正確的表現方式，例如坐姿不良、握筆不對、方法不妥等問題。教師要在學生未形成習慣之前予以糾正，使之一開始就能學到正確的方法或過程。

六、每週和每月的複習

　　定期複習是在確保教學的成功。根據研究顯示，獨立練習和家庭作業可提高學習正確率至60%-80%，定期的複習則使正確率提高到95%。定期複習的方式有舊知識的複習、指派家庭作業及定期的評量等。

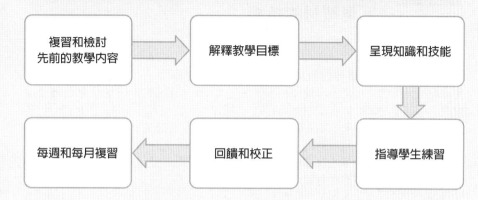

直接教學法的步驟

複習和檢討先前的教學內容 → 解釋教學目標 → 呈現知識和技能 → 指導學生練習 → 回饋和校正 → 每週和每月複習

指導學生練習

指導式練習 ＋ 獨立練習 ＝ 加深記憶

回饋和校正的作法

認知的練習

1 使用發問：發問的問題要反映出教學的重點

2 獎勵：給予分數、稱讚或鼓勵來建立學生的信心，儘量不要責備或批評

技能的練習

1 巡視行間：仔細觀察學生的行為表現

2 發現學生的錯誤行為要立即糾正，並告訴正確的表現方式

Unit 6-6
呈現教材的技術

好教師的特徵是要對教材作詳細的解說,而具體作法是重複解釋和多舉實例,解說清楚的教師會使用不同的解釋方式及許多的實例來確保學生的理解。有效能的教師在呈現新內容時,是花很多時間在準備教學內容和思考教學程序的,呈現新內容應注意到部分與整體關係、連續性關係、連結性和比較性關係,掌握從熟悉到不熟悉、簡單到複雜、具體到抽象的課程組織原則。以下是呈現教材的技術(Arends & Kilcher, 2010; Burden & Byrd, 2010):

一、由整體到部分

開始進行新教材講述時,先整體呈現這個單元的主題,很多教師使用前導組體來呈現教材的整體架構。前導組體主要是以概念為中心,使學生理解該單元有哪些重要概念,及各個概念彼此的關係。接著是闡釋各部分的概念,教師可使用圖像式的前導組體,如樹形圖、魚骨圖等來呈現新知識,讓學生明白新教材與舊教材的關係。至於每個概念的講述方式有以下三種:

(一)解說

解說(expository)較常用在垂直概念的組織,教師依概念結構圖逐項講解,然後細分成一些不同層級的概念,教師進一步區別概念與概念間的差異及解釋概念更多的細節。例如在「動物」這個單元,教師將動物所包含的類別細分成哺乳類、兩棲類、爬蟲類、鳥類、魚類、無脊椎動物等六類,再逐項說明各概念特徵,最後再用例子以引出明確的概念。

(二)比較

同一層級的新概念學會之後要進行比較,這是設計來區別與舊概念的差別,以免混淆其意義。例如「工業革命」這個單元,教師要從討論「革命」的意義開始,比較與其他流血、戰爭的革命有何異同。

(三)連續

連續(sequential)是用來告訴學生行為表現的步驟,特別用在數學解題、運算及動作技能性質的學習。

二、有組織地呈現教材

學生所要學習的內容必須依據學習者的需求加以選擇和分析,太難的教材或一次教太多內容會妨礙學習成效,所以在呈現新的內容時要以細部的方式呈現,教材要拆解成數個小部分,即將大單元分割成較多的小單元,以邏輯性的次序、較快速度來進行教學。通常教師在呈現該主題的前導組體時,一般性的概念在圖表的最上層,細節在每部分底下,教師依序教導新技能,並且依學生的年齡和能力決定要教多少內容。

課程組織原則

由單純到複雜	簡單的下層因素開始，而後及於複雜的上層因素及其中的各種交互關係
由熟悉到不熟悉	由學生熟悉之處著手，逐漸導向其不熟悉的地方
由具體到抽象	由五官等可具體觀察或感覺的學習經驗開始，逐漸及於抽象思考的層次
由整體到部分	先提供學生一個整體的理解，概觀所有的學習內容和經驗，然後再進行各部分的學習

圖像式的前導組體

樹狀圖　　　　　　　　　　　魚骨圖

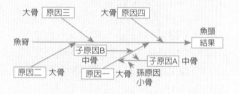

取自科技產業資訊室（2021）

由整體到部分的講述方式

使用前導組體來呈現教材的整體架構

以概念為中心	理解單元有哪些重要概念，及各個概念彼此的關係

解說：常用在垂直概念的組織

做概念結構圖逐項講解	進一步區別概念間的差異及解釋概念更多的細節

比較

同一層級的新概念學會之後要進行比較	區別新概念與舊概念的差別

連續：告訴學生行為表現的步驟

用在教學解題、運算及動作技能性質的學習

Unit 6-7
講述教材原則及注意事項

呈現新教材時，教師最常使用講述法，講述是與學生溝通概念的好方法，好的講述能夠明確描述事件的順序，也能吸引學生的注意，使學生經由主動的聆聽課程而獲得良好的學習效果。為使教學達到預期成效，教師在進行講述時要掌握以下原則及注意事項（王財印等，2019；林進材，2006；高佩蓉，200；沈翠蓮，2002）：

一、講述教材原則

（一）講述時間不宜太長

教師講述的時間不宜太長，對國小學生不超過15分鐘，國中生不超過20分鐘，年紀較大的學生講述時間可以延長，視學生的注意力、興趣和動機而定。

（二）掌握教學的節奏

教學速度應確實掌握先慢後快原則，以避免教學速度太慢，導致學生感到枯燥乏味；而太快的教學節奏易使學習較慢的學生跟不上進度，造成學習的挫折感。

（三）維持學生的注意力

在講述時要設法維持學生的注意力，避免使用太過複雜的語言或名詞，說話音調要有變化，要妥善運用肢體語言來傳達熱忱，並與學生的眼神接觸。

（四）多舉實例

解釋教材要多列舉生活中的實例，以「規則—實例—規則」（rule-example-rule）的次序呈現。教師最先呈現規則，再列舉實例，然後要求學生將規則寫在黑板上或由學生口頭說出規則。

（五）檢查理解

當教師注意到課程中注意力缺乏的訊息，例如學生表情迷惘、竊竊私語，這時教師要提出問題來確知學生是否理解，同時提醒學生要注意聽課。

（六）要求學生作筆記

教師可要求學生作筆記，記下講述的重點。要使學生能有效記錄，教學者需要放慢講述速度或經常中止講述，對沒有經驗的學生要多給予時間，並且經常回饋和鼓勵。

二、講述教學的注意事項

講述教學的缺點是教師是一個獨白者，學生只能聽，因此會覺得無聊。為維持學生的注意力，可以使用以下的技巧：

1. 以發問問題來確知學生是否理解，同時要注意上課中注意力，缺乏的訊息。

2. 當教師問學生問題時，讓所有的學生一起回答，這稱之為同聲反應（union responding），可提高學生的參與感與注意力，宜多設計增加學生活動機會的活動教學。

3. 透過每堂課的隨堂練習或學習單來了解學生的學習情況，以及時發現學生的學習問題。

4. 講述結束時，要記得總結講述的要點。

講述教材原則

1　講述時間不宜太長

・國小學生不超過15分鐘，國中生不超過20分鐘
・視學生的注意力、興趣和動機而定

2　掌握教學的節奏

教學速度應確實掌握先慢後快的原則，以避免教學速度太慢或太快

3　維持學生的注意力

・避免使用太過複雜的語言或名詞
・說話音調要有變化，要改善肢體語言

4　多舉實例

解釋教材要多列舉生活中的實例，以「規則—實例—規則」的次序呈現

5　檢查理解

提出問題來確知學生是否理解，同時提醒學生要注意聽課

6　要求學生作筆記

教師可要求學生作筆記，記下講述的重點

講述教學的注意事項

注意上課中注意力缺乏的訊息

以同聲反應等方式提高學生參與感

 以隨堂練習或學習單來了解學生的學習情況

記得總結講述的要點

Unit 6-8
善用教學媒體

人與人之間用來互相溝通或傳遞訊息的媒介、方法與管道，我們統稱之為「媒體」，這些媒體若使用於教學上，就稱為教學媒體（instructional media）（徐照麗，2003）。教學媒體就是教學內容的傳播工具，舉凡教師和學習者之間傳遞教學訊息的任何媒體，即可稱之為教學媒體，例如印刷品、圖片、影片等（張霄亭等，2000）。

一、教學媒體的功能

教學媒體可提供學生較為具體的經驗，若運用得當即能達到下列的教學功能（張霄亭、朱則剛，2008；張霄亭等，2002；Scales, 2008）：

（一）引起學習興趣，讓學生喜歡學習

興趣是激發學習的動力，透過生動的教具吸引學生的學習興趣，學習效果自然好。

（二）集中注意力，提高學習效果

透過動態圖片、影像的刺激，可以吸引學生的興趣，使其注意力集中，提高學習效果。

（三）幫助事物理解，獲得正確觀念

例如圖片或實物的介紹可幫助學生的理解，容易獲得正確觀念。

（四）刺激思考，培養創造力

有些創意圖片或未完成的圖片，留下想像空間，可以刺激思考，培養創造力。

（五）加深印象，幫助記憶持久

透過不同的感官學習，例如教師的口說、實物的觸摸、影片親眼目睹，可加深印象幫助記憶。

（六）提供共同學習與個別學習的經驗

媒體可用於班級學習，亦可提供個別學習，以適應個別差異，例如課文朗讀錄音帶，可以全班學習，也可個別學習。

（七）教學多變化，節省板書時間

例如利用投影片，可以節省許多板書的時間。

二、經驗金字塔理論

經驗金字塔（cone of experience）理論是美國學者戴爾（E. Dale）於1946所提出，該理論探討媒體與人類學習經驗的關係。在經驗的金字塔中，最底層先從學習者身為真實經驗的參與者開始，接著往上移至學習者為真實事件的觀察者，再到學習者為透過媒體呈現的事件的觀察者，最後進入到觀察或透過某事件的抽象符號學習。雖然使用書面文字或口頭語言可展現最多的資訊，但若學生不具備必要的背景經驗和知識來處理文字符號，所得到的學習成效將是相當有限。所以戴爾強力主張讓學習者先從具體經驗入手，比較有利於進行抽象的學習。此架構與布魯納教學理論從直接經驗到圖像表徵的經驗，最後到符號表徵的經驗相一致（張霄亭、朱則剛，2008）。

教學媒體的功能

1　引起學習興趣，讓學生喜歡學習

5　加深印象，幫助記憶持久

2　集中注意力，提高學習效果

6　提供共同學習與個別學習的經驗

3　幫助事物理解，獲得正確觀念

7　教學多變化，節省板書時間

4　刺激思考，培養創造力

133

經驗金字塔理論

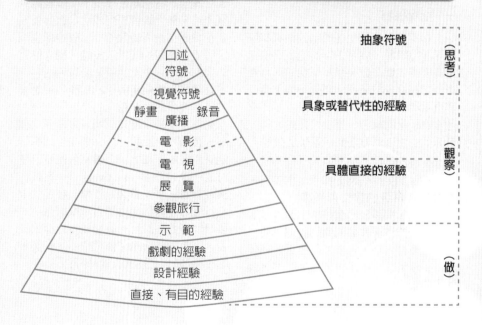

取自張霄亭、朱則剛（2008，頁31）

Unit **6-9**
練習活動的實施方式

　　有一種練習教學法，學生在安排的情境或教師的監督下練習、表現和應用已解說或示範的技能或程序，其教學步驟爲：引起動機→解說重點→教師示範→學生模仿→反覆練習→評量結果（林進材，2004）。直接教學法也非常重視練習活動的實施，其方式分爲指導練習和獨立練習，以下分別說明之（Joyce, Weil, & Calhoun, 2008; Burden & Byrd, 2010）：

一、指導練習

　　指導練習是學生在教師的指導和協助下進行練習，練習的目的是要促使新知識成爲長期記憶，以及學習如何將新學到的知識或技能遷移到另一個主題或實際生活中。教師在這個階段主要任務是監督學生的練習、提供校正的回饋。教師可使用以下方式來指導學生練習：

　（一）發問

　　剛開始問問題時先採用自由參與，對於沒有舉手的學生則採指定回答方式，這個步驟是教師監控學生是否了解教材的好方法。教師所問的問題不要只有回憶教材內容，也要求學生思考爲什麼，必要時也可提出一個錯誤答案，讓學生更正。

　（二）示範

　　某些學科使用口頭解釋對學習者幫助不大，例如數學解題、體育、家政等藝能學科，這時教師要示範來呈現動作或操作技能，讓學生透過視覺看事情是如何完成的，從中直接模仿楷模者的表現。

　（三）練習操作

　　技能性的學科要以分組或個別方式練習新技能，教師要預估多少時間的練習才適當，時間不要太長。剛開始練習時，教師要嚴格監督，提供回饋和校正，給予學生適度的壓力是提高成效所需要的。

二、獨立練習

　　直接教學法最容易出問題的步驟在獨立練習，特別是在學生不了解技能或概念時。獨立練習要想成功，教師需要多花時間在指導練習階段，確定學生能了解正在練習的知識或技能。獨立練習的目的不是只在記憶或背誦單元內容，也要讓學生能使用所學的知識，最重要的是在發展學生自動化的反應，這裡的自動化是指學生能連結所有單元到一個單一和諧的行動順序，亦即學生的學習能應用自如。獨立練習通常可使用三種方式：獨自練習（seatwork）、家庭作業及評量。獨自練習是指學生在座位上自行練習，教師使用學習單來練習，一段時間後共同訂正。動作技能方面的練習，則教師講解剛才練習時所見到錯誤後，再讓學生分組或自行練習。

練習教學法流程

引起動機 ➡ 解說重點 ➡ 教師示範 ➡ 學生模仿 ➡ 反覆練習 ➡ 評量結果

指導練習的方式

發 問

・可自由參與或指定回答
・可提出錯誤答案讓學生更正

示 範

・教師示範動作或操作技能
・數學解題、體育、家政等適用此方式

練習操作

・技能性學科以分組或個別方式練習新技能
・教師要嚴格監督，提供回饋或校正

獨立練習的方式

獨自練習

・在座位上自行練習
・不與同學討論

家庭作業

・學生放學後在家練習
・可由家長指導

評 量

・小考
・可列入個人成績

Unit 6-10
直接教學與E化教學結合

直接教學可與E化教學相結合，最具代表性的教學模式為美國韓內克（R. Heinich）等人所提出的ASSURE模式，模式是依據建構主義學習理論及蓋聶教學事件發展而成，茲將模式要點敘述如下（李宗薇，1997；Heinich, Molenda, Russell, & Smaldino, 2002）：

一、分析學習者

此一模式認為教學內容必須與學習者的特性有關，故從分析學習者（analyze learners）著手，學習者的特質包括一般性、特殊性與學習風格三方面。

二、陳述學習目標

教學模式的第二個步驟即陳述學習目標（state objective），告訴學生這次教學所欲達成的學習目標為何。

三、選擇媒體與教材

媒體的屬性、教學的地點、型態、學習者的特性、目標的類別等，均是選擇媒體時考慮的要項。至於教材的來源，通常不外下列三種途徑：選擇現有的教材、修改現有的教材、設計新教材。不論是自製或是使用現成的教學媒體，教師必須考慮三項原則（單文經，1997）：

（一）方便性

考慮這項教學媒體取得及使用是否方便。

（二）適配性

清楚了解這些媒體適不適合學生的特性，包括學生對於某一種教學媒體的態度如何，以及考慮學生的程度。

（三）功能性

教師選擇教學媒體時，要確定其是否發揮輔助教學的功能。

四、使用媒體與教材

使用媒體與教材即開始進行教學，此模式提出5P的概念作為教學實施的指導方針：

1. 預覽（preview），使用前先看過電子媒體。
2. 三個準備（prepare），準備電子媒體（教材）、準備教學環境（檢查設備是否可用，例如互動平台）、學習者準備要學習（告知學習目標、看完影片的作業等）。
3. 提供（provide），提供學習經驗，也就是教師使用媒體進行教學，教學後，同學相互討論。

五、要求學習者參與

在學習的過程中，激發學生熱烈地參與，會提高學習的效果。要求學習者參與這個階段即教師應提供機會讓學習者練習新學得的知能，例如使用問答、討論、臨時測驗、實際操練等活動。

六、評量與修正

評量與修正是教師對學習者、媒體、教材、教學過程提出評量，教師需要針對教學的過程思考下列問題：1.學習者能夠達到預期的目標嗎？2.是不是所有學習者都能夠接受和運用所選擇的媒體與材料？經由討論、觀察學生反應、訪談等方式得知評量結果，作為修正教學的依據。

ASSURE模式流程

A	S	S	U	R	E
分析 學習者	陳述 學習目標	選擇媒體 與教材	使用媒體 與教材	要求 學習者 參與	評量 與修正

選擇媒體與教材的原則

01 方便性

考慮這項教學媒體取得及使用是否方便

02 適配性

了解媒體適不適合學生的特性

03 功能性

選擇教學媒體要確定其是否發揮輔助教學功能

使用媒體與教材的作法

預覽（preview）

使用前先看過電子媒體

三個準備（prepare）

· 準備電子媒體
· 準備教學環境（檢查設備是否可用）
· 學習者準備學習

提供（provide）

· 使用媒體進行教學
· 教學後相互討論

Unit 6-11
直接教學法與其他教學策略相結合

　　研究證據支持直接教學是有效的，這些研究大多是以國小或有關數學、英語拼字、寫作、語言、閱讀等基本技能學習的學生為對象，在基礎教育階段為學得基本技能，直接教學是特別有效的。為避免講述法過於呆板，為避免練習時間過於冗長，直接教學法可與多種教學策略相結合。

一、與精熟教學模式相結合

　　精熟教學模式的基本理念是：每個人的學習速度快慢不同，教學時只要列出要求學生精熟的標準，並給予學生足夠的學習時間，則幾乎所有智力正常的學生都能精熟大部分學習的內容。精熟教學模式適用於中、小學團體教學的情境，適用的教材性質兼及認知和動作技能兩種，但涉及的認知層次偏在記憶與理解，可運用在補救教學方面，對低成就學生有很大的幫助。其教學流程如下（張新仁，2001）：

（一）引導階段

　　告訴學生精熟教學的實施方法和成績的評定方式。

（二）正式教學階段

1. 進行班級教學。
2. 分組練習。
3. 實施第一次測驗。
4. 未達精熟標準者參加補救教學，由通過者教導未通過者。
5. 全班通過後繼續下一單元的教學。

二、與討論法相結合

　　有研究發現教師指導的討論教學成效比同儕討論來得好，因而提出小組討論與直接教學相結合的模式，該模式先進行教師主導的全班教學，然後再進入學生主導的小組討論，但是重點還是放在強調學生主動學習的小組活動（Muijs & Reynolds, 2005）。其教學流程如下頁表格所示，教師可視上課時間長短自行調整。教師在黑板前講述後轉換成小組工作，各組都預留一個位置給教師，教師可以輪流參與各小組的討論。

三、視情況修改教學步驟

　　教學步驟不是固定的，教師可依需要調整教學步驟，例如為增加學生練習的時間，將直接教學修改為下列步驟（Swanson, 2001）：

1. 敘述行為目標。
2. 複習知識、技能。
3. 呈現新教材。
4. 提出問題發問。
5. 獨立練習。
6. 評估表現和給予回饋。
7. 提供分布練習和複習。或者是在每節課結束前5-10分鐘，增加評量這個項目。

　　經由教師細心地教導、學生充分地練習，如此必定能夠提升學習成效。

講述與討論結合的教學流程

時間	教學活動	控制來源
10分	課程簡介、探究或增強概念 ・探索新概念和技能　・提供問題情境和策略模式 ・指導有意義的討論　・分配工作　・說明預期的結果	教師
5-10分	小組工作1：探究、增強或擴展概念的使用 ・探索　・調查　・應用　・增強	小組
5分	評估過程和澄清 ・師生問答互動　・討論問題情境　・討論策略、過程或發現 ・提供新工作	教師
10-15分	小組工作2	小組
5分	評估過程和澄清	教師
10-15分	小組工作3	小組
5分	複習或總結活動 ・簡要地複習目標　・結果複習　・與未來或過去的課程相結合	教師

取自Muijs & Reynolds（2005, p.58）

直接教學實例設計

地理科　單元教學活動設計（教案）　　　　　　　　　　　編號：＿＿＿＿＿＿

單元名稱	火山的形成		班級	國二	人數	30人
教材來源			時間	45分鐘	編寫者	

教學目標	教學活動	教具	時間（分鐘）	評量	備註
	一、準備活動 （一）複習與教學前活動 　　1.複習地球板塊運動的擴張與隱沒。 　　2.放映有關火山爆發影片。 （二）說明教學目標 　　1.學生能了解火山形成。 　　2.學生能說出火山的種類與構造。		5		
	二、發展活動 （一）呈現新的學習內容 　　1.講述火山形成的必要條件。 　　2.講述火山的種類與差異。 　　3.講述火山的構造。 （二）指導學生練習 　　學生拿出習作簿，各組合作完成習作簿上的問題，教師從旁監控及協助。 （三）回饋與校正 　　教師逐題說明正確答案，並請同學交換習作相互批改。 （四）獨立練習 　　教師發放學習單，每位學生獨立完成，不得與同學討論。如果時間不允許，則將學習單當作家庭作業，帶回家練習。		35		
	三、綜合活動 （一）總結這節課的授課重點。 （二）交待作業及預告下次課程主題。		5		

修改自周啓葶（2005）

Unit 6-12
直接教學法的評論

直接教學具有以下的特性：1.全班教學；2.圍繞著主題組織學習；3.提供詳細及多次的練習；4.主動提供教材使學生精熟事實、規則和步驟；5.教室的活動安排能促使背誦和練習得到最大成效（Borich, 2004）。所以這種教學法適合應用在教學內容結構嚴謹的學科，例如數學、語言、閱讀；也適合應用在有明確步驟的技能教學，像是急救訓練。如果學生缺乏先備知識和技能時，也可以這種方式進行教學，最常見的是對低成就學生的補救教學。直接教學法是結構性很強的教學模式，對考試成績的提升、技能領域的練習有很大的幫助，但是對高層次認知能力的提升助益不大。以下綜合學者的看法分別說明直接教學的優缺點（Muijs & Reynolds, 2005; Rosenshine, 2008）：

一、直接教學法的優點

直接教學強調學習效果的立即呈現，希望學生能達成學習遷移的成效，因此該教學法具有以下幾項優點：

1. 直接教學結合明確學習目標，緊密控制上課結構、明確傳遞上課內容和實施必要的練習，能達成預期的學習結果。
2. 直接教學是一項有系統的教學設計，對教導新資訊、基本技能和程序很有成效，使之可應用到不同的情境。
3. 使用直接教學可促使學生主動參與學習活動。

4. 講述的形式讓教師有機會分享與學生生活有關聯的知識內容。
5. 講述時，教師示範出教學的熱忱，對學生學習態度有正向影響。
6. 講述及結構化的呈現教材方式，可充實學生學習。
7. 教師使用一系列的監控方式，可促使教學更有成效。
8. 有效的講解可協助學生獲得正確的概念和資訊。
9. 提供充分的練習時間，讓學生精熟教學內容。

二、直接教學法的缺點

直接教學受到的批評也不少，甚至有學者將直接教學法視為「貧窮的教學法」，這些批評共有以下幾項：

1. 太過重視教師角色和權威，學生只是被動地吸收事實和獲得技能，太少有機會讓學生主動發現知識，難以培養學生自主學習的習慣。
2. 教師的教學行動只是提供資料和提出問題，教學方法未能依據學生期望及能力而作調整。
3. 對學習遲緩或跟不上進度的學生會產生無聊感和無助感。
4. 僅適合低層次的教學目標，不適用於創作、解決複雜問題之類的教學目標。
5. 缺乏同儕間的互動。
6. 偏重知識的灌輸。
7. 不易長久維持學生注意力。

直接教學的特性

全班教學	圍繞著主題組織學習	提供詳細及多次的練習
主動提供教材使學習精熟	教室的活動能促使練習得到最大成效	

直接教學法的優點

緊密控制上課結構、明確傳遞上課內容和實施必要的練習

有系統設計，對教導新資訊、基本技能很有成效

使用直接教學可促使學生主動參與學習活動

教師有機會分享與學生生活有關聯的知識內容

教師的教學熱忱，對學生學習態度有正向影響

講述及結構化的呈現教材方式，可充實學生學習

教師使用的監控方式，可促使教學更有成效

有效的講解可協助學生獲得正確的概念和資訊

提供充分的練習時間，讓學生精熟教學內容

141

直接教學法的缺點

太過重視教師角色和權威，學生被動的吸收事實和獲得技能

教學只提供資訊和提出問題，未能依據學生期望及能力而調整

對學習遲緩或跟不上進度的學生會產生無聊感和無助感

僅適合低層次的教學目標

缺乏同儕間的互動

偏重知識的灌輸

不易長久維持學生注意力

第 **7** 章

合作學習法

● ● ● ● ● ● ● ● ● ● ● ● ● ● ● ● ● ● ● 章節體系架構 ▼

Unit 7-1
合作學習法的意義與發展

合作學習（cooperative learning）是一種以小組形式進行的教學策略，組員藉著互相幫助去提升成員的學習成效。這種教學模式的特色是藉由合作的任務、目標和獎賞結構，要求學生主動參與討論、辯論、家教或小組工作。其目標具有認知性和社會性，在小組中的學習不僅可以獲得及精熟新學到的知識，也能夠學到社交性的技能，並能學到對多元性的接受及對差異性的容忍。強森兄弟（Johnson & Johnson, 1999）指出合作學習是透過學生分工合作以共同達成學習目標的一種方式，在小組的合作學習中，學習者能夠達到更好的學習成效、提高創造力、學習的責任感、增進後設認知策略的應用，以及學生社會技巧、溝通技能的增強。

合作學習與一般的分組學習的最大差異，在於合作學習重視學生的合作能力及社交技巧的訓練，教師要將這項能力列為重要的教學目標，引導學生學習及改進，因此教師在規劃合作學習的教學計畫時，務必掌握合作學習的精神與特徵。

合作學習的發展是從1970年代初期開始，美國有一些教育學者不約而同的針對當時教育環境過分注重競爭的學習情境問題展開探討，而揭開了合作學習研究的序幕。其中較著名的學者有明尼蘇達大學的強森兄弟（Johnson & Johnson）、約翰霍普金斯大學的史拉文（Slavin）、以色列特拉維夫大學的沙朗（Sharan）、加州大學河邊分校的卡根（Kagan）等人。他們所發展出來的合作學習方法因不同的理論背景而有極大的差異，但其中最相似的，是他們都認定學生在小組中與同儕互動對學生的學習動機與學習成就都有積極正面的影響（陳彥廷、姚如芬，2004）。

目前已有很多研究證實合作學習比競爭式（competitive）學習或個別式（individualistic）學習，更能提升學生的學習動機、學習成就及合作技巧的表現，它是一項值得教師在教學中採用的教學策略（簡妙娟，2000）。基本上，合作學習是一種含括許多教學策略的教學設計，也是一種有結構、有系統的教學設計，期望藉由班級組織型態的改良，採用小組學習的方式，並透過各種策略來積極促進同儕互動，營造組內相互依賴與幫助的學習情境，以提升自己與他人的學習成果（林達森，2002）。本章著重在探討合作學習的理論基礎、特徵與模式等三部分。

合作學習法的意義

合作學習法的意義

一種小組形式進行的教學策略，組員藉著互相幫助去提升成員的學習成效

教學特色是學生分工合作

藉由合作的任務、目標和獎賞結構，要求學生主動參與討論、辯論、家教或小組工作

教學目標具有認知性和社會性

不僅可以獲得新知識，也能夠學到社交性的技能，並能學到對多元性的接受及對差異性的容忍

合作學習法的發展

1970年代初期開始，針對過分注重競爭的學習情境問題展開探討

學者發展的合作學習方法因不同理論背景而有極大的差異

合作學習含括許多不同的教學策略與教學設計

相似的是都認為學生在小組中與同儕互動對動機與成就有正面影響

Unit 7-2
合作學習法理論基礎（一）

　　合作學習並非源自單一理論，而是採納許多教學理論，建構其理論基礎，以下將以兩個單元來闡述重要的理論依據。

一、杜威的民主教室

　　杜威在《民主主義與教育》中認為教室應該反映大社會，根據杜威的教學觀，教師應鼓勵學童在團體中一起學習，透過社會性的發展，以理解民主的歷程及習得參與民主歷程的技能。此一看法反映出從事小組教學的重要目的：促進學生認知的發展、社會及民主素養的發展（簡妙娟，2003）。數十年後，西倫（H. Thelen）於1954年提出了更精確的方法，為了解決社會問題及人際關係問題，教室應成為實驗室或微型民主社會，他強調小組探究應具組織性，為當代合作學習的發展提供了理論基礎（Arends, 2009）。

二、接受和容忍差異

　　美國於1954年廢除公立學校「分離但平等」的政策，要求各級學校實施消除歧視的計畫，但只靠法律無法減少種族間的偏見，無法促進更多的理解和包容。以色列的學者沙朗（Sharan）於1980年時致力於改善以色列境內複雜的族群關係，他推動合作學習希望能減少族群內部的偏見，促進不同團體的整合與相互接受。強森兄弟推展合作學習亦在促進特殊需求的學生能有更好的學習，讓不同族群或種族的學生能提升相互之間的合作行為（Arends & Kilcher, 2010）。

三、體驗學習

　　經驗占了人們學習的大部分，例如大部分人透過身體力行來學習騎車，人們從經驗中增長見聞、提高理解、學到技巧，而這是難以向沒有類似經驗的人描述的。體驗學習（experiential learning）是基於三個假設：
1. 當你親身參與到學習之中，學習的效果最好。
2. 你需要自己發現知識，這些知識對你才有意義，才能改進你的行為。
3. 能自主地設定目標，再積極地去實現目標，這樣才會投入學習（Arends, 2009）。

四、動機理論

　　傳統的教學中，獲得酬賞的方法來自於競爭，在這樣的學習環境中，中下程度的學生極少獲得酬賞，不容易產生學習興趣。在合作學習中，獲得酬賞的條件包括了個人績效責任的展現及團體學習目標的達成，學生為達成團體學習目標，不只需要自己努力，還要幫助團體中其他人，在這樣的酬賞結構下，學習過程自然會形成合作的目標結構。藉由獎勵與目標結構兩方面來提升小組成員的內外在動機（黃政傑、林佩璇，1996）。

合作學習法理論基礎

杜威的 民主教室	接受和容忍 差異	體驗學習	動機理論
認知發展 理論	小團體理論	認知的 精緻化	

體驗學習

體驗學習基於三個假設：

1 當親身參與到學習之中，學習的效果最好

2 需要自己發現知識，這些知識對你才有意義，才能改進你的行為

3 能自主地設定目標，再積極地去實現目標，這樣才會投入學習

動機理論

獲得酬賞的條件包括：個人績效責任的展現及團體學習目標的達成

學生不只需要自己努力，還要幫助團體中其他人

藉由獎勵與目標結構來提升小組成員的內外在動機

Unit 7-3
合作學習法理論基礎（二）

五、認知發展理論

認知發展理論的基本假設是當學生以適當的作業進行互動時，便能精熟重要的學習概念。其主要代表人物是皮亞傑（J. Piaget）和維高斯基（L. S. Vygotsky）。皮亞傑認為人類的認知發展，是個體經由與環境主動的不斷互動而逐漸發展的一種過程，強調個體認知發展的主動性和自我調節功能。維高斯基認為個人認知結構是外在社會活動逐漸內化的結果，並提出「最近發展區」，指出「真正發展層次」和「潛在發展層次」間的差距，認為學生間的合作學習可以促進成長，因為年齡相近的孩童的基本發展區運作類似，所以合作的團體學習，較個別學習的表現好。維高斯基認為知識具有社會性，經由合作學習、理解和解決問題而建構起來的，團體成員藉由資訊和見解的交換，發現彼此推理上的弱點而相互矯正，因而促進自己的理解（沈翠蓮，2003）。

六、小團體理論

小團體理論亦可稱為社會凝聚理論（social cohesion），合作學習營造一種合作的情境，當個人因團體的成功而得到獎賞，這時小組內部會產生三種關係：

1. 互賴關係，因合作受到獎賞，導致有強烈的動機要完成共同的工作。
2. 團體成員會產生深厚的友誼。
3. 合作會發展出有效的溝通過程，促進彼此理念的交流與影響（Arends, 2009）。

七、認知的精緻化

認知精緻化理論是指當學習者要將新學到的資訊保留在記憶中，並與舊經驗結合，就需使用學習策略對這個資訊作重整與精熟，例如做摘要、重述等。史拉文（Slavin）認為將習得資訊對他人作解說，這是認知精緻化的一種好方法，因為解說者必須針對要表達的資訊作整理、詮釋，所以進行解說的同時，亦促進解說者本身認知精緻化，也進一步促進合作學習的成效（黃政傑、林佩璇，1996；Slavin, 2010）。

根據上述七項理論，史拉文（Slavin, 2010）以圖（見下頁第一個圖）來說明合作學習如何促進學習，互賴關係一開始即受到小組成員所形成的團體目標之影響，進一步影響個人的學習動機、鼓勵和協助他人的動機，後兩項可稱為合作行為，其實還包含工作動機及組內互動的動機，均會對學習產生影響。追求成功的動機會直接影響學習，也會促成團體的凝聚力，進而引發以下的團體互動形式：同儕示範、平衡（equilibration）、認知精緻化，因而提升學業成就。

合作學習如何促進學習

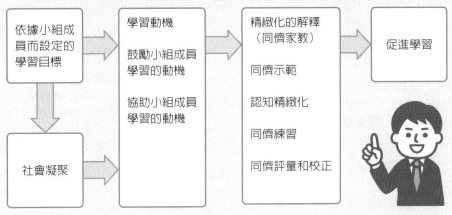

依據小組成員而設定的學習目標　→　學習動機　鼓勵小組成員學習的動機　協助小組成員學習的動機　→　精緻化的解釋（同儕家教）　同儕示範　認知精緻化　同儕練習　同儕評量和校正　→　促進學習

依據小組成員而設定的學習目標　↓　社會凝聚　→

取自Slavin（2010, p.170）

認知的精緻化

認知的精緻化

定義　要將新學到的資訊保留在記憶中，並與舊經驗結合，就需使用學習策略將資訊作重整與精熟

▶ 做摘要、重述、將學習資訊對他人作解說皆屬之

▶ 合作學習可促進解說者本身做到認知精緻化

Unit 7-4
合作學習法的特徵

合作學習法不是分組學習，需要符合積極互賴、面對面的互動等特徵，這些特徵也是合作學習法的重要精神。以下分別說明之（黃政傑、林佩璇，1996；吳俊憲、黃政傑，2006；Johnson & Johnson, 1999）：

一、積極互賴

在合作學習的教室，學生在一起工作而且確保每位學生的學習皆能成功，所以學生之間是「積極互賴」（positive interdependence）的關係，小組內每一個成員都應該共同努力，以完成任務，自己的成功有賴於整個小組獲得成功。

二、面對面的互動

在合作學習的情境中，同學之間為協助其他人的學習任務及促進成功而互動，合作學習的分組活動允許成員之間直接在一起工作，分享理念、意見及促進理解，透過組內成員的鼓勵及協助，各小組得以努力完成任務、達成共同目標。

三、個人學習績效責任

合作學習的情境中，小組的成功是界定在組內每一個人的成功，而不是以小組某一個成員的成功來代表小組。由於小組的成績是各組員所獲進步分數的平均值，故每個成員都要盡己之責任去學習，並且互相幫助以促使成員都能精熟學習材料，以提高小組的成績。除了強調小組的整體表現外，同時也強調個人的績效，將個人對小組的貢獻情況列入評比，同時兼顧小組與個人的學習績效。

四、人際與小團體技巧

合作學習小組的每一個成員必須進行兩方面的學習，其一為學業有關的任務，其二為參與小組學習必備的社交技巧（social skills）。這些常用的社交技巧包括以下幾種：清晰地溝通、輕聲說話、積極聆聽、作決定、讚美他人、互相鼓勵、客觀批評和化解衝突等。

五、團體歷程

團體歷程是指藉由反省思考，了解小組運作上所產生的問題，共同思考解決的方案，提升小組團隊合作能力的歷程。學生團體需要評估及討論以下問題：要達成目標該如何做？什麼行動對團體有所幫助？怎樣的行動會對團體造成傷害？透過反省思考找出成員有哪些行為是有用或無用的，並決定如何繼續或作什麼改變，以利小組目標的達成。

六、平等且成功的學習機會

合作學習提供機會給不同背景及成長環境的學生，讓他們在相同的功課上一起努力，透過合作回報機制學習到互相欣賞，因此可使不同族群、文化及能力的學習者培養包容、尊重及接納的胸襟。

合作學習法的特徵

積極互賴	面對面的互動	個人學習績效責任
人際與小團體技巧	團體歷程	平等且成功的學習機會

合作學習績效責任

強調小組的整體表現，小組成員共同努力完成任務

同時也強調個人的績效，將個人小組的貢獻情況列入評比

對社交技巧的重視

分組活動允許成員之間直接在一起工作，分享理念、意見及促進理解

學習以下的社交技巧：清晰地溝通、輕聲說話、積極聆聽、作決定、讚美他人、互相鼓勵、客觀批評和化解衝突等

組員藉由反省思考，了解小組運作上所產生的問題、共同思考解決的方案

Unit 7-5
合作學習法的設計

在實施合作學習之前，教師要花大量的時間在準備工作、蒐集教材和營造合作學習環境。以下提出幾項因素供教師設計合作學習時參考（林進材，2006；Arends & Kilcher, 2010）：

一、選擇一種模式

決定使用哪種合作學習的模式，卡根（Kagan）的結構模式較易使用，可以和任何學科相結合，拼圖法（Jigsaw）和學生小組成就區分法（STAD）需要事前的計畫和組織，團體探究法最為複雜。

二、選擇教學目標和內容

學科的內容和社交技巧要同時教導，社交技巧要適合學生的年齡和發展層級，合作學習與其他分組教學最大的差別在於教導社交技巧。教師在實施合作學習之前，必須花時間教導社交技巧，可利用每學期的前兩週時間訓練學生的合作技巧，在熟悉合作技巧的運用後才開始實施合作學習。

三、學生分組

分組的方式有同質、異質、隨機或依學生興趣，研究發現異質性分組得到最正向的學業和合作結果。這種異質性分組要包括不同種族、文化背景、性別及學業成就，例如每一組學生都包括高、中、低學業成就，如此可以引導學生進行同儕學習輔導。假如學生不習慣合作的工作，開始時可以2人、3人簡單的分組，從中得到一起工作的經驗。

四、蒐集和組織教材

合作學習需要事前詳細地計畫，學生才能在團體中研讀教材和完成教學目標，有些模式要將教材分成3至4個部分，分配給組內的成員學習，每位學生要盡到學習的責任，除學會自己的教材外，也要教會其他成員。

五、組織學習環境

合作學習的實施需要注意教室空間的規劃與運用，例如座位的調整、桌椅的移動，桌椅的安排要能讓同一小組成員相互討論、交流。

六、規劃評量方式

教師在設計合作學習計畫時，要妥善規劃學生的評量方式。合作學習要同時評量學生的學業成就及社交技巧，因此在教學過程中通常會使用自我評量、同儕評量和教師評量等方式，提供學生不斷進行回饋的機會。合作學習所使用的評量方式包括紙筆測驗、觀察、檢核表及評量準則（rubric）。紙筆測驗用來評量學生的學業成就，團體探究法要評量學生的計畫、表現和口語報告的成績，所以適合使用「評量準則」評分。學生社交技巧的評分則可能用觀察法和檢核表來進行，了解學生合作技能的發展情形。

合作學習與傳統分組學習之差別

傳統分組學習	合作學習
低度依賴，成員只為自己的學習負責，焦點僅在個人表現	高度積極互賴，成員負責自己和他人的學習，焦點在於聯合表現
只重視個別責任	同時重視團體與個人責任，成員對自己及他人的學習均負有責任
作業的討論很少顧及他人學習	成員彼此相互促進學習；真正一起工作、彼此支持和協助
忽視小組工作技巧，領導者是被指派的，而其角色是指揮成員的參與	重視小組工作技巧；成員會被教導及被期望使用社會技巧；所有成員分擔領導責任
不安排團體歷程反省工作的品質；獎勵個人成就	運用團體歷程反省工作品質與小組效能；強調持續的改進

取自林進材（2006，頁351）

合作學習法的設計流程

Unit 7-6
共同學習法

自1970年代開始，合作學習備受矚目，而發展出許多方法，如學生小組成就區分法（Student Teams Achievement Division，簡稱STAD）、小組遊戲競賽法（Team Games-Tournament，簡稱TGT）、拼圖法（Jigsaw I, Jigsaw II）、團體探究法（Group Investigation，簡稱G-I）、共同學習法（Learning Together，簡稱LT）等，各種方法有其適用的範圍及特點，教師可根據教材、年級或特殊需要採取不同的設計（黃政傑、林佩璇，1996）。

共同學習法是強森兄弟（Johnson & Johnson, 1975）所發展出來的合作學習策略，是最簡單的合作學習法，應用上相當普遍。先將學生分成4-5人的異質性小組，再依據教師分派的工作一起學習，例如繪製概念圖、解題、撰寫段落大意等學習任務，最後每小組繳交一份代表成員努力成果，作為小組獎勵的依據。這個模式特別重視合作活動的互動模式，同時也主張與個別性活動和競爭性活動取得平衡。

共同學習法主要教學步驟為：教師說明學習任務、學生共同學習、教師巡視及介入、評量及反思。在實際應用時，教師可依所面對的教學情境與需要，調整或選擇合宜的步驟與策略。各步驟內涵詳如以下說明（王金國，2005；Johnson & Johnson, 1999）：

一、學習前的任務說明

當學生已分組完畢，教師即可交付學習任務。在分組學習前，教師要向學生說明以下事項：解釋作業的內容與方式、解釋成功的標準、建構積極互賴的情境、建構個人責任、建構組間合作、說明教師期望的行為。

二、學生進行合作學習

學生開始進行合作學習之後，教師要巡視行間並給予學生以下的協助：觀察學生表現、介入提供作業上的協助、介入教導合作技巧、排解同學之間的糾紛等。

三、合作學習後的評量與反省

學生完成所交付的任務之後，教師於綜合活動階段要進行下列事項：

（一）總結活動

教師可請學生回憶並摘述他們在這節課學到了什麼，它除了可為合作學習活動做一個統整，亦可讓學生練習摘述要點。

（二）評量學習活動的質與量

活動結束時，教師要評量學生在合作學習過程中的表現，評量的方式可以是小組書面報告、小組結論，及指派同學上台分享所完成的學習成果。也可以實施小考，比較達到標準的人數。

（三）反省檢討

在學習活動後，教師要安排反省與檢討活動，請小組針對該次小組運作過程進行檢討，以作為後續改善的參考。

共同學習法的教學步驟

教師說明
學習任務
→
學生共同
學習
→
教師巡視
及介入
→
評量
及反思

共同學習法的特色

每小組繳交
一份代表成
員努力成果

最簡單的
合作學習法

根據教師分
派的工作單
一起學習

學生分成
4-5人的
異質性小組

合作學習後的評量與反省

總結活動	評量學習活動的質與量	反省檢討
・學生回憶並摘述這節課的學習內容 ・讓學生練習摘述要點	・小組書面報告 ・小組結論報告 ・小考	・針對小組運作過程進行檢討 ・作為後續改善的參考

Unit 7-7
結構取向的合作學習

卡根（Kagan, 1994）提出結構取向（structural approach）的合作學習，他區別合作活動和合作結構的差異，合作活動是在建立團體的社交技巧，例如拔河比賽，而合作結構則是運用在一項有組織的架構，以促進學生的互動。卡根認為合作結構可以重複應用在任何學科、任何年級及不同的教學時間點，活動有終點，但結構可以不斷地使用，結構就如同教學的工具，可以讓學生參與學習活動。教學能力佳的教師，懂得在教學時如何選用好的結構，以達成學習成效，所以教師在進行教學計畫時，就要規劃哪一個時間點要應用哪項合作結構。他提出以下的合作結構活動（Arends & Kilcher, 2010; Kagan & Kagan, 1998）：

一、塗鴉

塗鴉（graffiti）是合作學習的一種策略，學生被要求以寫作的方式回應教師所提出的問題。教師提供各組大張的壁報紙及麥克筆，再給小組一個主題或問題，請小組進行腦力激盪後將討論的理念或評論寫在紙上（約30分鐘），也可以畫圖或符號的方式來呈現，最後的步驟是各組向全班分享或將壁報張貼在教室。

二、互相核對

互相核對（pairs check）是各組分成A、B兩半，2人一組完成學習單。同組的一人先做學習單的上半部，另一人則核對他的答案。然後2人交換角色，一人繼續完成學習單的下半部，另一人則核對他的答案。完成後，A、B兩小組互相比較答案，最後教師和全班一起核對答案。

三、配對

各組分成兩半，一半的學生給一套教材，另一半學生給不同的教材，拿到相同教材的學生經由互相幫助學會教材，然後再去找不同教材的同學，經互相教導後學會教材，這項策略類似拼圖法。可以擴展成「思考─配對」或「思考─配對─分享」（think-pair-share）的策略，2人一組相互討論，不必調整桌椅。

四、思─寫─討─享

4人一組，各人獨自思考教師提出的問題，並把答案寫出來；接著4人分成A、B兩組，每組2人，一起討論答案，討論完成，4人組內的A組與B組互相比較答案或全班分享。

五、圓桌技術

學生每3人一組，一人為訪談人，一人為受訪者，另一人為記錄，每組完成三輪，讓每人都扮演過不同角色。用在討論上可以各組先發給幾個問題，第一個成員寫下他的答案，再傳給另一成員寫他的答案，直到3人都寫完才換下一個問題。

結構取向合作學習的特色

由卡根
所提出

合作結構可以重複應用
在任何學科

合作結構可以在教學中
不斷地使用

教師要選用好的結構達成學習成效

常用的合作結構取向活動

| 塗鴉 | ・以寫作的方式回應教師所提出的問題
・教師給小組一個主題或問題，請小組將討論的理念或評論寫在紙上 |

| 互相核對 | ・各組分成A、B兩半，2人一組完成學習單
・一人先作學習單的上半部，另一人則核對他的答案
・2人交換角色，一人繼續完成學習單的下半部，另一人則核對他的答案 |

| 配對 | ・各組分成兩半，各給不同的教材
・拿到相同教材的學生互相幫助學會教材
・再去找不同教材的同學，經互相教導後學會完整教材 |

| 思－寫－討－享 | ・4人一組，各人獨自思考教師提出的問題，並把答案寫出來
・接著4人分成A、B兩組，每組2人，一起討論答案
・討論完成，4人組內的A組與B組互相比較答案或全班分享 |

| 圓桌技術 | ・學生每3人一組，一人為訪談人，一人為受訪者，一人為記錄
・教師分給各組幾個問題，讓每人都扮演過不同角色 |

Unit 7-8
學生小組成就區分法

學生小組成就區分法（簡稱STAD）是由史拉文（R. E. Slavin）在1978年所發展出來的，因爲它所使用的內容、標準及評量皆與傳統教學沒有太大的差異，適用於任何學科，但最適合教導目標明確的教材，像數學計算題及應用題、地理作圖技巧及科學概念等（Slavin, 1995）。其主要的理念是激勵學生鼓勵與協助別人精熟教材內容，除進行個別測驗外，亦使用進步轉換分數，強調均等的成功機會。它最適合初次採合作學習的教師使用，也是目前所有合作學習法中最常被研究的合作學習法，且多數研究證實它比個別式學習或競爭式學習，更能促進學生的學習成就（王金國、張新仁，2003）。以下說明其教學流程（王金國、張新仁，2003；趙沐深，2007；Slavin, 1995）：

一、全班授課

全班授課（class presentations）即在每個單元教學時，教師先以講解、討論、圖片或播放錄影帶等方式，來呈現單元內容，向學生介紹教材重點和學習目標。

二、分組學習

教師依學生的能力水準、性別或其社會背景、心理等特質，將學生分成4人的異質性小組。全班授課後進行分組學習，教師提供學習單或學習材料，小組以共同討論的方式研究學習單或其他教材，並且當成員發生錯誤時互相訂正

錯誤，以建立正確的觀念。小組成員必須一起學習以精熟單元教材，共同完成學習目標。

三、小考

在單元學習結束後，每個學生需要進行簡單的個別測驗，評量的內容包含學習過程中個人合作表現及學習結果兩方面。另有一種合作學習模式「小組遊戲競賽法」，不採用考試方式進行評量，而是以小組遊戲競賽的方式來評量。

四、個人進步分數

個別測驗之後便進行成績計算，算出個人的進步分數（individual improvement scores），評分方式是以學生過去的成績紀錄作爲基本分數，每個人能爲小組爭取多少積分，視其進步的分數而定，小組分數即是每位成員進步分數的平均數。此外，亦可將每一組最好的和最好的比較，次好的與次好的比較，構成幾個區分，每區分組的第一名爲小組得8分，次高的6分，依次類推。

五、小組表揚

教師每週要將個人進步的成績轉化成小組的表現分數，對於表現優異的個人與小組予以表揚。教師可利用班級公布欄等社會認可的方式，表彰那些表現優異者或高積分的小組。

學生小組成就區分法特色

適用於任何學科,但最適合教導目標明確的教材

其主要的理念是激勵學生鼓勵與協助別人精熟教材內容

除進行個別測驗外,亦使用進步轉換分數,強調均等的成功機會

最適合初次採合作學習的教師使用

學生小組成就區分法的流程

全班授課
教師向學生介紹教材重點和學習目標

小考
進行簡單的個別測驗
內容包含個人合作表現及學習結果

小組表揚
將個人進步的成績轉化成小組的表現分數
對於表現優異的個人與小組予以表揚

159

1   2   3   4   5

學生分成4人的異質性小組,進行分組學習

分組學習

算出個人的進步分數亦可每組最好的和最好的比較,次好的與次好的比較

個人進步分數

Unit 7-9
拼圖法第二代

拼圖法最早是由艾洛森（E. Aronson）於1978年發展出來的，目的在增加學生的獨立性，其基本原理是藉由賦予每個學生需教導某些教材給同組組員的責任，以達到合作學習的效果（Slavin, 1994）。隨著拼圖法之逐漸盛行，有學者根據其相關研究結果，針對第一代設計上的不足進行改良。史拉文（Slavin, 1994）便將STAD的「小組獎勵」和「進步分數」等要素融入，而成為拼圖法第二代（Jigsaw II）。學生先分為3-6人的異質性小組，而學習材料也分成幾個部分，小組成員先閱讀主題資料，然後各小組負責同一部分的學生，集合在專家小組（expert group）中討論，熟練之後回到原來的小組，教導其他成員精熟教材。這種教學法適合應用在社會科及其他學科教材比較淺顯易懂，教師可以不直接講述。其教學流程如下（黃政傑、林佩璇，1996；賴慧玲譯，2004；Slavin, 2010）：

一、準備活動

第一次實施拼圖法教學應先向學生介紹拼圖法的實施方式，然後組成異質性小組，每次上課前要先準備專家主題教材、引導學生討論的題綱及小考試卷。教師要依據各組人數的多寡將教材分拆成幾個部分，如每組3人，則將教材分拆成三部分。

二、教學流程

拼圖法第一代只有全班授課、閱讀教材、組成專家小組、回小組報告，第二代拼圖法再加入評量及表揚。以下分別說明拼圖法第二代的教學流程：

（一）全班授課及閱讀

全班授課可分為教師教學與閱讀專家主題兩重點，教師教學在指導學生學習要點以及說明學習目標。依據專家單上的主題，分配小組中每位學生一個專家主題，而後學生閱讀相關內容教材。

（二）組成專家小組研究教材

在閱讀完教材後，每組分配到相同教材或主題的學生，自成一組討論教材內容，並將討論結果加以整理記錄。

（三）專家回原小組報告

當學生熟悉自己的專家主題後，學生由專家小組回到原來的小組向同組同學報告專家主題的內容。小組報告時，每個學生都應扮演好老師及好聽眾兩種角色。報告者有責任指導小組其他同學，使他們也能精熟教材。

（四）學習評量及表揚

教師發給每位同學一份測驗題，由學生獨力完成小考的試題，以了解學生學習狀況。小考後將考試得分轉換成進步分數及小組總分，其方式如同STAD，對於優秀之小組與學生加以表揚。

拼圖法第二代的特色

01
**目的在增加
學生的獨立性**

賦予每個學生需教導
某些教材給同組組員
的責任

02
**針對第一代設計上的
不足進行改良**

史拉文（Slavin）融
入小組獎勵和進步分
數兩要素，成為拼圖
法第二代

03
**適合教材比較容易
學習的學科**

適合應用在社會科及
其他教材比較淺顯易
懂，教師可以不必直
接講述

拼圖法第二代的流程

1　全班授課及閱讀

教師指導學生學習要點以及說明學習
目標

分配小組中每位學生一個專家主題並
閱讀教材

2　組成專家小組研究教材

分配到相同教材或主題的學生組成專
家小組

專家小組討論教材內容及整理重點

3　專家回原小組報告

熟悉主題後，回到小組向同組同學報
告教材內容

報告者有責任指導小組同學的學習

4　學習評量及表揚

學生獨力完成小考的試題

得分轉換成進步分數，對優秀小組與
學生加以表揚

Unit 7-10
合作學習法的評論

國內外諸多研究證實，合作學習較個別及競爭學習更能產生學習的內在動機，且學生也更能主動投入學習活動中。國內有關合作學習的研究也發現：合作學習教學提供明確的學習目標，作業單的練習較易掌握學習重點；學習過程有變化，不覺呆板或無聊；藉由討論，可以增進學習興趣；小考測驗的問題，在作業練習時做過練習，增加學習信心；爭取小組良好的表現，同學會彼此鼓勵；大家一起讀書，比孤軍奮鬥有趣；評分公平，自我比較，能增加成就感等因素增強學習動機（王財印等，2019）。合作學習法雖然有諸多的優點，但也受到多位學者的批評，茲將批評的意見歸納如下（王財印等，2019；黃政傑、林佩璇，1996；Johnson & Johnson, 1999; Kagan, 1996）：

一、對合作學習的效果存疑

雖然研究顯示，無論是資優生或學習障礙的學生，在合作學習的情境下，在學業成就上均獲得顯著的提升。但是資優學生的支持者認為，在異質分組的學習情境下，將使資優生的學術稟賦倒退。同時，學習障礙的學生支持者卻指出，雖然學習障礙學生獲得許多同儕的協助，但是他們仍然沒有機會去改善他們的閱讀、寫作和數學等基本能力。

二、學生的評分和酬償受到質疑

許多家長大力抨擊合作學習的缺點，他們認為雖然小組中的某些成員盡力完成任務，但小組中的其他成員卻沒有完成任務，導致完成任務的小組成員得到較低的分數。在此種情境下，未完成任務的小組成員不免遭到責備與懲罰，反而增加了小組不和諧的氣氛。此外，以小組的成就而給予酬償，也再度落入競爭歷程的學習機制。

三、小組效能無法發揮

合作學習無法成功可能是小組的團體歷程出了問題，以致小組效能無法發揮，其可能的原因有下列數項：

1. 缺乏團體成熟度，可能是小組合作的時間不足。
2. 未能批判反省即做出支配性的反應。
3. 社會漂浮現象：不認真工作、隱藏自己的努力等等。
4. 搭便車現象：依賴某成員的表現，全體成員不需努力即可受益。
5. 認為不公平而失去努力的動機。
6. 團體思考：過度強調尋求成員的一致性。
7. 缺乏足夠的異質性，以至於每一成員對小組的貢獻有限。
8. 缺乏小組工作技巧和人際技巧。

合作學習法的優點

與自己比較分數，能增加成就感

學習過程不覺呆板或無聊

藉由討論可增進學習興趣

同學一起讀書，會彼此鼓勵

對小考測驗較有信心

合作學習受到的批評

對合作學習效果存疑

學生的評分和酬償受到質疑

小組效能無法發揮

· 資優生認為學術秉賦倒退
· 學習障礙學生認為沒有機會改善他們的閱讀、寫作和數學等基本能力

· 對小組成員評分的不公平，增加小組不和諧的氣氛
· 以小組的成就給予酬償，再度落入競爭歷程的學習機制

· 小組合作的時間不足
· 不認真工作
· 依賴某些成員的表現
· 缺乏小組工作技巧和人際技巧

第 **8** 章

探究教學法

●●●●●●●●●●●●●●●●●●●●● 章節體系架構 ▼

Unit 8-1
探究教學法的發展

探究（inquiry）是尋找問題和解決問題的過程，它是一種人類思考的方式，也是一種找資料、了解事物的過程，在探究的過程中可以發現問題，同時也可以尋找解決問題的方法（王美芬、熊召弟，2000）。探究同時也是一種多方面的活動，包括觀察、提出問題、從書籍和其他各種途徑中尋找證據、用工具去蒐集、分析及解釋資料、解答問題、說明及預測並與別人交流結果、對假設進行驗證、運用批判和邏輯思維進行解釋等（National Research Council, 1996）。

探究的根源可追溯到古希臘時代蘇格拉底的產婆法，也就是詰問法，教師只負責提出問題，然後在討論與批判之下，不斷地修正觀念，所有的答案都必須由學生自己提出來。20世紀初期，杜威提出問題解決的步驟，分別是問題的確定與定義、假設的建立、資料的蒐集與分析、結論的陳述、假設的驗證，探究教學可以說是將這些步驟應用在教學中（李明堂、郭明堂，1995）。杜威認為反省的思考為根據某個信念或知識及其可能導出的結論，積極地、一致地和仔細地加以探討（黃政傑，1996）。

1960年代的課程改革運動，布魯納提出的發現學習理論是為了改進中、小學教育，他建議在教育上不僅傳授知識，應讓學生自己探索、推理思考、解決問題、發現事實或法則（Arends & Kilcher, 2010）。布魯納（Bruner, 1966）認為教導學生是要教他參與過程，教導一門學科不是在增加學科的知識，而是在使學生像數學家一樣地學習數學，像歷史家一樣地思考，以參與獲得知識的過程。因此學生扮演的角色不應只是知識的接受者，而應該是主動的探究者。

探究教學法即在此種思維情況下產生，當學生在學習概念和原理時，教師只是給他們一些事例和問題，讓學生自己通過閱讀、觀察、實驗、思考、討論、聽講等途徑去獨立探究，自行發現並獲得結論的教學法即稱為探究教學法（Lasley & Matczynski, 1997）。廣義的探究教學法包括歸納探究（inductive inquiry）、問題解決、發現學習法、蘇克曼探究（the Suchman inquiry model）等。這類的教學法是以學生為主體，讓學生主動地進行探索，學生自己根據現有的知識資料，積極的從活動中去找尋問題的答案，進而認識解決問題的方法和步驟（沈翠蓮，2002）。因為是以學生為中心，因此教師在教學過程中只扮演輔助學習或引導的角色。

探究的性質

尋找問題和
解決問題的
過程

同時也是
一種多方面
的活動

根源可追溯
到蘇格拉底
的產婆法

是杜威
所提出的問題
解決步驟

探究教學法的發展

20世紀初，杜威提
出問題解決步驟 ➤

1960年代
課程改革運動 ➤

現代的
探究教學法 ➤

・分別是問題的確定、
假設的建立、資料的
蒐集與分析、結論的
陳述、假設的驗證
・探究教學可以說是將
這些步驟應用在教學
中

・布魯納提出的發現學
習理論
・教導學科不是在增加
學科的知識，而是在
參與獲得知識的過程

・包括歸納探究、問題
解決、發現學習法、
蘇克曼探究等
・以學生為主體，讓學
生主動地進行探索，
進而認識解決問題的
方法和步驟

Unit 8-2
新課綱要培養的探究能力

十二年國教課程總綱提出「以學生為本位」、「素養學習」、「終身學習」、「適性揚才」等教育理念作為核心目標，並指引各領域綱要的研修發展（張茂桂、楊秀菁，2019）。新課綱的亮點為重視「探究與實作」，強調為了改變過去偏重知識內容傳遞的教學現況，希望提升學生高層次思考與實作能力，從中可以強化學生自主學習的意願，有助於發展溝通互動與團隊協作的習慣（教育部，2018a）。

普通型高級中等學校新設「自然科學探究與實作」必修4學分，其學習重點分為「探究學習內容」和「實作學習內容」兩部分。「探究學習內容」著重於科學探究歷程，可歸納為四個主要項目：發現問題、規劃與研究、論證與建模、表達與分享。「實作學習內容」為可實際進行操作的科學活動，例如觀察、測量、資料蒐集與分析、歸納與解釋、論證與作結論等（教育部，2018a）。

相對於「科學探究」，「數學探究」似乎受到較少的關注，文獻指出「數學探究教學」能有效率提升學生的數學解題能力、溝通能力與後設認知能力，並能降低學習焦慮，增進學習效能。數學探究可簡單解釋為「問題－過程－解答－延伸」的整體程序，是發現問題、思考問題與解決問題的過程。數學的探究教學包含以下流程：

1. 由老師或學生布題。
2. 學生在小組中工作。
3. 教師要求學生提出具說服力的論證。
4. 學生討論這些論證。

因此，教師在數學探究教學中的工作是：要求解釋、要求澄清與示範、要求小組提出論證、布新的問題。而學生的工作是：發表想法（ideas）、問彼此問題、在討論中挑戰或精煉想法（林勇吉、秦爾聰、段曉林，2014）。

當代的探究式學習的原型，雖然起源於實驗科學，強調動手、動腦，著重於以物質變化為中心的實證研究與因果分析，但是社會科亦相當重視探究能力培養。在各教育階段課程中，社會領綱都設計了形式多元的探究學習、探究實作，例如歷史科的探究稱為「歷史考察」，地理科則是「田野觀察」、「田野訪查」，公民與社會則是以對話、價值釐清為主的課堂實作，以培養學生主動建構知識體系的能力（黃茂在，2019）。由此可知，新課綱對於探究與實作能力的培養的重視。

新課綱的探究與實作

數學探究：提升學生的數學解題能力

「自然科學探究與實作」必修4學分

社會領綱多元的探究學習、探究實作

自然科學探究與實作

探究學習內容

著重於科學探究歷程

四個主要項目：發現問題、規劃與研究、論證與建模、表達與分享

實作學習內容

為可實際進行操作的科學活動

包括觀察、測量、資料蒐集與分析、歸納與解釋、論證與作結論等

169

數學探究的教學流程

由老師或學生布題 → 學生在小組中工作 → 教師要求學生提出具說服力的論證 → 學生討論這些論證

Unit 8-3
探究教學法的特徵

以探究學習的觀點進行的教學模式即是探究教學，而實施探究教學主要著重在引導學生發展出能主動發現及解決問題的能力。探究教學依據學生在科學學習的自主性或教學者介入的程度，可以區分為：驗證性的探究（confirmation inquiry）、結構化的探究（structured inquiry）、引導性的探究（guided inquiry），以及開放性的探究（open inquiry）（鐘建坪，2010）。有效的探究教學法應能培養學生科學探究、問題解決、高層次的思考和推理過程等能力，其中科學探究能力包含：界定問題的能力（包含發現問題、提出問題、定義問題）、設計規劃的能力（包含蒐集資料、設計實驗）、實作驗證的能力（包含進行實驗、觀察、操作及記錄）、分析解釋的能力（包含分析資料、歸納及解釋實驗結果）與溝通辯證的能力（包含溝通與批判能力）（洪文東，2007）。因此探究教學需具有以下的特徵（essential features），才能成為有效的探究教學（謝州恩、吳心楷，2005；鐘建坪，2010）：

一、學習者提出或討論科學取向的問題

學生有機會提出有興趣的、可被回答的研究問題，並試著透過觀察、實驗、蒐集並使用資料等方法來解釋科學現象。

二、學習者能根據問題廣泛地蒐集證據

科學和其他方法所不同的是能提供許多實證的證據，作為解釋自然世界的基礎。精確的證據蒐集是經由檢視儀器、重複觀測或蒐集相同現象中的不同資料。

三、學習者從證據中形成解釋來回答問題

科學解釋是基於推理而來，科學解釋要提供原因給結果，並建立證據和邏輯論證的關係。

四、學習者能評鑑自己和他人的解釋

學生在解釋過程中應評鑑解釋，並可能會排除另有解釋、修正解釋。

五、學習者能溝通與辯護所提出的解釋

學生在溝通解釋的過程中，需要清楚的描述問題、程式、證據、提出解釋並檢視其他可能的解釋。分享解釋能使學生彼此發問，並幫助學生利用證據來強化論點，建立科學知識與解釋之間的關聯。

總之，探究教學的特徵也就是教學過程要讓學生有探索（exploration）、解釋（explanation）與交流（communication）的經歷，讓學生獲得觀察、質疑、假設、預測、操作、提出問題、追尋答案等經驗。因此教育學者發展出如5E探究、POEC（預測、觀察、解釋、比較）等教學法（洪振方，2003）。以下單元將分別介紹幾種常用的探究教學法。

探究教學法的類型

- 驗證性的探究
- 開放性的探究
- 結構化的探究
- 引導性的探究

探究教學法的類型：依學習的自主性而分

科學探究能力種類

界定問題的能力

- 發現問題
- 提出問題
- 定義問題

設計規劃的能力

- 蒐集資料
- 設計實驗

實作驗證的能力

- 進行實驗
- 觀察
- 操作及記錄

分析解釋的能力

- 分析資料
- 歸納及解釋實驗結果

溝通辯證的能力

溝通與批判能力

探究教學法的特徵

1. 學習者提出或討論科學取向的問題
2. 學習者能根據問題廣泛的蒐集證據
3. 學習者從證據中形成解釋來回答問題
4. 學習者能評鑑自己和他人的解釋
5. 學習者能溝通與辯護所提出的解釋

Unit 8-4
科學探究模式

前文提到探究教學可以區分為四類，驗證性的探究是教師將問題、操作方法及步驟、答案都提供給學生，學生只需依步驟進行操作。結構化的探究是教師提供問題、操作方法及步驟給學生，學生依步驟進行操作，來學得原本「未知」的答案。引導性的探究是教師提出的問題，學生必須自己分析、理解，藉此設計出實驗的方法、步驟來解決問題，以獲得其中的相關知識。開放性的探究是學生自行探索與主題相關的問題，問題的形成或解決步驟皆由學生自己設計（Bell, Smetana, & Binns, 2005）。

施瓦布（J. J. Schwab）鼓勵教師使用「探究過程」進行教學，稱之為「探究如何探究」，他對於「生物科學課程研究」（Biological Sciences Curriculum Study，簡稱BSCS）有極大的貢獻，其提倡的教學法被後來的課程發展者所仿效（洪振方，2003）。學生應用科學家探討科學的方法來學習自然科學的教學型式，即稱為「科學探究模式」（scientific inquiry model）。施瓦布（Schwab, 1962）在發展生物科學課程時，設計了「探究的邀請」（invitations to inquiry）一系列的活動單元，每單元都含有一個主要概念和一個過程主題（即科學方法），順序的安排由易至難。每一單元所設計的探討實例分為四個階段（Joyce, Weil, & Calhoun, 2008）：

1. 教師提出探究範圍及提示探究方法。
2. 學生組織問題。
3. 學生確認探究的問題。
4. 學生提出解決問題的方法。

科學探究模式屬引導性的探究，由教師帶領學生一步一步地探討問題，教師使用發問引導學生依據事實找出問題，經蒐集資料及驗證假設之後，再針對問題提出數據加以解釋並得到結論（李明堂、郭明堂，1995）。楊秀停和王國華（2007）針對國小自然科設計植物、小水滴的旅行、水溶液的性質等三個單元，進行引導式探究教學。第一單元帶學生到校園中觀察記錄植物的根、莖、葉等部位，並逐步引導學生思考實驗設計。第二單元探討為何水倒在地上後，過了一陣子會乾掉，教師引導學生嘗試設計一個小實驗證明水蒸氣變成小水滴的實驗，因此過程中不斷地以問題提示學生，並從學生的回答中進一步導引學生思考。第三單元則由學生自行設計酸鹼指示劑以檢驗溶液的酸鹼性。當學生在探究過程中遭遇困難，教師不直接給予答案，而是提供學生思考的線索及可能的情形，讓學生從討論與反思中學習。

科學探究流程

教師提出探究範圍及提示探究方法	學生組織問題	學生確認探究的問題	學生提出解決問題的方法
為何水倒在地上後會乾掉	・學生分組討論分析 ・教師以問題提示學生	教師從學生的回答，進一步導引學生思考	引導學生設計小實驗證明水蒸氣變成小水滴

引導性探究特徵

科學探究模式屬引導性的探究

引導性的探究是教師提出的問題，學生必須自己分析、理解，藉此設計出實驗的方法、步驟來解決問題，以獲得其中的相關知識

由施瓦布（Schwab）所提出，使用「探究過程」進行教學，亦稱為「探究如何探究」

教師帶領學生一步一步地探討問題，教師使用發問引導學生依據事實找出問題，經蒐集資料及驗證假設之後，再針對問題提出數據加以解釋並得到結論

Unit 8-5
五E探究教學模式

五E探究教學模式（BSCS 5E instructional model）是將施瓦布發展出的科學探究模式加以改良而成，其教學歷程分成五個階段，分別是參與（engagement）、探索（exploration）、解釋（explanation）、精緻化（elaboration）、評量（evaluation）。這種教學模式是以學生為主體，教師是引導協助者的角色，強調知識的主動建構。各階段的教學重點如下（黃欣玲，2008；Bybee et al., 2006）：

一、參與

教師利用提出問題來誘發學生對問題的反應，以引發興趣和好奇。藉由事先設計的教學活動引發學生的學習興趣，使學生能夠主動參與教學活動。此活動主要利用提問、定義問題與呈現矛盾的結果等方式，引出探討主題的方向，並且將其過去的經驗與課程內容相連接，著重學生在學習過程中思考的歷程。

二、探索

教師需給予學生充分的時間進行活動探索，經由動手操作，建構共同且具體的經驗。鼓勵學生以小組合作，並以問題引導探索，而不給直接的指導。過程中應觀察並留意學生的反應，若有必要則再問一些試探的問題；協助學生解決問題時亦不要直接給答案，而是扮演引導者或諮商者的角色。

三、解釋

此階段讓學生針對欲探究的科學問題進行解釋及說明理由，教師則適時引導學生討論澄清錯誤觀念並簡要介紹科學理論。教師先鼓勵學生解釋概念或用自己的話作定義，並要求學生提供證據及做更深入的說明。當學生有不清楚的概念時，教師以學生過去的經驗為基礎，適時引進科學概念，引導學生進入下一階段的活動，目的是讓學生發表對概念或操作過程的了解。

四、精緻化

透過質疑、複習，促使學生使用正確的定義及解釋新的概念，並能應用、延伸概念及技能至新的情境。重視學生之間的互動，教師需營造一個學習環境，能使學生小組討論及相互合作，能夠彼此分享想法，並適時給予回饋，以建構學生的理解，且重視學生是否能對概念的理解應用於新的情境或問題中。

五、評量

鼓勵學生評估自己的理解力和能力，教師運用正式和非正式的評量程序來評估學生達成教育目標的情形，學生也有機會檢驗其在新情境下學習的遷移能力。在學生進行探索與解釋後，給予回饋是很重要的，因此教師在每個階段的活動中，都要進行形成性評量，以評估學生對新概念和技能的學習及應用情形。

五E探究教學的定義

又稱五E學習環（5E Learning Cycle）	模式改編自生物學的科學探究模式	將教學過程劃分為五個緊密相連的階段，引導學生像科學家一樣思考和學習

五E探究教學流程

參與（engagement）：引發興趣和好奇

教師提出問題誘發學生對問題的反應	將學生過去的經驗與課程內容相連接

探索（exploration）：動手操作

教師以問題引導學生探究	協助學生解決問題時不直接給答案

解釋（explanation）：對問題進行解釋及說明理由

教師鼓勵學生解釋概念或用自己的話作定義	教師以學生過去的經驗為基礎，適時引進科學概念

精緻化（elaboration）

教師透過質疑、複習，使學生能正確定義、解釋新的概念	並能應用、延伸概念及技能至新的情境

評量（evaluation）

教師評量學生達成教育目標的情形	學生評估對新概念和技能的學習及應用情形

Unit 8-6
五E探究教學的實例

陳均伊、張惠博（2007）以國中生為研究對象，進行自然領域「摩擦力」單元的探究導向教學，採用五E探究教學模式與小組合作學習的策略，以營造能協助學生主動探索的學習環境，讓學生透過教師教學演示的觀察，提出可能影響摩擦力大小的因素，再據此自行設計實驗加以驗證。茲節錄其教學流程如下：

一、參與

（一）教師演示

1. 先將兩本課本開口互相面對，使頁與頁交叉重疊後，從左、右兩邊用力拉。然後用橡皮筋由前至後綑綁一圈，再次從左、右兩邊用力拉。
2. 將一塑膠罐平放於桌面上，用粗橡皮筋彈射使其滾動。然後在桌面上平鋪一條毛巾，並將橡皮筋拉開至與前面相同之長度，請學生預測其是否能滾動？
3. 教師提問：從上述活動中，你可以想到什麼？

（二）學生活動

觀察教師示範後，2位學生一組，自由改變課本頁面的重疊方式，並感受拉開課本所需力量的差異。

二、探索

（一）教師活動

透過參與階段的學生體驗活動，引導學生探討影響物體啟動難易的因素，並進行實驗設計，以驗證其想法。教師提供事先準備的器材供學生選用，亦鼓勵學生就地取材或提出需支援的器材。

（二）學生活動

各組學生針對影響物體啟動難易的因素進行討論，並形成假設。接著著手進行實驗設計與操作，以及記錄小組實作的成果，並製作投影片，以準備在解釋階段中進行實驗結果發表。

三、解釋

（一）教師活動

請各小組學生上台報告他們的實驗結果與解釋，並引導學生進行概念澄清。之後教師介紹靜摩擦、最大靜摩擦、動摩擦等名詞之定義。

（二）學生活動

學生進行實驗結果報告，以及聆聽同儕及教師的解釋，遇問題提出質疑。

四、精緻化

（一）教師活動

針對現有的資料與數據，問學生：你已經知道什麼？你想如何改良先前的設計？教師並說明課後個人報告書寫格式及評分標準。

（二）學生活動

各組綜合同學的資料，提出不同的想法，並說明改良實驗的可能方式。學生於課後撰寫個人報告。

五、評量

（一）教師活動

批閱學生所撰寫的課後報告，並從中尋找學生改變其想法或行為的證據。

（二）學生活動

經由課後報告具體呈現自己對於概念與技能的理解，並以實例說明自己的成長與進步。

五E探究教學的實例

學生透過教師教學演示的觀察 ➕ 提出影響摩擦力大小的因素 ➕ 自行設計實驗驗證 ＝ 五E探究教學

摩擦力為例的探究教學流程

參與
・教師演示摩擦力事例後提問
・觀察示範後，2位學生一組，感受拉開課本所需力量的差異

探索
・教師引導學生探討影響物體啟動難易的因素，並進行實驗設計
・學生針對影響物體啟動難易的因素進行討論及形成假設，並進行實驗設計與操作

解釋
・請各小組學生上台報告他們的實驗結果與解釋
・教師介紹靜摩擦、最大靜摩擦、動摩擦等名詞之定義

精緻化
・教師針對資料與數據，對學生提問：如何改良先前的設計？
・學生綜合資料後說明改良實驗的可能方式，並於課後撰寫個人報告

評量
教師批閱學生所撰寫的課後報告，並從中尋找學生改變其想法或行為的證據

第八章 探究教學法

177

Unit 8-7
探究訓練模式

探究訓練模式（inquiry training model）是由美國教育學家蘇克曼（J. R. Suchman）所提倡的，其模式是透過觀察、分析物理學家的創造性探索活動之後，與教學因素結合而成的教學法，遵循「問題－假設－驗證－結論」的程序，在課堂上展開討論和對話，透過對話進行探究方法和思維方式的訓練（Suchman, 1962）。因這種教學模式屬於高結構化的探究教學，大部分活動由教師所控制，愈是困擾或迷惑學生的問題，教師只要引導得當，學生就能學得很好，接著再鼓勵學生提出具體的問題，並協助其分析問題，尋求資料以了解問題的本質，再提出假設，最後依據資料驗證假設是否成立。以下說明教學流程（Arends & Kilcher, 2010; Joyce, Weil, & Calhoun, 2008）：

一、挑戰問題

首先向學生說明探究過程及呈現探究問題和矛盾事件（present inquiry problem and discrepant event），這是利用某種矛盾現象或事件來引起學生探究動機。由於矛盾的事件會使觀察者產生疑惑，進而想去探求事件的真相。除矛盾事件外，令學生困惑、神祕的、與生活有關的問題或事件，都適合成為探究的問題。例如動物如何溝通？鯨魚如何溝通？

二、蒐集資料－驗證

第二個階段是協助學生認識問題和產生假設，並蒐集資料進行驗證（data gathering-verification）。學生第一個需學習的探究技巧就是問問題，因此在此階段，可以鼓勵學生踴躍提問，但學生提出的問題必須能用「是」或「不是」來回答，不能要求教師對問題作太多的解釋，如此一來，學生可以對假設提出初步的解釋。

三、蒐集資料－實驗

第三階段是持續蒐集資料和執行實驗（data gathering-experimentation）以考驗假設是否成立，所以此階段要建立解決問題的假設。通常實驗有探索和直接驗證兩個功能，所謂探索是改變某些事項看看會發生什麼事，不一定要依照理論或假設的引導，而直接驗證則是蒐集多種資料驗證假設是否成立，接受假設則進行下個步驟，拒絕假設則再回到蒐集資料階段，直到全班接受假設為止。

四、組織及形成解釋

如果學生有足夠的時間蒐集資料和做實驗，則可將資訊加以組織並形成解釋（organizing, formulating an explanation），並進一步發展成通則。

五、分析探究歷程

教師要求學生分析探究的歷程（analysis of the inquiry process）中有哪些地方可以改善，例如發問是否有效？資料是否不足？在教師的引導下，鼓勵學生自由地交換意見。

探究訓練模式定義與特徵

美國教育學家蘇克曼（Suchman）所提倡的，屬於高結構化的探究教學	透過觀察、分析物理學家的創造性探索活動之後，與教學因素結合而成的教學法
遵循「問題—假設—驗證—結論」的程序，在課堂上展開討論和對話	大部分活動由教師所控制及引導

第八章 探究教學法

探究訓練模式的流程

挑戰問題：呈現探究問題和矛盾事件

矛盾事件會使學生產生慾望，想去探求真相	或是困惑的、神祕的、與生活有關的問題

蒐集資料—驗證：認識問題和體驗假設

鼓勵學生提出用「是」或「不是」回答的問題	教師對問題不作太多的解釋

蒐集資料—實驗：持續蒐集資料和執行實驗

此階段要建立解決問題的假設	以探索和直接驗證方式驗證假設是否成立

組織及形成解釋

將上述資訊加以組織並形成解釋	進一步發展成通則

分析探究歷程

學生分析探究的歷程中有哪些地方可以改善	鼓勵學生自由地交換意見

Unit 8-8
團體探究法

團體探究法（group investigation）是由沙朗（Sharan & Sharan, 1992）發展出來的合作學習法，主要依據杜威「學生為中心」的教育理念，提供學生廣泛而多樣的學習經驗。這是一種以問題為導向的學習，認為透過團體討論與對話，共同探索問題，有助於發展分析推理、獨立思考能力，並藉此培養表達與反省之能力。團體探究法的班級教學結構有四個主要特性：

1. 將學生依其興趣編組成「研究小組」，讓各個小組選擇不同的研究主題。
2. 使用多樣的學習作業，由學生分工合作探究，增進小組成員的相互依賴。
3. 學生間進行主動、多項的溝通，除蒐集資料外，學習尚需運用主動學習技巧，與小組同學共同進行計畫、協調、評鑑、分析與統整活動。
4. 教師必須採用間接的班級領導方式，與小組溝通並輔導小組探究（簡妙娟，2003）。

團體探究法適用於蒐集、分析、綜合資料以解決相關的學習問題，例如環境保護的探討，這是屬於開放式的探究教學法，也稱為非指導式探究（free discovery），小組成員必須從事資料的蒐集、分析、歸納，並參與討論，最後獲得答案解決問題。團體探究的教學過程可分成六個階段（簡妙娟，2000；黃政傑、林佩璇，1996；Slavin, 1995）：

一、確定主題並組織研究小組

先由教師說明主題，再由全班討論決定次主題（subtopics），學生根據自己興趣選擇次主題，形成探究小組，每一小組盡可能安排成包括不同能力的異質小組。

二、計畫小組探究活動

在教師指導下，由各小組成員預先計畫其學習目標、步驟、採用的方法及工作分配等。各組列出小組工作單，包括研究主題、小組名單、工作分配及所需要的資源。

三、進行探究

小組成員蒐集、分析及組織資料後進行討論，形成暫時性的結論。

四、準備報告

各小組成員統整所獲得的資料，並準備呈現學習結果，每一小組指派一名代表上台報告。

五、呈現報告

各組將探究成果向全班發表，可採用各種不同的創意方式，如短劇、辯論、角色扮演、口頭報告等方式。

六、學習評鑑

重視高層次的學習結果，例如應用、分析、推理能力的表現，以及情意經驗的表現，例如動機和投入的程度。評鑑的方式由師生共同編擬，教師可根據學生在全部探究活動中使用的探究及合作技巧進行個別評鑑。

團體探究法定義與特性

團體探究法定義

依據杜威「學生為中心」的教育理念，提供學生廣泛而多樣的學習經驗

一種以問題為導向的學習，透過團體討論與對話，共同探索問題，有助於發展分析推理、獨立思考等能力

屬於開放式的探究教學法，也稱為非指導式探究

團體探究法特性

將學生編成「研究小組」，各個小組選擇不同的研究主題

使用多樣的學習作業，由學生分工合作探究，增進小組成員的相互依賴

學生間進行主動、多項的溝通，除蒐集資料外，小組同學共同進行計畫、協調、評鑑、分析與統整活動

教師必須採用間接的班級領導方式，與小組溝通並輔導小組探究

團體探究法流程

確定主題並組織研究小組
學生根據興趣選擇主題，形成探究小組

計畫小組探究活動
各小組預先計畫學習目標、步驟、採用方法及工作分配等

進行探究
小組成員蒐集、分析及組織資料，形成暫時性的結論

準備報告
每一小組只派一名代表上台報告

呈現報告
將探究成果向全班發表

學習評鑑
由師生共同編擬評鑑的方式

Unit 8-9
概念獲得教學模式

概念的教學設計可分為兩種模式：演繹式及歸納式概念教學模式。前者屬直接教學模式，其步驟如下：1.教師介紹概念的定義；2.確定概念的重要屬性或特徵；3.教師提出正例與反例；4.教師提出其他例子，由學生加以歸類為正例或反例；5.由學生自行發展出另外的正例與反例（王雅觀，2005）。歸納式概念教學模式屬於探究式的教學法，又稱為「概念獲得教學模式」。所謂概念獲得就是透過對範例進行觀察，從中區分出肯定和否定範例，並根據肯定範例判斷出某一事物的本質特徵的過程。這種教學主張利用了「歸納法」（inductive approach）的原理，讓學生先行認識某種觀念的實例或特性，然後自行去下定義，從而發現某種概念的意義（曾琦等，2006）。概念獲得教學模式通常由以下幾個階段組成（林進材，2006；沈翠蓮，2002；胡秀威，1999；Arends, 2009; Lasley & Matczynski, 1997）：

一、概念的確認

運用概念獲得教學模式進行教學的，應該是比較重要的概念，而且該概念應該具有比較清晰的屬性。所選的概念必須具有與其相似的概念相區別的明顯特徵，而且所選的概念必須是可教的（teachable），教師所選擇的概念必須有一個令人滿意的、學生可以理解的定義，而這個定義不一定是來自於教科書。

二、範例的確認

向學生提供概念的範例，範例包括正例（positive examples）和反例（negative examples），正例要包含概念所有必備的重要屬性，反例則不必包含必備的重要屬性。在教學中，教師以不同的方式呈現正、反例，有意識地引導學生去發現概念的一些重要屬性。

三、假設的提出與驗證

在概念獲得教學模式中，學生必須在教師的幫助下，自己建構對概念的理解，並確認概念的一般屬性及正確的概念定義。例證的確認與假設的提出是循環的過程，它包括學生對例證的觀察、分析、比較和對照，然後提出假設並加以驗證。教師可以額外提供正、反例，讓學生繼續形成假設，以幫助學生在分析足夠數量的範例後，能識別出概念的所有重要屬性，並排除先前建立的錯誤假設。

四、概念的精緻化

教師在課堂上應留出一點時間，對於假設及範例進行複習，並幫助學生對概念的理解。教師可要求學生對概念基本屬性的正、反例加以描述，以了解學生對於概念的重要屬性的理解程度。

演繹式概念教學模式

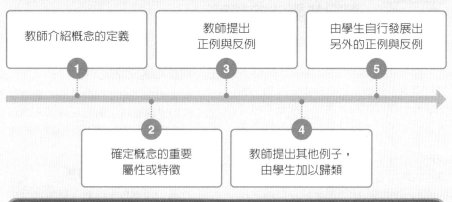

教師介紹概念的定義	教師提出正例與反例	由學生自行發展出另外的正例與反例
①	③	⑤

②	④
確定概念的重要屬性或特徵	教師提出其他例子，由學生加以歸類

概念獲得教學模式的特徵

屬歸納式概念教學模式，利用了「歸納法」的原理

定義 透過對範例進行觀察，從中區分出肯定和否定範例，並根據肯定範例判斷出某一事物的本質特徵的過程

教學時讓學生先認識某觀念的實例或特性，然後自行下定義，從而發現某種概念的意義

概念獲得教學模式的流程

概念的確認	・比較重要的概念，且概念應該具有比較清晰的屬性 ・所選的概念必須是可教的
範例的確認	・向學生提供概念的範例，範例包括正例和反例 ・教學時，教師以不同的方式呈正、反例，引導學生發現概念的重要屬性
假設的提出與驗證	・例證的確認與假設的提出是循環的過程，範例教學後要求學生提出假設加以驗證 ・教師可以額外提出正、反例，讓學生繼續形成假設，讓學生能識別出概念的所有重要屬性
概念的精緻化	・對於假設及範例進行複習，並幫助學生對概念的理解 ・請學生對概念基本屬性的正、反例加以描述，以了解學生的理解程度

Unit 8-10
探究教學法的評論

探究教學與傳統教學，其間最大的差別並不在於是否有動手的活動，而是在於所學習的知識內容，究竟是由老師告訴學生的，還是學生自己找到答案的（李田英，1998）。探究教學著重於過程，由學生自己去發現答案，生產知識，不僅培養了學生具備多項核心素養的能力，例如系統思考與解決問題、規劃執行與創新應變，更增加了各領域或學科教學的廣度，這也是探究教學法日益受到重視的原因。整體而言，探究教學法具有以下的優點：1.提升學生的學習興趣；2.引導學生主動建構知識；3.培養學生的問題解決能力；4.促進和他人溝通的技巧（楊建民，2009）。

由於探究教學法本身在理論和實際上存有一些困難和限制，也引起學者的批評，這些批評有以下幾點（陳欣蘭，2007；楊建民，2009）：

一、高度結構化的探究教學法易陷於機械化

無論從內容目標或過程目標來看，有些探究教學法是高度結構化的，教學步驟嚴謹且環環相扣，例如教師要成為發問的專家、以發問代替回答問題等，探究教學法也因而易陷於機械化的歷程。

二、在應用上仍以自然科為主，其他學科使用不普遍

探究教學法大多以自然科為主，語文科及社會科使用的範圍較小，如何讓學生能動手蒐集資料、分析資料，進而解決問題，這是教師在課程設計上要多花點心思的地方。

三、需要相關資源來支持

探究教學法需要用到較多的教學資源，例如實驗器具、圖書、電腦、網路和相關軟體等，學校是否有相關的經費可支持？

四、需要花較長的時間實施

在進行探究教學活動，學生進行小組討論，而討論溝通的過程需花較長的時間，導致所教的教材內容常無法符合課程進度。

楊建民（2009）提到推廣探究教學可能會遇到以下的困難：

1. 教師的認知與經驗不足：教師對實施探究教學可能會有不正確的認知，因而擔心無法預知結果，或不能控制教室的秩序及教學活動。
2. 無法輕易地改變教師的授課習慣：可能是因為教師缺乏自信、害怕改變，甚至認為改變是冒險的，以至於保守地維持一貫的教法。
3. 學生學習習慣上的限制：學生的學習習慣依舊處於被動，不願意主動思考，或擔心說錯話，因此不愛上台發表意見或參與討論。

探究教學法的優點

1 提升學生的學習興趣

2 引導學生主動建構知識

3 培養學生的問題解決能力

4 促進和他人溝通的技巧

探究教學法的批評和實施上的困難

批評

◆ 高度結構化的探究教學法易陷於機械化

◆ 在應用上仍以自然科為主，其他學科使用不普遍

◆ 需要相關資源來支持

◆ 需要花較長的時間實施

實施上的困難

◆ 教師的認知與經驗不足

◆ 不能控制教室的秩序及教學活動

◆ 無法輕易地改變教師的授課習慣

◆ 學生學習習慣上的限制

第 **9** 章

問題導向學習及相關教學法

●●●●●●●●●●●●●●●●●●●●●● 章節體系架構 ▼

Unit 9-1
問題導向學習法的意義與發展

本章將探討問題導向學習（problem-based learning, PBL）、專題本位學習（project-based learning）及案例教學法三種教學法，因其性質相近，故在同一章中探討。

問題導向學習與案例教學法有不少的共同點，因為兩者皆源自醫學教育，均強調以學習者為中心的合作學習，也是一種跨學科領域的學習模式，皆著重在培養學生高層次的思考能力、問題解決的能力。兩種教學模式另一共同點是在教學活動中，教師是引導者、協助者，而學生是學習的主導者。傳統教學模式偏重知識的習得與熟練，對於反思、批判思考、科學探究及問題解決能力則是付之闕如，問題導向及案例教學正好可以彌補學習上的不足。然而這兩種教學模式所付出的成本比較高，教學前要花比較多的時間做準備，導致中小學教師比較少使用，而高等教育領域則比較重視這兩種教學模式。

而問題導向學習與專題本位學習，儘管這兩種教學法皆以PBL指稱，雖有許多共同處，但是各自有其優勢和特定操作方式。兩者的共同點在於都是以問題引導學生，激發學生主動學習的動機，以團隊合作方式形成問題的解決策略；相異點在於前者比較強調學生主動搜尋吸取知識，後者則重視知識的整合運用和產生具體作品（楊淳皓，2017）。

問題導向學習或譯為問題本位學習，源自於醫學教育，由巴洛斯（H. S. Barrows）於1969年在加拿大McMaster大學首創，曾將其應用在醫學院的學生訓練方面，對於培養學生實際問題解決能力，效果相當顯著（吳清山、林天祐，2005），後來國外的高等教育的醫學教育、機械工程、商業會計、律師等領域相繼採用此種教學法。國內自1992年起由各醫學院系開始實施，現已陸續擴及一般大學各科系與中小學（楊坤原、張賴妙理，2005）。

問題導向學習是透過真實生活形成的問題，在班級內進行小組教學及促進學習者之自我導向學習，在學習過程中，教師居於催化、引導之角色（Tam, 2001）。其教學設計圍繞著「不良結構性」（ill-structured）和真實性的問題情境，再以合作學習的方式，讓成員在學習中培養核心素養所列的能力。所謂不良結構問題是指複雜、開放，沒有固定的解法和標準答案，能引發創造、批判等高層思考，且與學生的經驗、先備知識相結合（楊坤原、張賴妙理，2005）。

問題導向學習法的意義

透過真實生活形成的問題,在班級內進行小組教學及自我導向學習

在學習過程中,教師居於催化、引導之角色

教學設計圍繞著「不良結構性」和真實性的問題情境

問題導向學習法的發展

源自於醫學教育,由巴洛斯(Barrows)於1969年首創

對於培養學生問題解決能力效果相當顯著

國內自1992年起由各醫學院系開始實施

跨學科領域的學習模式

著重培養高層次的思考能力、問題解決的能力

所付出的成本比較高

問題導向學習可達成的教學目標

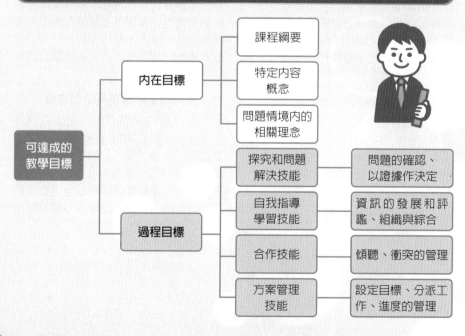

Unit 9-2
問題導向學習法的特徵

雖然問題導向學習常被視爲一種教學方法，但這種教學並非爲一種固定流程的教學法，其教學設計會因教師之專長而有差異，但是眞正的問題導向學習一定要具有以下的特徵（李坤崇，2012；計惠卿，2005；Arends & Kilcher, 2010）：

一、以問題激發學習

問題導向學習是圍繞那些既有社會意義及對學生個人有意義的問題來組織教學，而不是圍繞具體學科知識和技能。而問題必須是實際的生活情境、有價值的，可引發學習動機的，讓學習者針對問題加以辯論、討論、懷疑、舉證等。

二、跨學科的觀點

問題導向的學習內容可以集中在一個特定的學科領域，但因爲問題是眞實性的，而要解決這些問題，學生需要採用跨學科的觀點，也就是統整運用多種學科的知識。

三、真實性的探究

問題導向學習要求學生進行眞實性的探究，他們必須分析、界定問題、提出假設、做出預測、蒐集資訊、分析資訊、做實驗、進行推論、得出結論，所採用的探究方法視主題的性質而定。

四、重視自我導向學習

學生在PBL課程中，擁有學習的自主權、主控權，除知覺自己是學習的主體外，更要爲自己以及小組其他成員的學習負責。這種教學模式重視學生自我導向學習（self-directed learning），強調學生學而非教師教。

五、產品、作品、展示和呈現

問題導向學習要求學生做產品、作品及進行展示，以不同形式來呈現學習成果，可以是一場模擬辯論，也可以是一場報告或電腦程式等，學生設計的成果是爲了向他人說明自己學了什麼，也方便教師、同儕進行實作評量。

六、小組合作

問題導向學習是以學生之間的合作學習爲特徵，小組成員數目大約是4至6人。除增加共同參與探究以及對話交流的機會，也增加了發展社會技能的機會。問題導向學習重視主動建構與分享的學習歷程，學習者可從學習活動中組織出概念與原則，最後並經由分享與推論，獲致問題的解決方案與相關的認知理解。

七、教師扮演學習歷程之促進者

在問題導向學習中，教師只擔任學習協助者或教練的角色，提供必須的學習指引與資源提示，但是不會給予講課或直接知識的傳遞，也沒有課後複習與習作，乃是協助學習者從自我探索和解決問題的過程中，逐漸累積豐富的知識。

問題導向學習法的特徵

以問題 激發學習	・圍繞那些既有社會意義及對學生個人有意義的問題來組織教學 ・問題必須是實際的生活情境、有價值的，可引發學習動機
跨學科 的觀點	要解決這些問題，學生需採用跨學科的觀點，也就是統整運用多種學科知識
真實性 的探究	分析、界定問題、提出假設、做出預測、蒐集資訊、分析資訊、做實驗、進行推論、得出結論等
重視自我 導向學習	學生擁有學習的自主權、主控權
產品、作品、 展示和呈現	・以不同形式來呈現學習成果 ・成果是為了向他人說明自己學了什麼，也方便教師、同儕進行實作評量
小組合作	增加共同參與探究以及對話交流的機會，也增加了發展社會技能的機會
教師扮演學習 歷程之促進者	・教師只擔任學習協助者或教練的角色 ・不會給予講課或直接知識的傳遞

自我導向學習

哲學概念源自於美國心理學家馬斯洛（Maslow）的自我實現需求層次說，以及羅吉斯（Rogers）的人本學習論，主張個體具有主動及持續自我發展的傾向

自我導向學習定義為一種歷程，是個體在有他人或無他人幫助的情形下，由自己發動的學習

其歷程包含五個步驟：1.診斷學習需求；2.形成學習目標；3.確認學習上可用的人力或物質資源；4.選擇及執行適當的學習策略；5.評量學習結果

Unit 9-3
問題導向學習法的理論

問題導向學習的理論可以追溯到杜威的問題導向教學，但最主要的影響來自認知心理學及建構主義的學習理論。以下分別敘述之（楊坤原，2008；Arends, 2009; Cheong, 2008）：

一、認知心理學的學習理論

認知心理學派的訊息處理理論、發現學習理論及後設認知理論，均對問題導向學習的理論建構產生影響，與探究教學法相同的是發現學習理論，訊息處理理論及後設認知理論亦是此教學法的重要依據。

（一）訊息處理理論

根據訊息處理理論，訊息自外在環境透過接受器（receptors）後，在感覺記錄器稍作停留後形成短期記憶。經過編碼過程後，短期記憶中的訊息會轉變成適當的形式，送到長期記憶中做永久的儲存。長期記憶中所存的訊息是日後學習的基礎，外在環境所提供的線索有助於長期記憶中的知識檢索，活化存於長期記憶中的相關訊息，可促進新舊知識的連結，使之能遷移至相似的情境。在進行問題導向學習的歷程時，學生需先討論問題，其目的即在幫助學生活化先前知識，促進知識的精緻化（elaboration），甚而導致知識的調整與重建。

（二）後設認知理論

後設認知（metacognition）意謂一個人對自我的認知過程、結果的覺知、自我調整及自我監控等技能，涵蓋認知的知識（knowledge about cognition）與認知的調整（regulation of cognition）。葛拉瑟（Glaser, 1991）認為學習是建構而不是接受的過程，後設認知影響到知識的使用，而社會和情境因素也會影響到學習，學生可以使用後設認知的技能來調整和監控各項學習的活動。在問題導向學習的情境中，學生可藉由學習議題的選定、行動策略的規劃和對學習成果的評鑑等方式，來發展自己的後設認知技能。教師於教學過程中，透過發問引導學生反省學習歷程表現，亦有助於提升後設認知的能力。

二、建構主義的學習理論

皮亞傑、維高斯基均發展了建構主義的概念，而當中的許多理論也成為問題導向學習的理論依據，例如主動探索、鷹架作用、最近發展區等。其中社會建構理論提出的情境學習（situated learning）認為知識不能孤立於情境脈絡之外，知識存在社會情境、文化脈絡中，所以教學者應盡量提供一個真實的情境，以利學習者進行學習。例如認知學徒制、錨式情境教學等模式，均強調教學要在真實世界的問題情境之中。

問題導向學習法認知心理學的理論依據

訊息處理理論

提供的線索有助於長期記憶中的知識檢索

促進新舊知識的連結,使遷移至相似情境

討論問題能幫助學生活化先前知識,促進知識精緻化

後設認知理論

使用後設認知的技巧,來調整和監控各項學習活動

藉由行動策略的規劃、對學習成果的評鑑等方式,發展後設認知技能

教師透過發問,引導學生反省學習歷程表現

問題導向學習法建構主義的理論依據

皮亞傑等人

主動探索　　鷹架作用　　最近發展區

社會建構理論

主動學習　　教學要在真實的社會情境中　　知識存在社會情境、文化脈絡中

Unit 9-4
問題導向學習教學前準備

學校傳統教學發展的問題解決技巧，通常不足以因應眞實世界所需，教師在設計問題導向學習必須關注與眞實世界互動及解決結構不良的問題（許淑玫，2005）。在使用這種教學法時，教師要多花點時間在教學準備階段的構思上，教師除進行分組、設計教學評量之外，還要準備以下三件事（林進材，2006；洪志成、洪慧眞，2012；叢立新等，2007；Arends, 2009）：

一、確定教學目標

問題導向學習的教學目標包含了教材目標及過程目標，通常無法每次上課都能兼顧到這些目標，因此只能強調其中一、兩項目標。例如一位教師設計了一堂以環境問題爲主題的課，但是教師的目標並不是要尋求解決環境問題的方法，而是要求學生在網路上搜索與主題相關的資料，以發展學生透過網路檢索的技能。

二、設計適當的問題情境

問題導向學習的基本假設如下：令人困惑、不良結構的問題情境會激發學生的好奇心，能促使學生參與探究，因此教師能否設計適當的問題情境是一個很重要的關鍵。好的問題情境至少滿足五項重要標準：

1. 問題應該與學生現實世界的經驗緊密聯繫在一起，而不是與學科知識相關聯。

2. 問題應該比較模糊，且能造成一種神祕或使人困惑的感覺，模糊的問題就不會只有一個簡單的答案，學生可提出多個解決方案，且每個方案都有優勢和劣勢。

3. 問題對學生來說應該有意義，應該適合學生的智力發展水平。

4. 問題範圍應該足夠廣泛，以允許教師完成教學目標，但是也要有所限制，促使課程在規定的時間、空間和有限的資源內可以落實。

5. 一個好的問題應該能使學生從團體的努力中獲益，而不是受到團體的挫折。中小學教師的課程設計往往直接呈現問題，如土石流、教師遊行、高麗菜過剩、班級環境整潔、地球能源的問題等，再讓學生學習如何解決問題。學生以一般基礎知識作爲解決問題的依據，且問題多不必經驗證。

三、組織資源做好後勤工作

問題導向學習鼓勵學生使用多種資源和工具進行學習，其中一些在教室內學習，另外一些是學生在圖書館或電腦教室內學習，還有一些可能在校外學習。提供組織好的資料，爲學生的探究做好後勤工作，這是問題導向學習教師的主要備課任務。

問題導向學習設計重點

傳統教學發展的問題解決技巧，不足以因應真實世界所需

問題導向學習必須關注與真實世界互動及解決結構不良問題

問題導向學習教學前準備

確定教學目標
- 教學目標包含教材目標及過程目標
- 每次上課只能強調其中一、兩項目標

設計適當的問題情境
- 令人困惑、不良結構問題會激發學生好奇心
- 中小學的課程設計往往直接呈現問題，以一般知識作為解決問題的依據

組織資源做好後勤工作
- 鼓勵學生使用多種資源和工具進行學習
- 可在教室、圖書館、電腦教室或校園學習

195

良好問題的標準

1 問題應該與學生現實世界的經驗緊密聯繫在一起

2 問題應該比較模糊，且能造成神祕或使人困惑的感覺

3 問題對學生來說應該有意義，適合學生的智力發展水平

4 問題範圍應該足夠廣泛，但要在規定的時間內可以落實

5 一個好的問題應該能使學生從團體的努力中獲益

Unit 9-5
問題導向學習的實施

　　問題導向學習的實施，一般分為五階段：1.問題分析階段（problem analysis stage）；2.資料蒐集階段（information gathering stage）；3.綜合階段（synthesis stage）；4.摘要階段（abstraction stage）；5.反思階段（reflection stage）（Barrow, 1985）。以下為實施問題導向學習的教學流程（楊坤原，2008；Arends & Kilcher, 2010; Cheong, 2008）：

一、呈現問題

　　教師需先向全班介紹課程目標與教學步驟，接著教師將一個定義模糊、能引起興趣與好奇的問題呈現給學生。在此階段，教師可以先讓學生就他們對問題的認知作一討論，以產生一系列問題，或是記下對問題的最初想法及假設。此步驟可全班一起討論，或是採用分組討論皆可。

二、小組進行探究的計畫

　　學生經過討論之後對於問題有了初步的認知，接著要求學生提出探究計畫及決定所要蒐集的資料類型。有時教師可以提供標準或檢核表引導學生探究，例如使用包含「想法」（ideas）、「事實」（facts）、「學習議題」和「行動計畫」（action plan）四個欄位的討論框架表，協助小組中的學生列出對問題已知的事實、有待探究的未知部分和提出各種關於問題的想法，進而確定供作自我指引研究的學習議題與行動計畫。每個小組在此階段要完成探究的計畫，包含工作分配、所需資源、預訂完成時間等。

三、執行探究

　　每位學生在選定各自負責的任務後，便開始從網際網路、圖書文獻、教師和學者專家等資源蒐集訊息。有時簡單的問題可以一節課完成，但通常問題導向學習的探究都要好幾天、甚至好幾週才能完成。大部分的情況是學生需將其所蒐集到的文獻或資料加以整理後，再次回到小組與其他成員分享。教師於此階段要控制進度，亦可視情況需要協助學生分析和整理資料。

四、展現學習結果

　　當學生蒐集的資料，經過整理之後提出了解決方案，接著各小組透過口頭報告、書面報告、戲劇表演等方式，將探究結果或答案呈現出來。各小組對全班同學呈現探究結果，內容包括執行過程、方法、發現的結果等項，也會邀請聽眾對其成果給予回饋。

五、小組省思和檢討

　　這是問題導向學習的統整部分，學生要反省在學習過程中學到哪些知識和技能？使用了哪些學習策略？對學習小組有何貢獻？小組成員也要檢討在探索過程中所遭遇到的問題及如何改進，以增進其方案管理的技能。

問題導向學習的實施流程

呈現問題	・教師先介紹課程目標與教學步驟 ・教師呈現定義模糊、能引起興趣與好奇的問題
小組進行探究的計畫	・學生針對問題進行討論,並要求學生提出探究計畫及決定所要蒐集的資料類型 ・此階段要完成探究的計畫,包含工作分配、所需資源、預定完成時間等
執行探究	・學生開始從網際網路、圖書文獻、教師和學者專家等資源蒐集訊息 ・教師要控制進度,視需要協助學生分析和整理資料
展現學習結果	・各小組對全班同學呈現探究結果,內容包括執行過程、方法、發現的結果等 ・透過口頭報告、書面報告等方式,將探究結果或答案呈現出來
小組省思和檢討	・學生反省在家學習過程中學到哪些知識和技能?使用了哪些學習策略? ・學生檢討在探索過程中所遭遇到的問題及如何改進,以增進其方案管理技能

以討論框架表構思探究的計畫

想法(有什麼想法、點子)	事實(已知已有的問題與條件)	學習論題(還需要知道什麼)	行動計畫(我們要做些什麼?)
問題應該怎麼解決?	從問題陳述知道什麼?	要解決問題還要知道什麼?	如何找到解決問題的資料和方法?
此欄要學習者討論對於問題可能解決方案的任何想法	此欄要學習者討論問題陳述中的事實或討論出來的已知事實	此欄要學習者討論必須要知道什麼,才能解決問題,包括需要再推敲、定義、查證和研究的疑問或是需要更進一步了解的論題	此欄要學習者討論如何研究上述的學習論題,包括:可以諮詢的人員、書籍、電子資料、網際網路等

取自張德銳、林縫君(2016,頁5)

Unit 9-6
問題導向學習的實例

以下列舉兩個問題導向學習的教學實例，以加深對此一教學模式的了解。

一、國小自然科

陳淑齡等（2010）設計「植物的繁殖」此一教學單元，教學時間為每週三節，每節40分鐘，共進行六節課，教學流程共分為五個階段：

（一）問題分析階段

透過「種子的果實和種子」動畫引出待解決之問題：你要用什麼方法去延續植物族群？使學生透過討論澄清並確認學習議題。接著藉由學生種植物的經驗分享，引導預測植物延續族群的各種可能策略。

（二）資料蒐集階段

讓學生依據學校資源（圖書及網路）與家庭資源，討論自己小組可以蒐集資料的方法與策略，引導學生依據討論的結果執行資料的蒐集。

（三）綜合階段

每位學生將所蒐集到的資料帶到課堂中與同組學生討論，對所獲得的資訊做出摘錄與評斷，並以海報方式呈現。

（四）摘要階段

藉由讓學生上台與同儕分享的活動，引導學生對任務達成後，所學內容做出總結與摘要的報告。

（五）反思階段

在學生上台與同儕分享的活動後，每組針對自己小組的學習過程進行反思，提出自己的優缺點或改進策略，例如再做一次會做哪些修改？同儕針對分享內容給予評鑑並提出建議。

二、國小五年級「為什麼我們不能玩」

德利爾（Delisle, 1997）提出「學習結構表」的構想，應用於問題導向學習，其內容包含想法、事實、學習議題以及行動計畫四部分。當學習者面對問題時，開始閱讀與思考問題的陳述，檢視小組成員們的想法，並探究相關事實狀態，據此討論及選定學習議題後，開始擬定行動計畫（周天賜譯，2003）。

德利爾以「年幼學生抱怨年長學生不讓他們玩籃球，我們應如何解決這個問題，讓每個人都能玩籃球？」作為問題情境，將小組的探究計畫寫成學習結構表。當學生面臨「年幼生無法使用籃球場」此一問題時，首先即開始激盪小組成員們的想法，提出各種不同的看法以作為問題解決之可能方向。其次，開始從事實狀態的了解、檢視與分析，企圖對與問題密切關聯之周遭現實進行較佳的理解。接著，小組成員們再根據上述之初步想法與事實狀態，討論出欲探究用以解決問題之學習議題；最後再以這些議題為基礎，研擬可行之行動計畫（許淑玫，2005）。

「植物的繁殖」教學實例

問題分析階段
- 透過「種子的果實和種子」動畫引出待解決之問題
- 討論並確認學習議題

資料蒐集階段
- 討論蒐集資料的方法與策略
- 引導學生執行資料的蒐集

綜合階段
- 將蒐集到的資料帶到課堂與組員討論
- 將資訊做出摘錄與評斷，並以海報的方式呈現

摘要階段
- 將資料整理成總結與摘要報告
- 學生上台與同儕分享

反思階段
- 各組組員針對學習過程進行反思
- 提出優缺點或改進策略

「為什麼我們不能玩」問題導向學習結構表

想法	事實	學習議題	行動計畫
一天年長孩子玩，一天年幼孩子玩。 建造另一座籃球場。 告訴年長孩子讓年幼孩子一起玩。 規劃不同的午餐時間。	年長孩子不想讓年幼孩子玩。 年幼孩子想要在籃球場玩。 籃球場非常大。 有很多孩子在遊戲場玩。 有時候會有打架的情形。 必須做建議。	我們可以改變午餐時間嗎？ 遊戲場有多大？ 我們可以有另一座籃球場嗎？ 能指派一個教師在籃球場看年長的孩子玩嗎？ 為什麼年長孩子不讓年幼孩子玩？ 一簍籃球要多少錢？	詢問運動場的老師一簍籃球值多少錢。 詢問年幼孩子他們想要玩多久。 訪談年長孩子為什麼不讓年幼孩子玩。 測量遊戲場的大小。 詢問管理員遊戲場的尺寸。 詢問校長有關於改變午餐時間的問題。 詢問校長有關於指派教師去遊戲場視察的問題。

取自許淑玫（2005，頁70）

Unit 9-7
專題本位學習

問題導向學習經常會與專題本位學習（project-based learning）混淆，雖然兩者強調的方法與精神有許多相似之處，但畢竟是有所差異。專題本位學習即我們常聽到的「專題研究」，理科教師常要指導學生作科展，也就是要指導學生作專題。以往的科展或專題研究大多針對資優生所安排的課程規劃，現在可用在普通班，以合作學習的方式來實施，即稱為「專題本位學習」，適用於各學科或領域。

一、專題本位學習的意義

問題導向學習已經是臻於成熟的教學法，而專題本位學習在班級教學的應用還不夠普遍。專題本位學習的觀念，源自克柏屈（Kilpatrick）的專題教學方法（project method），強調讓學生採取一連串的行動，去解決各種問題（賴慶三、郭榮得，2005）。因此專題本位學習是一種讓學習者探究（investigate）或回應真實並具複雜性的問題或挑戰，以讓學生獲得知識及技能的教學方法，它強調以學習者為中心，讓學生藉由小組合作共同針對一個議題進行探索（王金國，2018）。這個教學法有兩個基本成分：有一個問題組織以驅動所有的學習活動，而且學生的學習活動必須在學期末累積產生一個具體成品來回應學期初的驅動問題（driving question）（楊淳皓，2017）。專題本位學習可以培養學生五項關鍵能力：溝通協調能力、團隊合作能力、複雜問題解決能力、獨立思辨能力、創造力（王金國，2018）。

二、專題本位學習的實施步驟

專題本位學習聚焦於「從事某些事物」（doing about something）來取代單純地「學習某些事物」（learning about something），此與「做中學」的思維有異曲同工之趣。然此並非意指專題本位學習僅在於動手操作，而是指學習者藉由動手操作的過程來主動建構所需的知識。專題本位學習起始於一個「驅動問題」（driving question），驅動問題扮演組織並引導學習者進行研究活動的角色。問題可來自於教師以及學生的經驗、生活現象或當下社會所重視的議題。一個驅動問題如：如何建構出一台太陽能車？學生必須經由學習與研究的過程來回答問題（陳毓凱、洪振方，2007）。因此有學者提出專題本位學習的實施有以下八個步驟（楊淳皓，2017）：

1. 關鍵知識技能。
2. 具有挑戰性的問題或難題。
3. 持續的探究。
4. 真實問題情境。
5. 尊重學生的選擇和意見。
6. 反思。
7. 批判和修正。
8. 公開發表作品。

專題本位學習的意義

專題本位學習的觀念，源自克柏屈（Kilpatrick）的專題教學方法（project method）

強調讓學生採取一連串的行動，去解決各種問題

以學習者為中心，讓學生藉由小組合作共同針對一個議題進行探討

以問題驅動所有的學習活動，且學生需在學期末產生具體成品

可以培養學生五項關鍵力

專題本位學習實施的步驟

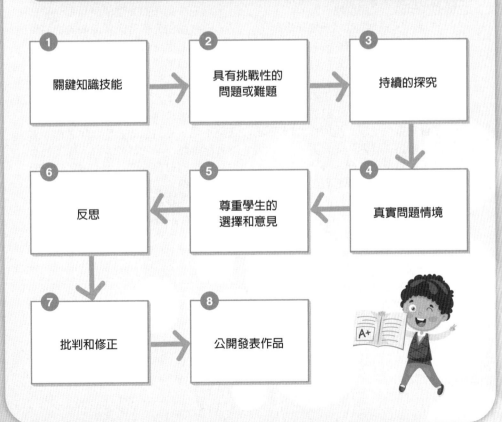

1 關鍵知識技能

2 具有挑戰性的問題或難題

3 持續的探究

4 真實問題情境

5 尊重學生的選擇和意見

6 反思

7 批判和修正

8 公開發表作品

Unit 9-8
專題本位學習的實例

專題本位學習可以視爲進行研究的歷程，其過程包括：學習者發問與重新定義問題、蒐集及分析資料、設計並進行實驗或調查、進行解釋、形成結論、闡述發現等（陳毓凱、洪振方，2007）。在教學過程中，師生共同營造一個良性互動與合作的學習環境，在老師的指導下，學生學習發現問題、分析問題、解決問題，藉著處理問題的過程，自行針對專題蒐集資訊、思考解決之道，這樣的模式，不僅對專題知識作深入廣泛探討，培養運用科學方法的技能，更能激發問題解決與科學創造思考的能力（賴慶三、高汶旭，2004）。

許慧貞（2003）在《專題研究動手做：如何指導小學生做研究》一書中，提出以專題研究進行教學的實例，其教學步驟包括：1.構思研究主題；2.擬定研究計畫；3.整合所蒐集到的資料，也就是開始動手寫作；4.研究報告的寫作與整合。書中呈現一組所作的研究報告，其主題爲「墨西哥美食饗宴」，報告內容包括：研究動機、研究目的、研究方法、研究內容、參考資料、作者簡介。其中研究報告內容包括以下幾項：

1. 墨西哥主食。
2. 墨西哥用餐禮儀。
3. 墨西哥獨特醬料。
4. 墨西哥注重口味。
5. 台北市墨西哥餐廳分布。
6. 問卷調查整理。
7. 問卷樣本。

賴慶三和高汶旭（2004）以國小四年級學生爲對象，以專題本位學習的教學模式探討學生在「光」此一單元的學習表現。其實施歷程包含四個步驟，分別是：

1. 預備階段：學生提出引導問題。
2. 規劃階段：計畫一個「光」的專題。
3. 實作階段：完成「光」的專題作業。
4. 評鑑與回饋階段：「光」的專題作業評鑑與分享。

學生在教學後，透過實際動手設計，均完成萬花筒和潛望鏡兩項光學作品。然後藉由光學專題作品發表與成果海報展示，進行專題作品特色之說明，藉以相互觀摩優秀作品，提供學生鑑賞評鑑與回饋的機會。研究者認爲每一學期選定一個單元實施專題本位學習最爲合適，如果每個單元都實施，教學時間必然不足，且對教師教學負荷過重。對於製作專題作品的材料而言，以簡易且容易取得的材料爲佳。光的專題作業要製作潛望鏡、三稜鏡，這些材料必須到玻璃鏡片行購買，最好能夠就近取得，如此才能如期完成專題作品。

專題本位學習可視為進行研究的歷程

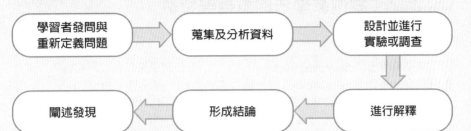

```
學習者發問與        蒐集及分析資料        設計並進行
重新定義問題                           實驗或調查

闡述發現          形成結論             進行解釋
```

主題為「墨西哥美食饗宴」的研究內容

教學步驟

構思研究主題
擬定研究計畫
整合所蒐集到的資料
研究報告的寫作與整合

研究報告內容

墨西哥主食
墨西哥獨特醬料
墨西哥注重口味
台北墨西哥餐廳分布
問卷調查整理
問卷樣本

以光為主題的專題本位學習

預備階段	規劃階段	實作階段	評鑑與回饋階段
學生提出引導問題	計畫一個「光」的專題	完成「光」的專題作業（完成萬花筒和潛望鏡）	「光」的專題作業評鑑與分享

Unit 9-9
案例教學法的意義與特徵

案例教學法（case-based teaching）亦稱個案教學法（case method），是一種由美國哈佛大學法學院院長藍德爾（C. C. Langdell）大力提倡的教學法，1911年哈佛商學院院長蓋依（D. E. Gay）亦推展案例教學法於商業教育。隨著上述兩個專業領域成功地推廣後，案例教學法開始受到不同學科領域廣泛的應用，包括醫學教育、師資培育、科學教育、公共行政、社會工作、臨床心理等（張民杰，2008）。近來案例教學廣泛地應用在K-12及高等教育，針對年紀較小的學生則要適度修改教學流程。

案例教學法是一種利用案例作為教學工具的教育方法，也是理論與實務間的橋梁，即教學者以案例教材的具體事實與經驗作為討論的依據，經由師生的互動來探討案例事件的行為與緣由，發掘潛在性的問題，強調學生的主動積極參與學習過程，教學者僅扮演從旁引導的角色，引導學習者去探討案例中複雜的深層意義及爭議性的問題，協助學習者進行問題回答、傾聽、回應挑戰、鼓勵學生發言、問題解決的引導、預定假狀況，最後並能歸納與總結，是個多重角色扮演者（蔡宜君、高熏芳，1999）。

經由案例教學法可以達成以下的教學目標（Arends & Kilcher, 2010）：
1. 發展確認和分析複雜的、真實生活情境的技能。
2. 發展確認倫理和道德兩難的能力。
3. 發展與不同觀點的人進行對話和解決衝突的能力。
4. 發展尊重不同觀點的特質。

案例教學法具有以下的特徵（張民杰，2001；馮丰儀，2012）：
1. 強調藉由案例可結合課程目標與教學主題，並作為討論的核心。
2. 案例係具體事實與經驗事件，可能為自身的經驗或他人的經驗，符合有意義之學習始自個人經驗的原則，經由不同的案例，可以獲得替代性的經驗。
3. 案例呈現真實事件，與學習者的實際經驗相關，而經由對案例緣由、處理方式及理論原則應用之探討，有助學習者將理論與實務連結。
4. 案例教學法提供學生如何對問題進行專業思考的示範，使學生學習到如專家般的思考，具有問題敏感度。
5. 案例教學法強調由學習者主動確認、分析、解決問題的能力，重視學習者主動積極的參與學習，而教師則扮演協助引導者的角色。
6. 案例教學法係鼓勵學習者提出自己的想法，強調對不同意見之接納與尊重。

案例教學法的意義與發展

一種利用案例作為教學工具的教育方法，亦稱個案教學法	教學者以案例教材的具體事實與經驗作為討論的依據	美國哈佛大學法學院院長藍德爾大力提倡
1911年哈佛商學院院長蓋依推展至商業教育	開始受到不同學科領域廣泛的應用	廣泛地應用在K-12及高等教育

案例教學法能達成的教學目標

1 發展確認和分析複雜的、真實生活情境的技能

2 發展確認倫理和道德兩難的能力

3 發展與不同觀點的人進行對話和解決衝突的能力

4 發展尊重不同的觀點特質

案例教學法的特徵

01 案例可結合課程目標與教學主題

02 經由不同的案例，可以獲得替代性的經驗

03 案例呈現真實事件，有助學習者將理論與實務連結

04 提供學生如何對問題進行專業思考的示範

05 強調由學習者主動確認、分析、解決問題的能力

06 鼓勵學生提出自己的想法，強調對不同意見之接納與尊重

Unit 9-10
案例教學的規劃

使用案例教學有兩項基本的任務要規劃好，一是發現或尋找適合學生發展程度及學習主題的案例；二是決定如何教學，特別是有關討論的問題及方式，所以案例與討論可以說是案例教學法的核心要素。案例教學比較適合應用在國小高年級以上的學生，教師所用的案例要讓學生思考社會、倫理或公共政策的議題，這類議題通常隱含著價值的衝突，需要學生以不同於探究教學法的方式來進行討論（Arends & Kilcher, 2010）。決定案例的方式有兩種：從文本中選擇案例或是自行撰寫案例，本單元先探討選擇案例的原則。

案例可分為三種：真實的案例（true cases）、隱匿的案例（disguised cases），以及虛構的案例（fictitious cases）。在案例教學法的使用中，真實案例的外在效度較高，可以反應真實的問題與過程，而且學生可以知道該案例來自何處，進而可以利用它們對這個案例的了解來進行問題的討論與分析（王麗雲，1999；張民杰，2001）。案例的選擇就是要選擇出好的案例，以供教學使用。

不少學者對好案例的特徵提出判斷的標準，例如馮丰儀（2012）認為好的案例要有三個特點：
1. 要能夠引起參與者思考與反思的機會。
2. 要能夠呈現真實生活情境，有些複雜、模糊，並包含未知的元素。
3. 要能夠產生討論的有用結構。

史崔克（Strike）指出良好的案例需具有（張民杰，2008）：
1. 趣味性，使得學習者能感到有趣及逼真。
2. 良好的案例係被建構或者選擇來印證特定道德原則，教師應該使用具備特定原則或者議題的案例。
3. 良好的案例會將所有與教師欲教授的原則或討論的議題中相關的重要事實作清楚陳述，使人能對應用其中的道德原則作良好的討論。

張民杰（2001）歸納學者的意見，整理出好的案例應有以下五項特徵：1.案例要貼切課程與教學的需求；2.案例敘述品質要佳；3.案例可讀性要高；4.案例要能觸動情感；5.案例要能製造困境。從這五項特徵又延伸出具體指標，作為判斷案例好壞的依據。教師可以從課程及教學指引、報紙、期刊、書籍、電視新聞或是網際網路上發現適合教學的故事，即可作為案例教學的案例，這是選擇案例最方便的方式。但是好的案例不容易發現，通常教師還是要將這些故事加以改寫，做成一個好的案例。

案例教學的規劃

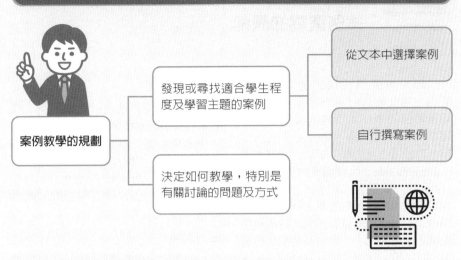

案例教學的規劃 ─ 發現或尋找適合學生程度及學習主題的案例 ─ 從文本中選擇案例 / 自行撰寫案例

案例教學的規劃 ─ 決定如何教學，特別是有關討論的問題及方式

選擇案例的原則和具體指標

好案例的特徵	具體指標
1. 案例要貼切課程與教學的需求	(1) 案例要能包含課程目標 (2) 案例包含於學科主題或內容 (3) 案例能夠配合教學時間及教學環境等
2. 案例敘述品質要佳	(1) 案例敘述完整而不瑣碎、連貫而不含糊 (2) 案例敘述要以真實事件為根據
3. 案例可讀性要高	(1) 案例要能符合學習者閱讀和理解的能力 (2) 案例要能給予學習者智慧上的挑戰
4. 案例要能觸動情感	(1) 案例要有生動、有趣的人物 (2) 案例要有動人、懸疑的情節 (3) 案例具有戲劇的張力和寫實感 (4) 案例要做客觀中立的描述
5. 案例要能製造困境	(1) 案例應具有複雜、衝突的元素 (2) 案例不只有一個答案的解決問題

取自張民杰（2001，頁p.9）

Unit 9-11
案例撰寫的原則

　　如果教師無法找到適合教學的案例，那就要自行撰寫。很多教師喜歡用新聞故事作為撰寫的基礎，這種案例比較有及時性，能吸引學生的興趣。對於國小及中學生來說，兩難案例（dilemma case）及評價案例（appraisal case）這兩類型會比較適合。兩難案例通常有故事主軸，有主要人物，會遭遇到複雜的決定及兩難的困境。評價案例則缺乏主要人物，這類案例著重在分析而不是決定，讓學生試著分析接下來會怎樣？以及分析不同行動的可能結果會怎樣？分析的案例最常用在自然和社會，例如美麗的夏威夷海灘受到原油的汙染、使用特別的藥治療關節炎的正負向效應等（Arends & Kilcher, 2010）。

　　案例的撰寫過程包括擬定撰寫計畫、蒐集資料、選擇資料、草擬案例、試用並修正後定稿等階段。先選出案例的素材，再視教學目標、主題、學生程度及教學時間加以改寫（曾欽德，2007）。撰寫時，文字要儘量簡潔，草擬完成後，最好徵求其他人的意見，並以學習者的角度重新思考撰寫的內容等。案例的本文包括主要觀念、故事情節、人物及困境，在撰寫時要注意以下原則（張民杰，2001）：

一、主要觀念

　　主要觀念就是案例議題的核心，也就是案例選定的焦點，是教學者想要引導的方向，經由案例的內容，讓學生有足夠的時間思考重要核心議題，例如隱私權、課業壓力、校園霸凌等，每則案例最好聚焦於單一事件或主要觀念，以利學生討論和學習。

二、故事情節

　　案例的情節是吸引讀者興趣、觸動讀者情感的重要關鍵，因此在撰寫案例時必須配合主要觀念寫出故事情節，故事包含個人經驗及生活周遭所發生的事，是真實生活經驗的呈現，且具有複雜性及爭議性，以增加學生的閱讀興趣。

三、人物

　　案例的人物必須是真實的，在案例中要對人物有深刻的描述或對話，但是也要避免在案例中有太多的人物，以免學生分不清楚哪些是主要人物，哪些是附帶人物。由於事件是真實的，因此事件的人名應予以匿名或修改。

四、困境

　　案例應包括複雜、衝突的元素，提供意外或變化，讓案例的主要人物面對困境，以產生有待解決的議題，驅動學生討論案例。當困境是真實的，當學生也感受到其真實性時，會將自己投射到案例的情境中，思考如何解決這些困境。

案例類型

兩難案例

有故事主軸，有主要人物

會遭遇到複雜的
決定及兩難的困境

評價案例

缺乏主要人物，
案例著重在分析而不是決定

分析接下來會怎樣？
分析不同行動的可能
結果會怎樣？

案例撰寫的原則

主要觀念

・重要核心議題
・例如隱私權、
　課業壓力

故事情節

・個人經驗及生
　活周遭所發生
　的事
・是真實生活經
　驗的呈現

人物

・對人物有深刻
　的描述或對話
・避免在案例中
　有太多的人物

困境

・案例的主要人
　物面對困境
・產生待解決的
　議題，驅動學
　生討論案例

案例撰寫過程

擬定撰寫計畫 → 蒐集資料 → 選擇資料

修正後定稿 ← 試用 ← 草擬案例

Unit 9-12
案例教學法的流程

案例教學法的實施過程分為三個階段：實施前準備、教學實施過程及實施後的相關活動。以下依教學實施及教學後的活動兩部分說明之。

一、教學實施

案例教學的實施分為五個步驟（蔡宜君、高熏芳，1999；Arends & Kilcher, 2010; Joyce, Weil, & Calhoun, 2008）：

（一）發給學生案例並要求閱讀

將案例發給學生，要求每位學生詳細閱讀，也可上課前就發給學生，請他們先行閱讀。教師可以針對每個案例給予一些引導問題，以便學生個別閱讀時有方向可循。

（二）協助學生確認案例的議題和事實

閱讀案例方式可分全班閱讀或小組閱讀，教師要引導學生掌握案例的關鍵議題和事實，包括案例的人物是誰？何時發生？何處發生？發生什麼？以進行案例癥結的討論。

（三）引導學生思考案例的價值或案例中的人物

第三、四步驟是案例教學的核心，教師要協助學生確認和思考不同的價值觀點，確認自己是否具有對立的價值觀。角色扮演的教學法可以應用在這個階段，協助學生認識案例中的多元價值和觀點。

（四）學生參與分析和討論，以及思考將要採取的行動

討論時，教師可以用詰問法引導學生進行分析和思考，教師以指導者的立場，拋出很多問題讓學生回答。教師也可採用非指導者的角色，鼓勵學生分析和表達自己的理念。教師引導學生從各種角度來討論案例，包括以下可能的問題：

1. 此案例涉及了哪些脈絡因素？
2. 此案例中的主角有何動機？
3. 案例中，相關人物的決策與後果是什麼？
4. 如果你是案例中的某人，你可能採取什麼不同的行動或做什麼不一樣的考慮？
5. 此案例對一般性的生活實務經驗有何啟示？

（五）討論正負向的行動後果和口頭報告

這個步驟包含對主要行動做摘要、思考行動的後果，以及進行口頭報告，目的在讓學生確認行動的正負向後果及價值的差異性，讓學生了解有些行為有人支持，但也有人反對。教師亦可提出問題引導學生自我省思，探討自己上課時的參與情形。

二、教學後的活動

教師在案例教學之後，可要求小組撰寫書面案例報告，作為教學評量的依據。書面報告的格式內容包含案例癥結、問題鑑定、行動方案、原則歸納、心得和感想等，教師可依學生的程度減少案例報告的內容（張民杰，2001）。

教學的實施步驟

發給學生案例並要求閱讀

可上課前就發給學生，請他們先行閱讀	教師可以針對案例給予一些引導問題

協助學生確認案例的議題和事實

鼓勵學生提出用「是」或「不是」回答的問題	教師對問題不作太多的解釋

引導學生思考案例的價值或案例中的人物

教師要協助學生確認和思考不同的價值觀點	角色扮演的教學法可以應用在這個階段

學生參與分析和討論，以及思考將要採取的行動

用詰問法引導學生進行分析和思考	可採用非指導者的角色，鼓勵學生分析和表達自己的理念

討論正負向的行動後果和口頭報告

對主要行動做摘要、思考行動的後果，以及進行口頭報告	讓學生了解有些行為有人支持，但也有人反對

教學後的活動

第 **10** 章

翻轉教學

● ● ● ● ● ● ● ● ● ● ● ● ● ● ● ● ● ● ● 章節體系架構 ▼

Unit 10-1
翻轉教學的發展與意義

　　翻轉教學主要源自2007年美國兩位高中化學老師柏格曼和山姆斯（Bergmann & Sams）為了缺課學生錄製教學短片，並上傳網站作為補救學習之用，亦讓一般學生上網觀看進行增強學習。他們發現並不是每位學生都已經準備好要學習，有些學生先備知識不夠，有些學生對某個學科不感興趣，為了依據學生的不同需求而進行因材施教，讓每位學生都能學到教材內容，因此設計出翻轉教學的模式。這是一種因應個人不同需求的教學法，可視為個別化教學的一種形式（黃瑋琳譯，2016）。這股風潮帶動國內外許多學校開始使用資訊科技與通訊技術，建構出「虛擬教室」（virtual classroom）與「實體教室」混合的「翻轉教室」（flipped classroom）方法進行教學，也有稱此一趨勢為翻轉教學（flipped teaching）或翻轉學習（flipped learning）。

　　隨著全球快速傳播，各式線上學習平台紛紛建立，例如可汗學院（Khan Academy）、磨課師（MOCS）。台灣也快速發展出屬於本土教學與課程的翻轉教學平台，例如均一教育平台、翻轉教室@台灣等，全台灣許多高中職以下教師加入了翻轉教學的行列。當然，隨著翻轉學習的風潮發酵，也出現了「反翻轉」的聲浪（李佳容，2018）。

　　翻轉教學的定義很多，其中最常用的定義是：利用拍攝記錄教師課堂活動聲音影像的方式傳遞課程；學生在課堂前先觀看影音檔，空出課堂時間來解決困難的概念、回答學生問題，鼓勵學生主動學習並建立與日常生活的連結（黃國禎，2016）。葉丙成（2015）認為狹義的翻轉，指的是像國外所說的翻轉教室這樣的教學法，焦點在如何透過回家看影片，課堂寫作業，訓練學生自主學習，包括預習、作題目、討論等的習慣和能力。翻轉教學可視為兼顧線上E化教學與實體教室教學的混合教學法，基本上仍以傳統的順序實施教學，而翻轉教學則將實際的教學活動以線上E化教學方式在實體教室教學之前實施，而實體教室教學之重點不在教學，而在於共同討論、解答疑惑或引導進一步思考等活動（郭靜姿、何榮桂，2014）。其核心價值在於將學習的主動權還給學生，在實體教學時，教師的角色或任務不是在授課，而是和學生討論或進行對話等活動，將學習的主動權交還給學生，落實「以學生為學習中心」的概念（辜輝趂，2017）。

翻轉教學的發展

2007年美國兩位高中化學老師柏格曼和山姆斯為缺課學生錄製教學短片

→

上傳網站作為補救學習，一般學生亦上網觀看進行增強學習

→

帶動「虛擬教室」與「實體教室」，混合「翻轉教室」進行教學

→

全球快速傳播，各式線上學習平台紛紛建立，例如可汗學院、磨課師、均一教育平台等

翻轉教學的意義

利用拍攝記錄教師課堂活動聲音影像的方式傳遞課程

焦點在如何透過回家看影片，課堂寫作業，訓練學生自主學習

可視為兼顧線上E化教學與實體教室教學的混合教學法

教學時，教師的任務不是在授課，而是和學生討論或進行對話等活動

Unit 10-2
翻轉教學的實施模式

「翻轉」的概念，就是將課堂授課的部分時間，透過影片的方式，與學生在家中做作業的時間交換，讓學生在課堂中有教師及同儕為伴的情況下應用知識。透過這樣的方式，不僅讓不同程度的學生可以依據需要記憶及理解授課內容，更可以解決他們在應用知識過程中遇到的問題；同時，在課堂完成作業及應用知識的過程中，更可以促進師生及同儕的互動。教師也可以透過設計課堂活動，讓學生透過討論、解決問題，甚至於創作，來發展更高層次的知識（黃國禎，2016）。

翻轉教學的起源來自教師自拍教學影片，最明顯的教學特徵就是：教師將預錄好的影片上傳到學習平台，讓學生可以根據自己的學習進度，重複觀看、學習。當學生進到教室時，教師就可以針對學生在觀看教學影片時所遇到的問題，進行客製化的教導，並透過小組合作學習，強化學習效果（李佳容，2018）。各種新式教學法不斷被提出，例如葉丙成的「BTS教學法」、張輝誠的「學思達教學法」、王政忠的「MAPS教學法」等。以下從課前準備及課堂活動兩方面來說明實施流程（卓芮綺，2014；黃彥文，2018）：

一、展開課前活動

教師課前活動包括以下四項：
1. 教師自行製作建立教學影片。
2. 教師針對教學影片製作課前學習單。
3. 學生自主觀看教學影片。
4. 利用社群網站或學校平台進行交流。

但自學教材不宜僅將傳統教材內容如PPT或PDF直接上傳，應該做成自錄式講解的影音教材上傳。除了自錄教材之外，也可採用現成的線上影音內容如YouTube、TED等，但應以教師自錄影音內容為主。

二、組織課堂活動

教室的教學活動要能掌握以下重點：
1. 教師需要從教學內容中提出一些問題，與學生共同進行探究。
2. 教師應注重培養學生的獨立學習能力，讓學生根據自己的興趣自主選擇相關的探究題目進行獨立解決。
3. 發展協助式討論活動，較常用的方式是進行異質分組，每組3-4人進行討論。
4. 學生進行成果發表與交流。
5. 進行教學評鑑與反思。

課堂學習活動的教學設計在認知領域目標中，應屬於應用、分析、評鑑與創造等層次，教學策略在於引導學生進行思辨討論、同儕學習；或是結合問題本位學習、探究教學法，讓學生共同找出答案及解決問題。

翻轉教學的起源及影響

- 王政忠的「MAPS教學法」
- 起源自教師自拍教學影片供學生觀看
- 在課堂中與教師及同儕進行討論及分享
- 影響：葉丙成的「BTS教學法」
- 張輝誠的「學思達教學法」

翻轉教學的實施模式

展開課前活動

教師自行製作建立教學影片

教師針對教學影片製作課前學習單

學生自主觀看教學影片

利用社群網站或學校平台進行交流

組織課堂活動

提出問題，與學生共同進行探究

培養學生的獨立學習能力，針對問題進行探究

發展協助式討論活動，每組3-4人進行討論

學生進行成果發表與交流

進行教學評鑑與反思

Unit 10-3
翻轉教學的實施原則

當前翻轉教學存在的迷思，主要是誤將教師課前拍攝的「數位教學影片」視為最重要的必備條件，關注學生課前的線上觀看影片情形，卻忽略了如何提供學生有別於傳統填鴨式的被動學習方式，即透過主動參與的、發現式的、問題解決的等方式，進而建構出有意義的學習經驗。教育科技在教學中僅是輔助性的角色，目的在於提供學生課堂活動進行時所需的先備知識，影片扮演著協助學生進行「預習」角色，而不是翻轉教學的真正重點（黃彥文，2018）。因此教師採用翻轉教學時，要注意以下原則（卓芮綺，2014；黃政傑，2014；Bergmann & Sams, 2014）：

1. 教師要先思考要翻轉什麼？一堂課、一個單元或章、一個科目或一個年級？

2. 確認要採用的教學媒體為何？若教師不能講得很好，在電腦前錄影不自在，就找其他合適的工具、媒體來使用。若有其他教師開發更好的短片可用，就用他的，或者找線上可用的免費短片。最重要的是短片要符合教學之所需，且品質要好。

3. 誰來做短片？教師自行錄製短片時，有時可以找學生或其他老師做幫手，或者有的學校也有媒體單位可以幫忙。若要自製短片，選用何種軟體較合適？最好由簡單的軟體開始，有必要時再用複雜的軟體。短片以5分鐘內為宜，最多一個晚上要看的影片在15分鐘內為佳。教師要找出時間，把翻轉教室要用的短片製作完成，跟上教學進度，短片一旦製作完成，未來還可重複使用。

4. 短片製作完成，要放在哪裡讓學生看？最好是放在同一個地方，例如學習管理系統（learning management system, LMS），或者把影片放在YouTube等位址。

5. 教師如何檢核學生看了影片沒有？線上互動、筆記重點、問題記錄等，都是可用的方法。如果學生沒看，等於未盡責任，沒學到該有的知能就來上課，課堂上的小組作業和活動是無法發揮功能的。

6. 教師要如何重組課堂教學時間？這是同等重要的問題，教師應設計可以精熟學習內容、發展重要能力及加廣加深的學習活動。

7. 不要每一堂課都翻轉，因為這不是唯一的教學法。一開始可嘗試不同的單元，每週翻轉一堂課就好。

8. 翻轉學習倚賴事先預習，若事前功課多需上網完成，老師需考慮到家中沒有網路或電腦的學生，提供替代方案。

翻轉教學存在的迷思

拍攝教學影片視為
最重要的必備條件

關注學生課前的
線上觀看影片情形

忽略提供學生有別於傳統的
被動學習方式

將教育科技視為
翻轉教學的真正重點

實施翻轉教學的注意原則

01 教師要先思考要翻轉什麼？一堂課、一個單元或章、一個科目

02 確認要採用的教學媒體為何？自製、別人開發或者是免費的短片

03 誰來做短片？短片時間以5分鐘內為宜，製作完成可重複使用

04 短片製作完成，要放在哪裡讓學生看？例如學校平台或YouTube等

05 教師如何檢核學生看了影片沒有？如果沒看，要如何處理？

06 教師如何重組課堂教學時間？應設計能發展重要能力的學習活動

07 不要每一堂課都翻轉，因為這不是唯一的教學法

08 需考慮到家中沒有網路或電腦的學生，提供替代方案

Unit 10-4
自製線上教材與翻轉教學實例

善用多媒體科技提供學生教材是翻轉教學的重要特質，尤其是教學影片具備重複觀看的特性，讓學生的學習可以不受時間、空間的限制。但在製作線上教材時也要注意不可侵犯別人的智慧財產權，純粹使用在本身教學班級的環境下，教師是可以享有「合理使用」（fair use）的權利（王財印等，2019）。

一、自製線上教材

教師如要自製線上教材，有三種方式供參考（張淑萍、張瀞文，2018；楊家興，2009）：

（一）圖文網頁

圖文網頁包含教材的文字內容及相關的圖表，製作比較容易，且製作成本低，但教學效果良好，能減少學生聽課抄筆記的麻煩，而能專注於閱讀教材的內容。

（二）語音簡報投影片

語音簡報投影片是利用簡報投影片中的文字來呈現教材大綱，再搭配語音旁白來說明教材的詳細內容，可以使用PowerPoint或Producer來製作，現在教師大多已經習慣使用電腦簡報的教學，稍加學習即可輕易製作語音簡報投影片。

（三）將教學錄影轉換成線上教材

教師製作網路教材可以使用手機、數位電子白板錄下即時教學過程，視情況使用影片編輯軟體剪輯或搭配字幕，如此即可將影片轉換成線上教材。EverCam是簡報與螢幕錄影軟體，使用EverCam可以錄製數位教學影片。

二、翻轉教學的實例

蕭宇辰老師將翻轉教學理念應用到高中歷史，其教學對象是高中一年級，教學時間為三節課，任教主題是「台灣戰後經濟」。教師使用的資訊科技及電腦應用軟體包括：1.Google雲端硬碟，讓學生上傳作業；2.台灣吧線上影音教材平台，提供學生課前自學的影片；3.Zuvio IRS雲端即時反饋系統。課前除要求學生觀看影片外，還要學生完成紙本學習單並帶至課堂上。蕭老師的課堂活動使用六六討論法進行討論與發表，並搭配進行同儕互評；在活動中使用Zuvio IRS雲端即時反饋系統。教學時將學生分5-6人一組，每組推派一個發言人。在小組內針對一個題目以一分鐘發表意見；在跨組的發表時間，每組的發言也限制在一分鐘內。發言人整合全組討論後，上台報告時間也限制在一分鐘。全班針對每一組的報告進行評分，並隨機抽點學生，說明個人對其他組結論的評分及建議。教師在課後依照同學的紙本學習單、對照小組學習單給予評分（朱蕙君，2016）。

自製線上教材

圖文網頁包含教材的文字內容及相關的圖表，
製作比較容易

利用簡報投影片中的文字呈現教材大綱，
再搭配語音來說明教材的詳細內容

使用手機、數位電子白板錄下即時
教學過程

圖文
網頁

語音簡報投影片

將教學錄影轉換成線上教材

翻轉教學的實例

任教主題：台灣戰後經濟

使用的資訊科技：**1.Google**雲端硬碟，讓學生上傳作業；**2.**台灣吧線上影音教材
平台；**3. Zuvio IRS**雲端即時反饋系統

課前活動：要求學生觀看影片外，還要學生完成紙本學習單

課堂活動：使用六六討論法進行討論與發表

教學評量：**1.** 全班針對每組的報告進行評分；**2.** 教師對照小組學習單給予評分

第十章 翻轉教學

221

Unit 10-5
學思達教學法

自從學習共同體及翻轉教室概念掀起台灣教育新浪潮後，張輝誠（2015）融合了自身的教學經驗，在翻轉教育的理念下，創造了一套新的教學模式：學思達教學法。張輝誠認為學思達教學法真正可以在課堂上長期而穩定訓練學生自學、閱讀、思考、討論、分析、歸納、表達、寫作等等綜合多元能力。吳勇宏（2015）以張輝誠的學思達理論基礎建構發展出學思達的教學架構圖，圖中三角形正中心是以學生為主體，正圓代表學生善用頭腦的智力效用，透過「自學」、「思考」、「表達」為三角形的尖頂架構，象徵主架構三個重要頂點，正中頂點的「自學」要求學生主動積極學習，進而從做中學，當遇到問題時蒐集資料、閱讀資料，進而解決問題；「思考」要求學生對閱讀資料做思考分析、訊息的判斷，進而解決任何問題；「表達」要求學生及訓練學生口語溝通，清楚表達的綜合性能力，進而激發出人生的價值與生命的成長。

學思達教學強調「師生對話」和「專業介入」，上課時師生表層上是透過對話和學生傳遞、交流、討論知識、激盪思考，底層卻不斷透過對話讓師生產生內在的連結，相互成長；再經由教師專業涵養的介入、設計、提問與引導，幫助學生進入高效率、高品質、高創造力、深刻思考的學習（張輝誠，2015）。其教學的流程由學生自學、思考、討論、上台表達、教師統整組成一個循環，每個問題一個循環，大約一堂課可討論3-4個問題。各步驟說明如下（張輝誠，2015，2018）：

一、學生自學
提供講義給學生，讓學生個人自行研讀、自行思考。

二、思考問題
激發學生的好奇心，運用求解的動力，引導學生開始閱讀教科書或資料，讓學生在資料中自行探尋答案。

三、分組討論
前後座位4個學生分成一組，利用同儕壓力，分組學習達到競爭與合作的目的。小組討論同時可訓練團隊合作，共同分析、歸納、整理。

四、上台表達
討論結束後，以抽籤方式讓一位學生上台發表，依據報告的內容予以評分。若抽到的學生上台不會回答，小組其他組員可趕緊上台相互支援。為使同學專心聆聽其他組別同學的發表，教師製作評分單供各小組同學評分。

五、教師統整補充
教師只要補充精華和最重要的教材內容即可。

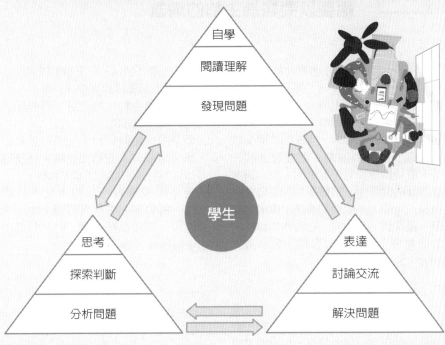

學思達教學架構圖

自學
閱讀理解
發現問題

學生

思考
探索判斷
分析問題

表達
討論交流
解決問題

取自吳勇宏（2015）

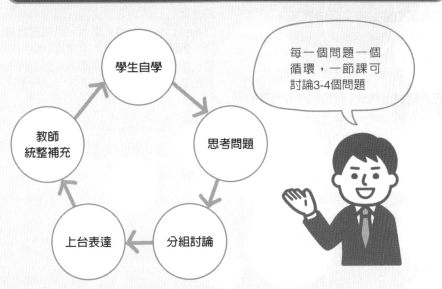

學思達教學流程

學生自學

思考問題

分組討論

上台表達

教師統整補充

每一個問題一個循環，一節課可討論3-4個問題

Unit 10-6
編製以問題為主軸的講義

　　學思達教學法透過教師的專業介入，製作以問答為導向、補充完整資料的講義，老師成為主持人、引導者、課程設計者。學思達教學成功與否，講義製作是很重要的關鍵，講義的成敗又以「問題設計」為關鍵，問題設計的好壞，直接影響學思達教學的品質。講義要設計成問答題，根據學生的自學能力與專注時間，不斷用問答題引導學生自學（張輝誠，2018）。在製作講義時，教師需要掌握以下的重點（張輝誠，2015，2016）：

一、以問題為導向

　　講義要以問題為主軸，一個問題提供一份資料，資料要切成一小段，方便學生能在20分鐘內讀完，也方便集中焦點討論。任何素材都可以當作講義材料，舉凡影片、音樂、圖片、文字、圖案，都可以成為講義內容。

二、講義要從課文延伸到課外

　　從簡單而逐漸增加難度、廣度和深度，這樣學生才會由淺到深、由易而難、由窄到深，收穫也才會更大。

三、提供足夠資料讓學生自行研讀

　　老師不再講低層次的認知內容，這方面的教材直接提供資料給學生即可；老師要講高層次的理解、思考與表達有關的教材。

四、課本的知識與學生產生關聯

　　讓課本知識與學生的生命、處境和現實發生關聯，這樣學生學起來才會覺得對自己是有用的。

　　吳勇宏（2018）分享編製講義的經驗，認為老師做講義需要「思學達」：
1. 思考教學主軸，確立這一課的學習方向與預期成果。
2. 學是尋找相關資料，提供可以幫助學生理解文本的補充資料，尋找可以延伸討論的補充文本等材料。
3. 達是編成講義，以課本文本為起點，編排補充資料與相關文本，一階段一階段設計問題，將材料鋪出一道階梯，通往教學目標。

　　以〈劉姥姥進大觀園〉一課為例，教師構思三個問題：首先以地點為主，學生整理分析地點，書寫提及的人物，以及內容中有關食衣住行育樂等日常生活情況，並依小說中的描述，上網搜尋相關圖片，寫出自己對大觀園的想像。其次整理賈府中的人對待劉姥姥的態度，結合日常生活與待人態度的分析，推論賈府日後的命運為何，進而與同學討論自己該如何待人處事。最後運用書寫大觀園模式，讓學生以家鄉景點為基礎，規劃從食衣住行育樂等方面選擇一或數個面向，書寫介紹文字（吳勇宏，2018）。

編製講義需掌握的重點

以問題為導向	・以問題為主軸，一個問題一份資訊，能在20分鐘內讀完 ・任何素材都可以當作講義材料，舉凡影片、音樂、圖片、文字、圖案皆可
講義要從課文延伸到課外	・從簡單而逐漸增加難度、廣度和深度 ・學生才會由淺到深、由易而難、由窄到深學習
提供足夠資料讓學生自行研讀	・低層次的認知內容，直接提供資料給學生 ・老師要講高層次的理解、思考與表達有關的教材
課本的知識和學生產生關聯	・課本知識與學生的生命、處境和現實發生關聯 ・學生學起來才會覺得對自己是有用的

編製講義的經驗分享

老師做講義需要「思學達」：

1 思考教學主軸，確立這一課的學習方向與預期成果

例如教師構思三個問題

2 學是尋找相關資料，提供可以幫助學生理解文本及延伸討論的補充資料

例如推論賈府日後的命運，與同學討論如何待人處事

3 達是編成講義，以每一階段設計的問題，將材料鋪出一道階梯，通往教學目標

例如運用大觀園模式，書寫家鄉景點

Unit 10-7
MAPS核心教學元素

　　來自草根的國中教師王政忠（2015），設計了以學生為中心的MAPS教學法，該模式包含四個核心元素及四個學習進程（process），逐步引導學生由P1共學階段進入P4自學階段。這個教學法適合運用在國文科及社會領域的教學，數理學科的教學成效有待驗證。MAPS教學法透過不同功能取向的提問設計，引導學生於課堂上小組共學以及課堂外自學，完成完整心智繪圖；學生必須進行口說發表及評論，以驗證並精熟閱讀理解程度，同時透過異質性分組的合作學習策略設計，促進同儕搭建學習鷹架，以確保各種程度學生都能有效學習與提升學習動機。本單元先介紹核心教學元素之內涵（王政忠，2015，2016）：

一、心智繪圖

　　心智繪圖（mind mapping）是來自於心智圖概念，是協助學生建構讀者觀點的重要工具。心智繪圖不同於用來協助記憶或者擴散思考的心智圖像，而是經過設計轉變成為可以脈絡化作者觀點、結構化讀者觀點、文字化抽象思考，並以線條或箭頭連結形式，將段落架構在互相呼應之下，逐一獨立分隔出來。心智繪圖包含兩個成分：I see，以及I feel/I think。

二、提問策略

　　提問策略（asking questions）是由教師根據文章，設計有層次的問題，透過課堂提問與解答的過程，協助學生擷取並理解文章中的訊息，用以解讀作者觀點。同時協助學生建構不同策略，以擷取與理解訊息。最終希望學生能夠運用擷取與理解的「訊息」和建構的「能力」，在處理更高層次問題的過程中，逐步形成讀者觀點，藉此薰陶與涵養學生解釋與思辨的閱讀素養。

三、口說發表

　　口說發表（presentation）是透過各組學生上台發表心智繪圖，讓教師明白不同程度的學生是否真的學會。發表過程中，台下的學生為了提升評論能力，亦被要求學習聆聽，以利進入合作學習後期的「學生提問學生模式」。

四、同儕鷹架

　　鷹架的功能在透過同儕合作學習的力量，喚醒同學潛在的學習動機，所以同儕鷹架（scaffolding instruction）即是採異質性分組的合作學習模式。愈是低起點的學生，需要更多來自於老師的鷹架搭建，包括提問及講述引導；另一方面，組內同學之間的討論及指導，當然是一個同樣重要的鷹架搭建，需要透過策略及制度，引導學生願意討論、甚至指導同學，例如使用代幣制度的增強系統。

MAPS教學法的特色

爽文國中教師 王政忠所設計	包含四個核心元素及 四個學習進程	逐步引導學生由共學 階段進入自學階段
適合運用在國文科及 社會領域的教學	數理學科的 教學成效有待驗證	

MAPS教學法核心要素

心智繪圖	・可脈絡化作者觀點、結構化讀者觀點、文字化抽象思考 ・心智繪圖包含兩個成分：I see，以及I feel / I think
提問策略	・教師根據文章，設計有層次的問題，協助學生理解文章中的訊息 ・以高層次問題薰陶與涵養學生解釋與思辨的閱讀素養
口說發表	・學生上台發表心智繪圖，讓教師明白學生是否真的學會 ・為提升評論能力，逐漸進入「學生提問學生模式」
同儕鷹架	・採異質性分組的合作學習模式 ・老師的提問及講述引導，以及組內同學之間的討論及指導，構成鷹架搭建

227

Unit 10-8
MAPS的教學進程

MAPS教學法有四個進程，每個進程有九個步驟，目的在於引導學生由P1、P2的「從不會到會」階段，進入P3、P4的「從共學到自學」階段。P1及P2的進程相同；P3的第四步驟改爲「自學共學」，其餘相同；P4的第二及第四步驟分別改爲「自學課文」及「自學繪圖」。剛開始實施MAPS，教師需要運用多一點時間慢慢引導，帶領學生習慣參與課堂共學與自學的各項學習活動，一邊實施MAPS，一邊進行班級經營，等學生精熟學習活動之後，學習速度、廣度與深度自然會提升許多（王政忠，2016）。以下爲教學進程的簡介（王政忠，2015）：

一、前測暖身

前測是爲了處理形音、中小學階段，特別是能力低起點的對象需要協助學生學會如何處理形音，否則勢必影響閱讀理解的進行。上課的第一節，第一件事即進行前測，針對形音測驗訂有個人達標標準。

二、小組共讀

即較仔細的閱讀文章，此階段要求小組出聲共讀，對於文章內容較仔細的閱讀，爲基礎題提問作預備。

三、提問引導

此流程的任務爲進行基礎題提問及處理文言文翻譯，問題主要是針對文章結構設計，目的在引導學生畫出小組心智繪圖（I see）。

四、心智繪圖

在P1及P2階段，透過教師所設計的基礎題作引導，於課堂上由小組共學完成。P3及P4階段，透過教師設計提供的挑戰題引導，在課後自學完成。

五、口說發表

在P1階段以I see爲主，教師決定發表順序；P2以後逐漸加入I feel / I think，方式可由教師指定、抽籤或自願。

六、提問統整

口說發表後實施挑戰題提問，針對文意情意、國學常識設計，目的在引導學生畫出個人心智繪圖（I feel / I think），P2階段的題目廣度與深度逐漸提升。

七、PISA後測

此流程採取PISA形式題目進行文章閱讀理解的後測，題目來自於基礎題、挑戰題、教師發想等，不看課本在課堂內完成作答。

八、自學作業

將小組共學完成的心智繪圖（I see）抄寫在PISA後測的題目紙張背面，根據教師提供的挑戰題以及PISA後測的題目，課後自學完成心智繪圖I feel / Ithink的部分。

九、總結測驗

針對文本重要的國學常識、修辭、句型、文法、作者等進行總結說明，此時也可以介紹學生個人心智繪圖的優秀作品，請同學介紹或老師講評優點，並對形音、詞義、PISA等測驗欠佳者進行後測。

MAPS教學法進程簡介

進程	定義	簡介
P1	探索階段	1. 一組（2-3個）基礎題就引導學生完成一部分的心智繪圖 2. 引導學生依序完成自然段事實摘要—意義段主題統整後，再進行心智繪圖
P2	躍進階段	1. 完成所有基礎題後，放手讓學生進行心智繪圖 2. 不再需要先產生結構表
P3	差異階段	1. A咖抽離自學，依序是B咖、C咖 2. 自學的部分在獨立完成心智繪圖及口說報告
P4	自學階段	1. 至少A、B、C咖都獨立自學 2. D咖可以合併共學

取自王政忠（2015，頁57）

不同進程的教學流程

P1	P2	P3	P4
前測暖身	前測暖身	前測暖身	前測暖身
小組共讀	小組共讀	小組共讀	自學課文
提問引導	提問引導	提問引導	提問引導
心智繪圖	心智繪圖	自學共學	自學繪圖
口說發表	口說發表	口說發表	口說發表
提問統整	提問統整	提問統整	提問統整
PISA後測	PISA後測	PISA後測	PISA後測
自學作業	自學作業	自學作業	自學作業
總結後測	總結後測	總結後測	總結後測

取自王政忠（2015，頁56）

Unit 10-9
數學咖啡館教學法

數學咖啡館教學法由台中中港高中彭甫堅老師所設計，他成立「數學咖啡館」，成員已經突破1萬多人，主要是數學老師彼此提供教案、遊戲設計與同好分享，也採納其他老師所提的建議（親子天下，2017）。彭甫堅（2016）的數學咖啡館教學法是藉由異質性分組、跑桌分組互教，並結合獎勵制度等方式，讓每一堂的數學課「動起來」。目的是為學生營造一堂具備共好共享、如同咖啡館氣氛的數學課。其實施步驟如下（彭甫堅，2015，2016）：

一、異質性分組

依學生多元能力分ABC三段，譬如成績不好，但表達強、願意助人也可以是A。依據學生個別差異實施異質性分組，找出樂於分享與助人的學生當組長，先分大組，再打散成2人小組，例如一組內有6人，能力為ACBBCA，可分成AC、BB、CA三小組。

二、教師前置作業

透過教師共同備課討論教學地圖與流程，且自編上課講義，從一個知識點（觀念），一個例題，一個練習，一塊空白區域（讓學生收斂觀念用），兩到三個相關觀念設計一個統整題。

三、小咖啡館來建構基本知識

以2人一組進行微翻轉，教師傳統講述知識點及示範例題，然後讓學生作練習題，讓2人小組開始討論，接著上台表達。如此進行幾個知識點後，教師示範含多個觀念的統整例題，再讓學生將這些觀念繪製成小張心智圖。

四、大咖啡館

這階段從組內共同思考解題，到跑桌練習清晰表達。學生一定要先經過微翻轉，訓練思考表達能力，營造出互助氛圍後才進入此階段。其流程如下：

（一）組內共解

異質性分組、分配工作、發想組內共同教法、教法演練與上傳教學影片。組內教學時需察覺學生個別差異，給予數學程度差者適當的協助，使其能上台教學。

（二）團隊教學

包含跑桌、各組題目複製到九宮格、組間教學、收斂觀念。跑桌後，只有組長留在原組不動，組員們各帶著該組的共同解法，前往其他五桌，而後再由各組組長主導團隊教學，同時在各桌進行「教一題、聽五題」的教學活動。

（三）驗收與統整

教師用傳統講述法統整教學活動，驗收則是請被教者上台，如果表達清楚，教學者可得到10枚，教學一題，最高可得20枚金幣。最後活動是全組產出心智圖後進行心智圖報告。

數學咖啡館教學法起源

- 「無私共好」的奉茶精神

- 教師分享教案的一個平台

- 透過創新教學模式，增加數學教學的活動

- 課堂上結合桌遊、跑桌分組

- 讓學生感受到教數學的趣味性

數學咖啡館教學法流程

異質性分組

· 依學生多元能力分ABC三段
· 一組內有6人，先分大組，再打散2人小組

教師前置作業

· 教師共同備課討論教學地圖與流程
· 自編上課講義

小咖啡館來建構基本知識

2人一組進行微翻轉，教師傳統講述知識點及示範例題，然後讓學生作練習題，讓2人小組開始討論及上台表達

大咖啡館

· 從組內共同思考解題，到跑桌練習清晰表達
· 組內共解，團隊教學（跑桌）驗收與統整（上台教學、產出心智圖）

Unit 10-10
翻轉教學的評論

翻轉教學以「翻轉」（flipped）之姿出現，其實是在協助教師解決因為「大班教學」及「教學進度統一」而造成學習落差的問題。在未來的教學歷程中，學生必須能夠參與學習，將其所學透過講述、提問、討論等方式來精進，教師也必須參與學生的討論，扮演提問、促進討論以及知識設計與分析的角色（李佳容，2018）。教師除了理解「翻轉什麼？」、「如何翻轉？」以及「如何拍攝好的教學影片？」之外，更應思考「為何翻轉？」 或「為何而教？」，明白實施翻轉的教育目的，才不會讓課堂教學空有翻轉的形式，而沒有翻轉的靈魂（黃彥文，2018）。

翻轉教學要能成功地運作，必須注意可能遭遇的問題。黃政傑（2014）認為這些問題包含：翻轉教室的教學準備、短片教學及課外作業的屬性問題、短片製作如何切合教學主題和教師風格的問題、學生在課外事先做好上課準備的問題、趕流行及翻轉缺少支持的問題、只為教更多而做翻轉的問題、數位落差及螢幕依賴的問題、學生和家長的抱怨和不信任問題。在教學準備時，預錄影片需要額外的許多時間，例如事先的計畫和練習、反覆重錄等，許多老師找不出時間，因而不願投入。另外值得注意的是學生的時間問題，有些學生在家必須幫忙父母賺錢，沒有額外的時間可用，或無法好好地觀看教學短片。

有人批評教學短片只是傳統閱讀作業用新科技表現出來而已，學生從閱讀改變為聽看教師人頭和大綱，學生都是從專家的用語中學習。批評者還指出作業仍然沒變，和以往的家庭作業差不多，只是完成的時間不同，未能充分協同合作和真實評估。

成功的翻轉一定要有探究學習的成分，若只是指定視訊作業，那只是傳統教學的重組而已，不是翻轉。在資訊時代，教學應該更根本地修正，從演講或灌輸的學習方式改正過來，建議的方法有合作學習、適性教學、案例教學、同儕教練、主動學習、問題本位學習等，都是未來值得加強的教學方法改革（黃政傑，2014）。學思達教學、MAPS教學，均能掌握「啟發式教學法」的精神，由教師提出問題，讓學生進行分析、批評、歸納及解決。但被詬病的地方是自學或繪製心智圖占用太多時間，無法同時兼顧其他學科。

思考為何翻轉

| 解決學習落差的問題 | 透過提問、討論精進教學 | 促使學生參與討論 | 提升高層次認知能力 |

翻轉教學可能遭遇的問題

教師的問題

· 預錄影片需要額外時間
· 趕流行或為教更多做翻轉
· 教師找不出時間，因而不願投入

學生的問題

· 沒時間做好上課準備
· 數位落差及螢幕依賴
· 學生和家長的抱怨和不信任

翻轉教學的啟示

教學短片不能只是傳統閱讀作業用新科技表現

作業的指派不能和以往的家庭作業差不多

成功地翻轉要有探究的學習成分

教學要掌握「啟發式教學法」的精神

第 **11** 章

情意領域教學法

● ● ● ● ● ● ● ● ● ● ● ● ● ● ● ● ● ● ● 章節體系架構 ▼

Unit 11-1
情意領域教學法定義

近年來社會不斷的變遷，功利主義和資本主義不斷的抬頭，因而造就了唯利是圖、只重結果、權益的社會現實心態。家長和老師在這種社會心態的影響之下，對教學所關心的部分，也多半偏向於成績及升學，整個社會的價值取向過於偏重智育的培養，而輕忽情意的陶冶（林百泓、盧秀琴，2003）。

布魯姆（B. Bloom）把學校教育目標分成三大領域，即認知、技能和情意，情意領域的教學目標分為接納、反應、價值、組織、品格形成等五個層次。我國的中小學教育存在一種嚴重的問題，即過分重視認知層面的學習，忽略了情意、技能方面的學習。其結果是導致學校教育與生活脫節，在學校所學到的知識只對考試有幫助，對處理生活問題助益不大，功課好的學生自私自利，不懂如何與人相處，對於道德的實踐則是能說不能行。要改變這種弊病就是學校教育不能一味地強調認知學習，情意領域的教學亦不能忽略（鍾聖校，2004）。

「情意」是一高度複合的概念，透過感情（feelings）、態度（attitude）、品味（taste）、偏好（preference）、性格（character）、價值觀、抗壓力、信念，而表現於外在行為。情意教學或稱情意領域教學，即透過教學活動來發展學生的自我概念、人際關係，使學生對自己、他人、學校、甚至社會都有正向的態度。透過情意教學的過程培養四個基本情意態度：欣賞、寬容、關懷、尊重，追求個人的真、善、美和符合團體社會倫理道德的需要（鍾聖校，2004）。

黃月霞（1989）認為狹義的「情意教育」乃是指情緒即感覺教育為主；但就廣義來說，情意教育包括的範圍很廣，如人際溝通技巧、價值澄清、情緒教育、職業教育等能直接、間接提升學生情緒成長的要素，促進學生發展對自己、他人、學校正向的態度、信念與價值，藉著這些情感的力量幫助學生導向豐富、有效率的生活。

情意教學成功與否，對學生的身心健康、學習成長、建立正向的自我概念、人格陶冶、社會適應以及道德判斷有重要的影響，例如情緒問題會影響個人的學習效能、身心健康、人際關係、人格發展與生活適應。透過情意教學可協助學生發展積極正向的情感（郭如育，2011）。本章將分別探討適用在人際關係、道德教育、價值教育、美育等方面的教學模式。

情意教育的目的

發展積極正向的感情

培養四個基本情意態度：欣賞、寬容、關懷、尊重

符合團體社會倫理道德的需要

追求個人的真、善、美

情意教育的範圍

狹義的情意教育

情緒教育，以感覺教育為主

例如發展學生的自我概念、正向的態度

廣義的情境教育

直接、間接提升學生情緒成長的要素

例如人際溝通技巧、價值澄清、情緒教育、職業教育等

Unit 11-2
社會技巧的教學

　　社會技巧就是在人際情境中以口語或非口語行為來影響他人的能力，其功能即是在特定的情境中提供互動者一些積極、有效且可以促進及維持良好關係的行為。在人與人互動時，社會技巧除能顧及本身的利益、需求外，也不會侵犯或破壞他人的權利（姜錢珠，1993）。

一、社會技巧的內涵

　　在學校中要能與同學交往互動，或是進行小組學習時的討論溝通等技巧，甚至進入職場也需要用到。其中比較常用到的有表現讚美、自我表露、有效的給予別人反應、表現肯定或拒絕行為等技巧。社會技巧的內容分為語言技巧和非語言技巧，語言技巧包括：給予正向或負向回饋、給予稱讚、問候致意、拒絕要求、做適當的請求、接受負向回饋、清楚地陳述個人意見、解決問題、交涉、協商、拒絕同儕壓力、說服等。非語言技巧內容包含：面部表情、注視、視線接觸、表情動作、姿勢、空間距離、身體接觸、音量、說話的流暢性與語調、身體外貌等（姜錢珠，1993；Wilkison & Cante, 1982）。

二、社會技巧的班級教學模式

　　社會技巧的班級教學可分成六個步驟（Carledge & Milburn, 1986）：

（一）步驟一、發現問題

　　確定學生社會技巧的問題或欠缺的能力。

（二）步驟二、擬定教學目標

　　擬定社會技巧教學的主要目標、次級目標及具體目標。

（三）步驟三、評估學生的行為

　　以觀察、面談或測驗方式了解學生對問題的感受、社會技巧的層級。

（四）步驟四、計畫和進行教學活動

　　使用直接教學法、角色扮演法或示範法教學，引起學生討論外，並提供學生練習機會。

（五）步驟五、教學評鑑

　　經由觀察、回饋或紙筆作業評估教學後行為的變化情形，以決定是否要繼續進行教學。

（六）步驟六、行為持續和轉移的方案

　　善用增強物維持學生的行為、教導學生監控自己的行為、要求學生做家庭作業。

　　社會技巧的教學適用在中小學各領域或學科，時間可根據難易而決定。尤其是在實習合作學習教學之前，教師要先實施社會技巧的教學，教導學生小組互動常用到的技巧。茲以強森兄弟（Johnon & Johnon, 1990）的教學實例，說明在教室中如何進行社會技巧。他先使用腦力激盪法要學生說出鼓勵人的言語，示範後接著要求學生分組練習，除了說出鼓勵言語外，還要配上動作，表現較好的同學，教師會予以表揚。

社會技巧的內涵

語言技巧

給予正向或負向回饋、給予稱讚、問候致意、拒絕要求

做適當的請求、接受負向回饋、清楚地陳述個人意見

解決問題、交涉、協商、拒絕同儕壓力、說服等

非語言技巧

面部表情、注視、視線接觸、表情動作、姿勢

空間距離、身體接觸、音量

說話的流暢性與語調、身體外貌等

社會技巧的班級教學模式

發現問題

| 確定學生社會技巧的問題 | 確定學生欠缺的能力 |

擬定教學目標

| 擬定社會技巧教學的主要目標 | 擬定社會技巧教學的次級目標及具體目標 |

評估學生的行為（前測）

| 以觀察、面談或測驗等方式進行評估 | 了解學生對問題的感受、社會技巧的層次 |

計畫和進行教學活動

| 以直接教學、角色扮演或示範法進行教學 | 引起學生討論外，並提供學生練習機會 |

教學評鑑

| 以觀察、回饋或紙筆作業評估行為的改變 | 確定教學成效及是否要繼續進行教學 |

行為持續和轉移的方案

| 善用增強物維持學生的行為 | 教導學生監控自己的行為及做家庭作業 |

Unit 11-3
創造思考教學法

創造思考教學法（teaching for creativity）是教師透過各種課程的內容，在支持性的環境下，運用啟發、創造思考的原則和策略，來激發和增進學生創造思考能力的一種教學模式。教師在實施此項教學時，要遵循以下三項原則：1.支持學生的創造力，不作任何評語；2.上課氣氛的營造，促進師生間互相尊重和接納的氣氛；3.善用教具與教材，並提供一些開放性、沒有單一答案的問題（陳龍安，2006）。

一、教學策略

創造思考教學並非是一種特定的教學法，而是將創造思考的策略融入學科教學，自從歐思朋（Osborn）發明腦力激盪法以來，有關策略的出現日新月異，例如威廉斯（F. Williams）創造思考教學就有18種策略。威廉斯為培養小學生的創造思考能力，採用基爾福特（Guilford）的多元智力理論，發展出三度空間結構的教學模式，這是一種教師透過課程內容，運用啟發創造思考的策略，以增進學生創造行為的教學模式（陳龍安，2014）。教學時，教師運用發問、圖片、故事、生活事件等方式，引導學生各項創造思考能力的發展。例如自然課討論到氣候與季節時，教師可提出：「如果季節不會改變，我們的生活會受到怎樣的影響？」讓學生發現知識中未知的部分（陳龍安，2006）。

二、教學模式

陳龍安（1990）設計了「問想做評」的教學模式，即運用四種教學策略來增進學生的創造思考能力：

（一）問

就是「問題」，提出問題，或安排問題的情境。教師依據學生的知識背景及需求，將所欲進行的學習內容配合創造思考的策略，例如6W法、六頂思考帽、檢核表等策略編製成問題向學生提問。

（二）想

就是「思考」，為鼓勵學生思考想像，因此要給學生思考的時間。雖然有時學生會偏離主題，或無法立即獲得答案，但教師給予適當的引導，加上同學之間的互動，比較容易獲得新觀念。

（三）做

就是「活動」，運用各種活動的方式，讓學生從做中學。在創造思考教學中，必須設計一些活動或遊戲，幫助學生針對問題，並將思考所得展現出來，例如讓學生寫、說、讀、畫、演、討論等都是。

（四）評

就是「評鑑」，運用暫緩批判、欣賞創意的原則，重視形成性評量、多元評量與自我評鑑的方法，來評量學生學習結果及修正教學方式。

創造思考教學策略

名稱	具體作法
1.矛盾法	1.發現一般觀念未必完全正確；2.發現各種自相對立的陳述或現象
2.歸因法	1.發現事物的屬性；2.指出約定俗成的象徵或意義；3.發現特質並予以歸類
3.類比法	1.比較類似的各種情況；2.將某事物與另一事物做適當的比喻
4.辨別法	1.尋覓各種訊息中遺落的環節；2.發現知識中未知的或不足的部分
5.激發法	1.探討各項的新意義；2.引發探索知識的動機；3.探索並發現新知或新發明
6.變異法	1.演示事物的動態本質；2.提供各種選擇、修正及替代的機會
7.習慣改變法	1.確定習慣思想的作用；2.改變功能固著的觀念及方法，增進對事物敏感性
8.重組法	1.將一種新的結構重新改組；2.創立一種新的結構；3.在零亂無序的情況發現組織並提出新的處理方法
9.探索法	1.探求前人處理事物的方法（歷史研究法）；2.確立新事物的地位與意義（描述研究法）；3.建立實驗的情境，並觀察結果（實驗研究法）
10.容忍曖昧法	1.提供各種困擾、懸疑或具有挑戰性的情境，讓學生思考；2.提供各種開放而不一定有固定結局的情境，鼓勵學生擴散思考
11.直觀表達法	1.學習透過對事物的感覺來表達感情；2.啟發對事物直覺的敏感性。
12.發展法	1.從錯誤或失敗中獲得學習；2.在工作中積極的發展而非被動的適應；3.引導發展多種選擇性或可能性
13.創造過程分析法	1.分析傑出而富有創造力人物的特質；2.以學習洞察、發展、精密思慮及解決問題的過程
14.評鑑法	1.根據事物的結果及涵義來決定其可能性；2.檢查或驗證原先對於事物的猜測是否正確
15.創造的閱讀技巧	1.培養運用由閱讀中所獲得的知識的心智能力；2.學習從閱讀中產生新觀念
16.創造的傾聽技巧	1.學習從傾聽中產生新觀念的技巧；2.傾聽由一事物導致另一事物的訊息
17.創造的寫作技巧	1.學習由寫作來溝通觀念的技巧；2.學習從寫作中產生新觀念的技巧
18.視像法	1.以具體的方式來表達各種觀念；2.具體說明思想和表達情感；3.透過圖解來描述經驗

取自陳龍安（2021，頁43-44）

創造思考教學模式

 問

 想

 做

 評

| 提出問題，或安排問題的情境 | 鼓勵學生思考想像 | 運用各種活動的方式，讓學生從做中學 | 評量學生學習結果及修正教學 |

Unit 11-4
批判思考教學

面對資訊與知識暴增的時代，為使個人能良好適應未來生活，「批判思考」是社會生活所不可或缺的，透過批判思考傾向與技能，能幫助個人在複雜變化的環境中，做出良好的評估與反應。目前批判思考已在美國各教育階段被視為重要的教學目標，我國的課程改革也強調培養學生獨立思考與解決問題能力，由此可見批判思考已逐漸受到教育領域的重視（陳萩卿，2004）。批判思考包含檢視、比較、判斷、歸納、選擇等思考過程，在價值形成歷程中，讓學生進行價值的統整，這項能力亦是高層次的認知能力（廖羽晨，2009）。教師實施有效的批判思考教學，可增進學生批判思考能力，幫助其適應未來多元的社會環境（陳萩卿，2004）。

批判思考教學並非一套新的、具有取代性的教學方法，它只是強調在傳統教學過程中，留意運用技巧或變化策略以啟發學生的批判思考，彌補現行教學缺失。批判思考教學強調對話性思考和辯證性思考，所謂對話性思考，係指面對一項問題或事物時，能接納他人不同意見、觀點或參照架構，彼此對談溝通而不堅持己見。辯證性思考則是當面對兩個或兩個以上不同爭論觀點時，能客觀的各為他們找出有利或不利的論據，進而考驗、測試、評鑑他們各自的優缺點（廖羽晨，2009）。批判思考教學較常使用的策略如下（張玉成，1993；廖羽晨，2009）：

一、問答法

教師在課程中安排一系列的問題，透過提問的方法引導學生回答，或者要求學生討論後提出問題，再針對所提問題進行討論。然而「問題」必須課前設計，同時教師也得留意發問技巧，引導學生思考、回答。以國中歷史為例，在教導「清領台灣的移墾社會」課程內容時，就可問學生何謂「移墾社會」？移墾社會的移民從何而來？是什麼理由讓這些人願意離鄉背井來到台灣？藉由一連串環環相扣的提問，讓學生去思考、理解，使學生逐步建立清領台灣移墾社會的知識架構。

二、討論法

課前提供相同議題不同觀點的文章，要求學生事前閱讀，課堂針對文章觀點提出自己的想法及批評，學生仔細聆聽同學的意見並從中提出認同或反對的意見，此方法能訓練學生查閱資料、蒐集論點、表達意見、分析思考，以及解決問題的能力。

批判思考教學的特徵

能幫助個人在複雜變化的環境中，做出良好的評估與反應

強調在傳統教學過程中，留意運用技巧或變化策略以啟發學生的批判思考，彌補現行教學缺失

批判思考教學強調對話性思考和辯證性思考能力的培養

對話性思考與辯證性思考比較

對話性思考

面對一項問題或事物時，能接納他人不同意見、觀點

彼此對談溝通而不堅持己見

辯證性思考

面對兩個或以上不同爭論觀點時，能客觀地找出有利或不利的證據

進一步考驗、測驗、評鑑各自的優缺點

批判思考教學較常使用的策略

問答法

透過提問的方法引導學生回答

「問題」必須課前設計，教師要留意發問技巧

討論法

課前提供相同議題、不同觀點的文章，要求學生事前閱讀

針對文章觀點提出想法及批評

Unit 11-5
價值澄清法的發展與價值形成

價值澄清法是道德教學法之一，因為實施方法簡便、生動有趣且富彈性，故在價值教學、輔導活動，乃至其他各科的教學上，都被廣泛地加以應用（單文經譯，2001）。這種教學法最早由瑞斯（Raths）等人於1966年合著《價值與教學》一書中提出，該書質疑傳統的道德灌輸，因而提供各種價值澄清的策略，讓學生對道德性議題進行系統化反思，故受到世人的重視而廣泛運用。西蒙（Simon）於1973年再將此理念應用在輔導領域。價值澄清法主要目的是協助學生察覺並確定自己或他人的價值，在面對問題時，能有很明確的看法，以尋求較為合理的解決方法。瑞斯認為價值觀念不明確的人，在生活上沒有確切的方向，而且不知道如何運用時間，如果能夠澄清個人的價值，才會朝向特定目的努力，並作出合理的思考判斷（王財印等，2019）。

價值澄清法注重價值形成的過程，這是價值澄清法的核心。瑞斯、西蒙等人強調，價值形成的過程必須經過三個階段、七個步驟或規準（歐用生，1996）：

一、選擇

包含：1.自由選擇；2.從許多選擇中選擇；3.對每一個選擇中的結果都深思熟慮後選擇三個步驟。這階段說明個人經過積極而自由選擇後所得的價值，愈能覺得此價值是其思想的中心，開放愈多的選擇途徑，我們愈能發覺真正的價值所在，個人同時需對其所選擇的後果深思熟慮及衡量比較。

二、珍視

包含：1.讚賞、重視和珍愛所做的選擇；2.願意公開地肯定自己的選擇兩步驟。對於我們所選擇、決定的價值，會珍惜和重視，這個價值由於是在自主與經過慎重考慮後才做的決定，我們便自然願意對外公開。

三、行動

包含：1.以自己的選擇採取行動、嘗試去做；2.在自己某些生活模式中重複的行動兩步驟。個人的價值能影響生活，並能表現於日常行為上，不能光說不練；當個人的某種信念或態度若已達價值的階段，必會一再反覆表現於行為上。

任何觀念、態度、興趣或信念要真正成為個人的價值，必須符合以上這七個規準或步驟，逐步建立起來，這樣才能形成真正的價值體系。教學時教師必須遵循這七種規準，指導學生親自體驗，由選擇而珍視，由珍視而重複行動，才能進一步建立明確的價值觀念（歐用生，1996）。

價值澄清法的發展

價值清澄法是道德教學之一，最早由瑞斯（Raths）等人於1966年所設計

認為如果能夠澄清個人的價值，才會朝向特定目的努力，並作出合理的思考判斷

教學目的是協助學生察覺並確定自由或他人的價值，在面對價值問題時，能尋求合理的解決方法

價值形成的過程

01 選擇

自由選擇

從許多選擇中選擇

對每一個選擇中的結果都深思熟慮後選擇

02 珍視

讚賞、重視和珍愛所做的選擇

願意公開地肯定自己的選擇

03 行動

以自己的選擇採取行動、嘗試去做

在自己某些生活模式中重複地行動

Unit 11-6
價值澄清法的教學過程與活動

本單元介紹價值澄清法的教學過程及教學活動與技巧兩部分。

一、教學過程

此教學法適用在諮商、一般學科、班會等情境，教師可藉此協助學生澄清自己的選擇行為。其教學過程如下（王財印等，2019；歐用生，1996）：

（一）了解期

此時期的主要工作在使學生表達及分享相關的想法。教師可以應用圖片、統計圖表、卡通、詩或畫等引導或協助其了解，並鼓勵學生提出自己所了解的情形與看法。

（二）關聯期

此一階段包含選擇和珍視的過程。教師將前期學過的相關概念，與正在學習的主題和理念產生關聯，再進一步澄清兩者的關係。

（三）評價期

又稱為價值形成時期，學生表達對上述資料、理念、概念、事件的好惡感覺，以及自己的選擇、決定。

（四）反省期

是指由學生反省個人所經驗過的價值或感情，並鼓勵個人公開表達自己的價值觀和感覺，使學生覺知他們如何了解、如何思考、評價和感覺。

二、教學活動與技巧

價值澄清法是透過所設計的活動來引導，瑞斯等人便曾設計20種活動，藉由活動提供學生選擇的機會，形成個人主觀認同與珍視的價值體系。主要的活動與技巧有以下三類（歐用生、林瑞欽譯，1991；林吉基，2011）：

（一）書寫活動

常用的方式有價值單、反省單、未完成填句等，例如價值單的問題：當你有一萬元可花用時，你要做哪些決定？

（二）澄清式問答

老師以問題來聽取學生的回應，並幫助學生釐清自己觀念與價值的修正。以下以志明為教學範例，他在課堂上回答老師的問題說：「最不喜歡上國語課」，依志明這樣的態度，老師給予價值澄清回答：

1. 老師：「在所有科目中，最不喜歡上國語課，理由為何？」
   志明：「作業太多，常寫不完。」
2. 老師：「因為作業太多，就不喜歡上國語課？」
   志明：「對。」
3. 老師：「老師出很多作業，你猜老師的目的為何？」
   志明：「為了我們好。」

（三）討論活動

包括價值澄清式的討論、行動計畫、角色扮演、設想的偶發事件等討論。價值澄清式的討論是教師對學生的回答不作評價，只是幫助學生對自己的抉擇和結果再檢驗，以便做選擇。例如學生說沒工業汙染的話，人會生活得更好。教師提問：那商業活動要怎麼辦？政府要怎麼做？你能做些什麼？

價值澄清法的教學過程

1 了解期
- 使學生表達及分享相關的想法
- 鼓勵學生提出自己所了解的情形與看法

2 關聯期
- 包含選擇和珍視的過程
- 教師將前期學過的概念，與正在學習的主題和理念產生關聯

3 評價期
- 又稱為價值形成時期
- 學生表達對上述資料、理念、事件的好惡感覺，以及自己的選擇、決定

4 反省期
- 學生反省個人所經驗過的價值或感情
- 鼓勵個人公開表達價值觀和感覺

價值澄清法的教學活動

1 書寫活動

填寫價值單、反省單、未完成填句等

2 澄清式問答
- 老師以問題來聽取學生的回應
- 幫助學生釐清自己的觀念與價值的修正

3 討論活動
- 價值澄清式的討論，對學生的回答不作評價
- 行動計畫、角色扮演、設想的偶發事件等討論

Unit 11-7
道德兩難問題

柯爾柏格（L. Kohlberg）重視孩童的道德推理與判斷能力，他將道德認知發展區分爲六個階段，即是三期六段論，他藉由「道德兩難」（moral dilemma）的問題，來評定個體的道德推理層次，不受到種族或文化因素影響，並藉由對於道德兩難的討論方法，引導學生進行道德推理，幫助學生解決道德衝突（李琪明，2013）。

道德兩難的問題大都牽涉到當事人和他人在需求、權益方面的衝突，這些需求、權益可能是金錢、權力、親情、友誼、愛情、自由等，對每個人而言，這些需求或權益都具有不同的重要性，當與他人的需求或權益產生衝突，必須在衝突的價值間做取捨才能解決問題時，便產生價值或道德衝突，因爲選擇了某一項價值就必須犧牲其他的價值，人們是否能依據較高層次的道德原則做取捨是教學的核心概念（李琪明，2013）。

道德兩難問題並沒有對或錯的標準答案，決定取捨什麼不是重點，重點在取捨的理由，從背後的理由及推理模式可以了解其相對應的道德認知層次。以柯爾柏格著名的海因茲（Heinz）偷藥的兩難故事爲例，同樣不贊成偷藥，如果理由是「偷藥會被關進監牢」則屬道德認知發展的第一階段，「偷藥會被別人當做壞人」則具第三階段推理形式，「偷藥破壞社會規範」已具第四階段推理形式。因此評估道德發展過程要重視推理方式（理由）而非答案（王財印等，2019）。柯爾柏格指導我們編擬兩難故事的基本要素包括五項（林吉基，20111；單文經，1996）：

一、主題

故事內容儘量簡單，最好只包括兩、三位主角，困境故事的情節應集中在學生生活、課程內容或現實社會生活，使情節具有逼真性。

二、主角

故事包括一個主角，情節圍繞主角而構成，討論時，學生針對主角該做的道德行爲予以判斷。

三、行動選擇

故事中的主角必須包括兩個選替性的行動，但不應該代表一種文化上認同的「正確答案」，如此對主角造成衝突與困境而激發推理。

四、道德問題

可以包括德目中的核心價值問題，報章媒體熱門討論的話題如安樂死、代理孕母等議題列爲討論教材。

五、所擬討論問題含有「應然」的形式

例如要不要、會不會，以及探詢理由「爲什麼」的假設性問題。沒有單一而正確答案的問題，才能引發衝突刺激討論。

道德兩難問題的性質

柯爾柏格重視孩童的道德推理與判斷能力，他藉由「道德兩難」的問題，來評定個體的道德推理層次

藉由道德兩難的討論，引導學生進行道德推理，幫助學生解決道德衝突

道德兩難的問題大都牽涉到當事人和他人在需求、權益方面的衝突

道德兩難問題並沒有對或錯的標準答案，決定取捨什麼不是重點，重點在取捨的理由

評估道德發展過程要重視推理方式（理由）而非答案

編擬兩難故事的基本要素

主題
· 故事內容儘量簡單，最好只包括兩、三位主角
· 困境故事的情節應集中在學生生活

主角
· 故事情節圍繞一位主角而構成
· 討論時，針對主角該作的道德行為予以判斷

行動選擇
· 主角必須包括兩個選替性的行動
· 不包括文化上認同的「正確答案」
· 才會造成衝突與困境而激發推理

道德問題
· 可包括德目中的核心價值問題、報章媒體熱門討論的話題
· 如安樂死、代理孕母等議題

所擬討論問題含有「應然」的形式
· 例如要不要、會不會，以及探詢理由「為什麼」
· 沒有單一而正確答案的問題，以引發討論

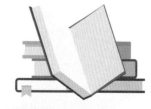

Unit 11-8
道德兩難教學法的實施

　　國內道德教學一般採直接與間接兩種方式，直接教學法如講述法，是將道德內容與學科或生活情境結合，其缺點是容易淪爲教條式的宣傳。爲引導青少年具備道德判斷所需的知識與生活經驗，以及確立青少年實踐道德行爲的內在意願，應避免給予兒童任何特別的、具體的內容。價值澄清法與道德兩難教學法皆強調推理的方法或形式，對道德價值形成之認知有其價值，因而在情意領域的教學受到重視（王財印等，2019）。透過道德兩難問題情境，經由充分的角色扮演和討論，可以教導學生正確的判斷能力，提升學生的道德認知水平，收到良好的教學效果（李怡慧，2018）。欲使道德討論教學有效地實施，教師必須預作籌劃，以下爲道德兩難教學的實施步驟（王財印等，2019；單文經，1996）：

一、引起動機

　　主題討論之前可用與該故事有關的問題做暖身討論。

二、呈現故事

　　故事呈現給學生，可由教師視當時的條件而採取最適當的方式，例如可用講義、影片、投影片、口頭說明、角色扮演、新聞事件等。不管用什麼方式展現出來，重要的是透過故事的情節，激發學生參與討論的意願。

三、澄清教材內容

　　故事呈現之後，教師應就故事內容問幾個問題，以確認同學了解內容且能引發道德兩極之爭議，最後教師提出兩難困境討論之問題，以確定同學對於故事主角所面臨的衝突與抉擇是否了解。

四、提出主張

　　教師要求每位同學設想自己就是故事主角，就所面臨的兩難問題加以考慮，並表明自己的立場，每位學生個別判斷這些問題「該」或「不該」的主張，並提出「理由」。

五、分組討論

　　立場或主張確定之後，教師以每組4-6人爲原則，將不同立場的學生加以分組。分組討論的目的，在增加學生間相互詰難的機會，在意見相同的小組內，能激發出更多的道德理由，以作爲全班討論的基礎。討論時，教師必須巡視各小組，給予協助及避免討論離題，本步驟約需15-20分鐘。

六、全班討論

　　教師要求學生將各小組的結論，以口頭報告的方式，推派代表上台報告，報告完後，同學可再補充或提出質問。

七、結束討論

　　道德討論教學的最後一項活動，是協助同學順利地結束討論，並且指定課後作業，以延續教學效果。

國內道德教學方式

直接教學	間接教學
・例如講述法，是將道德內容與學科或生活情境結合 ・其缺點是容易淪為教條式的宣傳	・例如價值澄清法與道德兩難教學法 ・皆強調推理的方法或行事，對道德價值形成之認知有其價值

道德兩難教學的實施步驟

引發動機	主題討論之前，可用與該故事有關的問題做暖身討論
呈現故事	・可用講義、影片、投影片、口頭說明、角色扮演、新聞事件等 ・重要的是透過故事的情節，激發學生參與討論的意願
澄清教材內容	・就故事內容問幾個問題，確認同學了解內容且能引發道德兩極之爭議 ・教師提出兩難困境討論之問題，以確定同學對於衝突與抉擇的了解
提出主張	設想自己是故事主角，就所面臨的兩難問題加以考慮，並表明自己的立場
分組討論	立場或主張確定後，以每組4-6人為原則，將不同立場的學生分組
全班討論	各小組的結論，以口頭報告的方式，推派代表上台報告
結束討論	協助同學順利地結束討論，並且指定課後作業

251

Unit 11-9
角色扮演法

　　角色扮演法是藉由表演問題情境和討論表演來探索感情、態度、價值、人際關係問題和問題解決策略。這個教學模式偏重於教育過程中的個人和社會層面，試著幫助個體發現在社會世界內的個人意義，和由社會團體的協助解決個人困境，特別是人際問題，其目的有三：1.探索學生的情感；2.從態度、價值、知覺得到啟發；3.發展問題解決技能和態度（Joyce, Weil, & Calhoun, 2008）。

　　角色扮演教學活動包括九個階段，教師可視情況加以更動，其作法分述如下（Shaftel & Shaftel, 1982）：

一、團體的熱身

　　向學生說明問題，使其了解學習的目標，教師可透過實例向學生說明問題，如用影片、電視節目、故事的方式說明，也可以問問題的方式使學生思考或預測故事結果。

二、選擇參與者

　　教師和學生共同討論喜歡什麼、感覺如何、打算做什麼，然後要求學生自願地選擇角色，有時甚至會要求學生扮演某一特定角色。

三、設置舞台

　　學生草擬大綱，但不必準備任何對話，教師幫忙設置舞台，簡單的動線要讓學生知道，以確保學生在表演中的安全。

四、讓觀眾成為參與觀察者

　　觀眾能主動參與是重要的影響因素，這樣全部成員才能具備表演經驗，

後面的分析才能進行。教師可分配觀眾一些工作，如評鑑角色扮演的真實性，評論表演者行為是否合乎程序等。

五、表演

　　表演者要假設角色是活在真實情境，是真實的反應，但是不要期望角色扮演可以進行得很順利，也不要期待表演者可以表演得很好。

六、討論和評鑑

　　如果表演者和觀眾理智和情感都投入其中，則討論會自然地進行。剛開始討論可能集中在與故事情節的異同或不同意角色的表演方式等主題，表演的結果和演員動機是更重要的主題。

七、再表演

　　表演可能重複很多次，學生和教師能分享新的角色詮釋及決定探索新的因果可能性，例如更換角色會變成如何？某一個重點以不同的方式表現，結果會如何？

八、討論和評鑑

　　針對第二次表演提出討論，教師可以詢問結果是否真會發生的方式，引導學生到實際的解決方法上。

九、分享經驗和類化

　　不要期待能立即類化到人際關係情境，但討論對類化到問題情境有很大的幫助，愈多的討論愈能建立結論，行為的假設原則也較能應用在自己的生活中。

角色扮演法的教學目的

探索學生
的情感

從態度、價值、
知覺得到啟發

發展問題解決技能
和態度

角色扮演法的教學歷程

1 團體的熱身 | 向學生說明問題，使其了解學習的目標

2 選擇參與者 | 學生自願選擇角色或扮演某一特定角色

3 設置舞台 | 簡單的動線要讓學生知道

4 讓觀眾成為參與觀察者 | 教師可分配觀眾一些工作，如評鑑角色扮演的真實性

5 表演 | 不期望角色扮演可以進行得很順利，也不要期待表演者可以表演得很好

6 討論和評鑑 | 討論與故事情節的異同、角色的表演方式、表演的結果和演員動機等主題

7 再表演 | 分享新的角色詮釋及決定探索新的因果可能性

8 討論和評鑑 | 針對第二次表演提出討論

9 分享經驗和類化 | 討論如何應用到真實的問題情境

Unit 11-10
欣賞教學法

欣賞教學法（appreciation instruction）是情意領域的重要教學法之一，是教師在教學過程中，教導學生對於自然、人生、藝術等方面的認知，並了解其評價的標準，進而發揮想像力，使其身歷其境，激發其深摯的感情，以建立自己在這些方面的理想或陶冶自己的心性（林進材、林香河，2016）。

一、欣賞教學的種類

欣賞教學的性質，依學科不同而異，有些學科偏重於情感的陶冶，有些學科偏重於態度和理想的培育，有些學科偏重於眞理的探求。因此，欣賞教學也隨之分爲藝術、道德、理智的欣賞三種。藝術的欣賞是屬於美的欣賞，是對於音樂、美術、文學等作品的欣賞，以及對於自然界風景的欣賞。道德的欣賞是屬於善的欣賞，是對於某人某事所表現的道德品格或社會品格的欣賞，例如忠勇、孝順、仁愛等。理智的欣賞，是屬於眞理的欣賞，是對於眞理、正確知識、科學上發明發現或優美作品的欣賞（王秀玲，1988；高廣孚，1988）。

二、欣賞教學法的實施步驟

欣賞教學法可運用到各個學科的教學活動中，教師實施的步驟如下（王秀玲，1998）：

（一）引起學生欣賞的動機

教學前，教師要設計引起學生欣賞動機的活動，例如說故事、展示作品、放映影片或投影片，以引起學生情感的共鳴，產生欣賞的慾望。

（二）提出欣賞對象

教師呈現給學生欣賞的對象包含特定人士的品德、風範、處世態度、藝術作品或是眞理知識，教師除要事先做好準備工作外，在提出欣賞對象時，同時要說明欣賞的重點和欣賞的方法。

（三）誘發強烈情感反應

在欣賞過程中，教師要利用適當的時機誘發學生強烈的情感反應，體會眞、善、美的價值感受，以達到教學目標。

（四）發表感想及評鑑

欣賞之後，教師指導學生發表感想和觀點，就重要的觀點加以討論，最後由教師給予適當的評鑑，以培養學生高尚的理想、情操和態度。

（五）指導實踐篤行

教師可在課後，觀察學生是否將欣賞的技巧和態度運用在生活上。

欣賞教學法並沒有既定的步驟或一定的材料，而必須要根據教學目標及教學對象的個別差異加以事先設計。雖然沒有一定的模式，但要掌握五項因素：教學目標、欣賞主題、欣賞方式、欣賞媒體的選擇與製作、教學評鑑（王眞麗，2005）。

欣賞教學法的種類

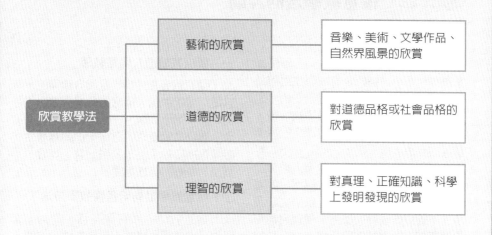

	藝術的欣賞	音樂、美術、文學作品、自然界風景的欣賞
欣賞教學法	道德的欣賞	對道德品格或社會品格的欣賞
	理智的欣賞	對真理、正確知識、科學上發明發現的欣賞

欣賞教學法的實施步驟

1 引起學生欣賞的動機

設計引起學生欣賞動機的活動

2 提出欣賞對象

說明欣賞對象、欣賞的重點和欣賞方法

3 誘發強烈情感反應

教師要利用時機誘發學生強烈的情感反應,體會真、善、美的價值感受

4 發表感想及評鑑

學生發表感想和觀點,教師給予適當的評鑑

5 指導實踐篤行

課後觀察學生是否將欣賞的技巧和態度運用在生活上

Unit 11-11
情意教學法的評論

情意領域所注重的是：「學生願意做些什麼？」指的是有關學生對該科學習的意願，包括愉快的感受在內；尤其是在學會該科較基本的知識技能後，繼續或自動再做較廣泛或較深入的探索學習的意願（周天賜，1982）。十二年國教課程總綱即標明「基於全人教育精神，以培育國民具備尊重、關懷、團隊合作等核心素養為目標」，但研究卻發現「不管高低成就的學生，學習興趣和自信都低」，這結果顯示情意教育長期受忽視，已造成不良後果（唐淑華，2004；吳秀笑，2017）。林百泓、盧秀琴（2003）認為情意教學在教育體系中，一直存在雷聲大，大至與認知課程齊名，但雨點小，小到在實際教學中經常缺席或陷入落空的窘境，加上情意教學面臨如評量、實踐困難等問題，讓教師在認知上知覺情意教學的重要性，但卻面臨要不要教、要如何教的問題。一位有理想的教師，必須能教孩子「理解知識」（知）、「應用知識」（行）、「欣賞知識」（情），進而「主動求知」（意），讓學生「知、行、情、意」合一發展，實現全人教育理想（張春興，2013）。

為落實情意教學，教師應試著從以下幾方面來著手（郭如育，2011；張旻暉，2011）：

一、領域教學融入情意教學

情意教育和各學科是沒有衝突的，只要在課程中加入情意的內容，如一篇文章、一則小故事、一幅圖畫，都能對學生進行情意概念的建構，例如藉著生活課程期望學生能學習到欣賞、寬容、關懷、尊重的情意態度。

二、情意教學要善用各種教學方法

情意教學方法有許多種，針對不同的目標要選擇適當的教學方法，方能達到事半功倍的學習效果。教師應試著將美育、群育、德育的內容融入學科教學，不要只侷限在認知領域的教學。

三、善用時事新聞引導學生討論

學習不應只是被動的灌輸，尤其是情意的學習更應該能貼近學生的生活。教師可善用學科教學帶領學生討論時事議題，並引導學生討論或發表，這樣的學習方式就能使學生從生活實例中產生遷移的學習效果。

四、教師要重視身教和言教

教師身為第一線教育人員，因此教師的一言一行都會成為學生模仿與學習的對象。教師不應該只重視智育的成果，而應以成為「人師」而自居，這也是一種潛在課程的學習。

情意教學受到忽視

研究發現「不管高低成就的學生，學習興趣和自信都低」

實際教學經常缺席或陷入落空的窘境

情意教學面臨如評量、實踐困難等問題

教師在認知上知覺情意教學的重要性，但卻面臨要不要教、要如何教的問題

如何重視情意教學

01 領域教學融入情境教學

在課程中加入情意的內容，如一篇文章、一則小故事、一幅圖畫

02 情意教學要善用各種教學方法

教師試著將美育、群育、德育的內容融入學科教學，不要只侷限在認知領域的教學

03 善用時事新聞引導學生討論

帶學生討論時事議題，並引導學生討論或發表

04 教師要重視身教和言教

教師的一言一行都會成為學生模仿與學習的對象

不應該只重視智育的成果，而應以成為「人師」而自居

參考文獻

圖解素養導向教學原理與設計

一、中文部分

大學入學考試中心（2017）。108新課綱與素養導向命題精進方向。2021年2月15日檢索自https://www.ceec.edu.tw/files/file_pool/1/0J193582659306285510/17.pdf

孔企平（1999）。對西方學者課程目標模式討論的述評。當代華人教育學報，2(1)，2014年1月26日檢索自http://www.fed.cuhk.edu.hk/~hkier/jecc/jecc9911/jecc991106.htm

方德隆（2001）。課程理論與實務。高雄市：復文。

毛連塭、陳麗華（1987）。精熟學習法。台北市：心理。

王秀玲（1998）。主要教學方法。載於黃政傑（主編），教學原理（頁117-183）。台北市：師大書苑。

王金國（2005）。共同學習法之教學設計及其在國小國語科之應用。屏東師院學報，22，103-130。

王金國（2018）。以專題式學習法培養國民核心素養。臺灣教育評論月刊，7(2)，107-111。

王金國、張新仁（2003）。國小六年級教師實施國語科合作學習之研究。教育學刊，21，53-79。

王政忠（2015）。MAPS教學法。中等教育，66(2)，44-68。

王政忠（2016）。我的草根翻轉：MAPS教學法。台北市：親子天下。

王美芬、熊召弟（2000）。國民小學自然科教材教法。台北市：心理。

王眞麗（2005）。生活課程：理論與實務。台北市：高等教育。

王財印、吳百祿、周新富（2019）。教學原理（第三版）。台北市：心理。

王雅觀（2005）。概念獲得與重組的教學設計。載於李咏吟（主編），多元教學設計（頁41-56）。台北市：高等教育。

王麗雲（1999）。個案教學法之理論與實務。課程與教學季刊，2(3)，117-134。

丘立崗等譯（2009）。教學原理：學習與教學。台北市：學富文化。（D. Kauchak & P. D. Eggen, 2003）

史美瑤（2018）。八個帶領課堂討論的方式。評鑑雙月刊，72。2020年5月23日檢索自http://epaper.heeact.edu.tw/archive/2018/03/01/6932.aspx

司曉宏、張立昌（2011）。教育學教程。北京市：高等教育。

伍振鷟、林逢祺、黃坤錦、蘇永明（2010）。教育哲學。台北市：五南。

朱啟華（2006）。論愛心或耐心作爲教師的基本態度。教育科學期刊，6(1)，1-16。

朱蕙君（2016）。翻轉教室應用於高中歷史課程的教學模式。載於黃國禎（主編），翻轉教室理論、策略與實務（頁169-178）。台北市：高等教育。

余民寧（2012）。教育測驗與評量：成就測驗與教學評量。台北市：心理。

吳秀笑（2017）。「關懷合作」或「競爭猜忌」的教育？探討「臺灣學生很會寫題目，學習信心和興趣倒數」的教育困境。臺灣教育評論月刊，6(7)，157-163。

吳俊憲、黃政傑（2006）。合作學習的發展與前瞻。載於吳俊憲、黃政傑（主編），合作學習發展與實踐（3-55頁）。台北市：五南。

吳勇宏（2015）。可以說話的國文課：學思達教學法的操作與應用。中等教育，66(2)，16-29。

吳勇宏（2018）。學思達講義編制：高中國文科。2021年2月6日檢索自https://medium.com/%E5%AD%B8%E6%80%9D%E9%81%94sharestart/%E5%AD%B8%E6%80%9D%E9%81%94%E8%AC%9B%E7%BE%A9%E7%B7%A8%E5%88%B6-b50c9eb52490

吳清山、林天祐（2005）。教育新辭書。台北市：高等教育。

李田英（1998）。為何要使用探討式教學及如何達成它。國民教育，28(8、9)，12-16。

李佳容（2018）。參與式翻轉教學的挑戰與未來。臺灣教育評論月刊，7(8)，31-34。

李咏吟、單文經（1997）。教學原理。台北市：遠流。

李坤崇（2006）。教學評量。台北市：心理。

李坤崇（2008）。情意教學目標分類及其評量。教育研究月刊，170，114-119。

李坤崇（2012）。問題導向學習的特色與模式。教育研究月刊，220，104-114。

李宗薇（1997）。教學設計。載於黃政傑（主編），教學原理（頁67-116）。台北市：師大書苑。

李怡慧（2018）。生死的抉擇：道德兩難教學之設計。臺灣教育評論月刊，7(4)，164-167。

李明堂、郭明堂（1995）。國小自然學科——探究教學模式的析論。國教天地，109，56-63。

李春芳（1988）。發問的技巧。載於黃光雄（主編），教學原理（頁296-312）。台北市：師大書苑。

李堅萍（2001）。Simpson、Harrow與Goldberger技能領域教育目標分類之比較研究。屏東師院學報，40，675-710。

李琪明（2013）。《道德教育期刊》創刊40年之研究趨勢及其對我國教育啟示。教育研究集刊，59(1)，35-72。

杜振亞、郭聰貴、鄭麗娟、林麗娟、吳佳蕙譯（2007）。學習導向的教學設計與原理。高雄市：麗文。（R. M. Gagné et al., 2005）

沈翠蓮（2003）。教學原理與設計。台北市：五南。

卓芮綺（2014）。翻轉教育的迷思與教學應用。2020年4月29日檢索自http://tep.thu.edu.tw/G03570007/Homework/102-2專討期末報告.pdf

周天賜（1982）。國民中學國文科情意教學評量之研究。教育研究集刊，24，215-229。

周天賜譯（2003）。問題引導學習PBL。台北市：心理。（R. Delisle, 1997）

周啟葶（2005）。直接教學的設計原理。載於李咏吟（主編），多元教學設計：課程改革的實踐（頁19-40）。台北市：高等教育。

周淑卿、吳璧純、林永豐、張景媛、陳美如（2018）。素養導向教學設計參考手冊。教育部國民及學前教育署。

周新富（2016）。班級經營。台北市：五南。

周新富（2018）。教育社會學（第二版）。台北市：五南。

周新富（2019）。教學原理與設計。台北市：五南。

周新富（2020）。教育理念與實務。台北市：五南。

林永豐（2014）。素養的概念及其評量。教育人力與專業發展，31(6)，35-47。

林生傳（1992）。新教學理論與策略。台北市：五南。

林吉基（2011）。道德教育與道德教學。中等教育，62(3)，38-51。

林百泓、盧秀琴（2003）。自然科教師情意教學之個案研究。國立臺北師範學院學報，16(1)，105-126。

林勇吉、秦爾聰、段曉林（2014）。數學探究之意義初探與教學設計實例。臺灣數學教師，35(2)，1-18。

林美玲（2002）。教學原理。高雄市：復文。

林進材（2002）。有效教學：理論與策略。台北市：五南。

林進材（2004）。教學原理。台北市：五南。

林進材（2006）。教學論。台北市：五南。

林進材（2008）。小組討論教學在大學課程的應用——以「兩性教育」為例。載於鄭博真主編，大學卓越教學法：原理、方法與實例（頁31-50）。台南市：中華醫事科技大學。

林進材（2012）。班級經營。台北市：五南。

林進材、林香河（2016）。寫教案：教學設計的格式與規範。台北市：五南。

林達森（2002）。合作學習在九年一貫課程的應用。教育研究資訊，10(2)，87-103。

林寶山（1995）。教學原理與技巧。台北市：五南。

邱淵等譯（1989）。教學評量。台北市：五南。（Benjamin S. Bloom, George F. Madaus, & J. Thomas Hastings, 1981）

圖解素養導向教學原理與設計

姜錢珠（1993）。社會技巧訓練對增進國中生社會技巧、社會自尊與人際關係效果之研究。國立高雄師範大學教育研究所碩士論文，未出版。

施良方（1996）。學習理論。高雄市：麗文。

洪文東（2007）。探究式化學單元教學活動設計與評估：以「水溶液的性質」為例。美和技術學院學報，26(1)，15-42。

洪志成、洪慧真（2012）。精進教學實務之自我研究：教師PBL教學經驗的學習。屏東教育大學學報：教育類，93，75-106。

洪振方（2003）。探究式教學的歷史回顧與創造性探究模式之初探。高雄師大學報，15，641-662。

科技產業資訊室（2021）。魚骨圖、因果圖與問題解決思考流程。2021年3月8日檢索自https://iknow.stpi.narl.org.tw/Post/Read.aspx?PostID=3037

胡秀威（1999）。一種資訊處理的教學模式研究：概念獲得模式。教育探索，1，2014年4月15日檢索自http://cnki.yctc.edu.cn/edu/2/article/Article3524.htm

范信賢（2016）。國民基本教育課程綱要：導讀《國民核心素養：十二年國教課程改革的DNA》。國家教育研究院教育脈動電子期刊，5，1-6。檢索自http://pulse.naer.edu.tw/content.aspx?type=H&sid=198

計惠卿（2005）。台灣數位學習專案之教學設計實務模式研究。教育資訊傳播與科技國際學術研討會論文集，2005年12月，台灣教育傳播暨科技學會。

唐淑華（2004）。情意教學：故事討論取向。台北市：心理。

徐照麗（2003）。教學媒體：系統化的設計、製作與運用。台北市：五南。

涂金堂（2009）。教育測驗與評量。台北市：三民。

郝永崴、鄭佳君、何美慧等譯（2007）。有效教學法。台北市：五南。（G. D. Borich, 2004）

高佩蓉（2005）。直接教學模式與建構式教學法於數學困難學生二位數進位加法、退位減法教學成效之比較。國立臺南教育大學特殊教育學系碩士論文，未出版，台南市。

高廣孚（1988）。教學原理。台北市：五南。

國立臺灣師範大學教育研究與評鑑中心（2013）。差異化教學。2019年6月4日檢索自http://www.mtjh.tn.edu.tw/mtjh26/PExiang/03_publish/03_chang_PE/補充－差異化教學的定義與原則01.pdf

國家教育研究院（2015）。十二年國民基本教育領域課程綱要核心素養發展手冊。台北市：國家教育研究院。

張文哲譯（2009）。教育心理學。台北市：學富。（R. E. Slavin, 2005）

張民杰（2001）。案例教學法：理論與實務。台北市：五南。

張民杰（2008）。案例教學在大學課程的應用：以「班級經營」為例，載於鄭博真主編，大學卓越教學法──原理、方法與實例（頁95-116）。台南市：中華醫事科技大學教學卓越中心。

261

張玉成（1991）。教師發問技巧（四版）。台北市：心理。

張玉成（1993）。思考技巧與教學。台北市：心理。

張旻暉（2011）。以「感恩」為焦點的情意教學與班級氣氛的關係之行動研究。國立臺北教育大學碩士論文，未出版，台北市。

張春興（2013）。教育心理學：三化取向的理論與實踐（第二版）。台北市：東華。

張茂桂、楊秀菁（2019）。十二年國教「社會領綱」的探究學習及「探究與實作」課程的特色。國教課綱向前行電子報，22。2021年2月10日檢索自https://newsletter.edu.tw/2019/04/10

張素貞、顏寶月（2004）。九年一貫課程之學校「課程計畫」備查實務探究與分析。研習資訊，21(1)，35-44。

張淑萍、張瀞文（2018）。磨課師課程與教材——設計、發展與實施策略。科學發展月刊，549，19-26。

張新仁（1999）。討論技術。載於黃光雄（主編），教學原理（頁313-326）。台北市：師大書苑。

張新仁（2001）。實施補教教學之課程與教學設計。教育學刊，17，85-105。

張新仁（2008）。從有效教學談中小學教師專業發展評鑑。發表於國立臺北教育大學2008.11.15舉辦「改寫教師專業發展評鑑的文化故事系列研討會手冊」。檢索自http://researcher.nsc.gov.tw/public/8507269/Data/01181129771.pdf

張輝誠（2015）。翻轉教學新浪潮：學思達法紹。T&D飛訊，207，1-21。

張輝誠（2016）。翻轉教學：學思達的自學能力培養與圖書館新教養。國立成功大學圖書館刊，25，1-7。

張輝誠（2018）。學思達增能。台北市：親子天下。

張霄亭、朱則剛（2008）。教學媒體。台北市：五南。

張霄亭等著（2000）。教學原理。新北市：空中大學。

張霄亭等譯（2002）。教學媒體與學習科技。台北市：雙葉書廊。（R. Heinich, M. Molenda, J. D. Russell, & S. E. Smaldino, 2002）

教育部（2012）。師資培育白皮書。台北市：教育部。

教育部（2014）。十二年國民基本教育課程綱要總綱。台北市：教育部。

教育部（2018a）。十二年國民基本教育課程綱要：國民中小學暨普通型高級中等學校自然科學領域。台北市：教育部。

教育部（2018b）。素養導向「紙筆測驗」要素與範例試題（定稿版）。檢索自https://ws.moe.edu.tw/001/Upload/23/relfile/8006/56181/50da6237-355a-4421-84bd-6fb8ab49f324.pdf

教育部（2020）。中華民國教師專業素養指引：師資職前教育階段暨師資職前教育課程基準。台北市：教育部。

圖解素養導向教學原理與設計

262

梁福鎮（2006）。教育哲學：辯證取向。台北市：五南。

盛群力、李志強（2003）。現代教學設計論。台北市：五南。

許淑玫（2005）。國小問題導向式課程發展與實踐之研究。台北市立教育大學學報，36(2)，63-92。

許慧貞（2003）。專題研究動手做：如何指導小學生做研究。台北市：天衛文化。

郭生玉（1993）。心理與教育測驗。台北市：精華。

郭如育（2011）。國中生情意教育的重要性及其課程設計原則。中等教育，62(2)，138-154。

郭靜姿、何榮桂（2014）。翻轉吧教學。台灣教育，686，9-15。

陳均伊、張惠博（2007）。探究導向教學的理論與實務──以「摩擦力」單元為例。物理教育學刊，8(1)，77-90。

陳志恆（2009）。自我調整學習理論對學生課業學習外部干擾的處理與啟示。台灣心理諮商季刊，1(4)，1-13。

陳欣蘭（2007）。論探究式教學法在社會科教學上的應用。網路社會學通訊，67。2021年2月15日檢索自https://nhu.edu.tw

陳彥廷、姚如芬（2004）。合作學習模式中學生學習表現之探討。台東大學教育學報，15(1)，127-166。

陳國泰（2008）。情境學習在大學課程的應用：以「邏輯思辨課程」為例。載於鄭博真（主編），大學卓越教學法（頁197-228）。台南市：中華醫事科技大學。

陳淑齡等（2010）。「問題導向學習」教學模式對國小五年級學童問題解決能力之影響以「植物繁殖」為例。屏東教大科學教育，31，82-94。

陳毓凱、洪振方（2007）。兩種探究取向教學模式之分析與比較。科學教育月刊，305，4-19。

陳萩卿（2004）。國小學生批判思考傾向與其偏好的教學取向及學習方式間的關係研究。國立台北師範學院學報，17(1)，251-270。

陳龍安（1990）。「問想做評」創造思考教學模式的建立與驗證。國立臺灣師範大學教育研究所博士論文，未出版，台北市：台灣師大。

陳龍安（1997）。創造思考教學。台北市：師大書苑。

陳龍安（2005）。創造思考的策略與技法。教育資料集刊，30，201-265。

陳龍安（2014）。創造思考教學的理論與實際（第六版）。台北市：心理。

陳豐祥（2009）。新修訂布魯姆認知領域目標的理論內涵及其在歷史教學上的應用。歷史教育，15，1-54。

單文經（1996）。道德討論教學法。載於黃光雄（主編），教學原理（頁183-198）。台北市：師大書苑。

單文經（1997）。教學媒體的選擇。台灣教育，560，8-11。

單文經（2001）。教學引論。台北市：學富。

彭甫堅（2015）。數學咖啡館使用手冊。2021年2月7日檢索自http://cgblue.cgsh.
tc.edu.tw/wordpress/dt/wp-content/uploads/sites/54/2015/09/0.%E6%95%B8%E5
%AD%B8%E5%92%96%E5%95%A1%E9%A4%A8%E6%95%99%E5%AD%B8
%E6%B3%95%E4%BD%BF%E7%94%A8%E6%89%8B%E5%86%8A0819.pdf

彭甫堅（2016）。翻轉下一波。2021年2月7日檢索自http://flipedu.parenting.com.tw/
blog-detail?id=1855

曾欽德（2007）。案例教學法於健康體育領域之應用。國教之友，58(4)，57-74。

曾琦、蘇紀玲、章學雲、江昕（2006）。概念學習的心理學研究成果及新進
展。教育科學研究，4，2014年4月14日檢索自http://chem.cersp.com/HXJX/
KXXX/200707/3657_3.html

曾憲政、張新仁、張德銳、許玉齡、馮莉雅、陳順和、劉秀慧（2007）。中小學
教師專業發展評鑑規準之研究。教育部教育研究委員會委託專案研究成果報
告。新竹市：國立新竹教育大學。

辜輝趂（2017）。翻轉教室教學模式情境下學生的學習成果暨學習成果與滿意因
素互動之研究。龍華科技大學學報，38，47-62。

馮丰儀（2012）。案例教學法在大學專業倫理課程應用之探討——以教育行政倫
理課程為例。慈濟大學教育研究學刊，8，1-30。

黃月霞（1989）。情感教育與發展性輔導：對兒童「態度」與「學業成績」的影
響。台北市：五南。

黃光雄（1985）。教學目標與評鑑。高雄市：復文。

黃光雄（1999）。教學的一般模式。載於黃光雄（主編），教學原理 （頁71-
81）。台北市：師大書苑。

黃光雄譯（1983）。認知領域目標分類。高雄市：復文。

黃欣玲（2008）。5E探究式教學對國中學生電學學習情境及學習成就之研究。國
立彰化師範大學物理教學碩士班碩士論文，未出版，彰化市。

黃彥文（2018）。省思「為何而教」？——論「翻轉教學」的迷思與意義。臺灣
教育評論月刊，7(8)，79-81。

黃政傑（1991）。課程設計。台北市：東華。

黃政傑（1996）。道德與社會科教學法。台北市：師大書苑。

黃政傑（2014）。翻轉教室的理念、問題與展望。臺灣教育評論月刊，3(12)，
161-186。

黃政傑、林佩璇（1996）。合作學習。台北市：五南。

黃茂在（2019）。從領綱研修理念談自然科學探究與實作課程設計。國教課綱向
前行電子報，23。2020年6月1 日檢索自https://newsletter.edu.tw/2017/12/08/從
領綱研修理念談自然科學探究與實作課程設計/

黃國禎（2016）。翻轉教室的定義、目的及發展。載於黃國禎（主編），翻轉教室理論、策略與實務（頁1-21）。台北市：高等教育。

黃瑋琳譯（2016）。翻轉教室：激發學生有效學習的行動方案。台北市：聯經。（J. Bergmann & A. Sams, 2012）

黃嘉莉（2008）。教師專業制度的社會學分析。師大學報：教育類，53(3)，125-151。

楊文輝、吳致維（2010）。培養合作能力的教學模式。2014年3月6日檢索自http://www.nhu.edu.tw/~society/e-j/88/88-33.htm

楊秀停、王國華（2007）。實施引導式探究教學對於國小學童學習成效之影響。科學教育學刊，15(4)，439-459。

楊坤原（2008）。問題導向學習在大學課程的應用 —— 以「自然科學概論」為例。載於鄭博真（主編），大學卓越教學法：原理、方法與實例（頁121-148）。台南：中華醫事科技大學教學卓越中心。

楊坤原、張賴妙理（2005）。問題本位學習的理論基礎與教學歷程。中原學報，33(2)，215-235。

楊建民（2009）。探究式教學法與講述式教學法在國小Scratch程式教學學習成效之研究。國立屏東教育大學資訊科學系碩士論文，未出版，屏東市。

楊家興（2009）。線上教材的製作：以國立空中大學為情境的規劃。管理與資訊學報，14，93-130。

楊淳皓（2017）。促進學生主動學習通識課程的教學策略：問題本位學習、專題式學習法與翻轉教室的整合。通識學刊，5(2)，1-40。

楊順南（2002）。實在與建構：一個發展心理學觀點的分析。載於詹志禹（主編），建構論：理論基礎與教育應用（頁78-114）。台北市：正中。

葉丙成（2015）。為未來而教。台北市：親子天下。

葉彥宏、施宜煌（2017）。探思E. Spranger教育愛理念對臺灣教師專業的啟示。臺中教育大學學報：教育類，31(2)，33-52。

詹瑜、王富平、李存生（2012）。教育學。北京市：中國人民大學。

鄒慧英譯（2003）。測驗與評量：在教學上的應用。台北市：洪葉文化。

廖羽晨（2009）。批判思考教學法的歷史課程設計。歷史教育，15，97-113。

甄曉蘭（1997）。教學理論。載於黃政傑（主編），教學原理（頁27-66）。台北市：五南。

趙沐深（2007）。合作學習STAD教學策略對電路學課程學習成效影響之研究。中州學報，25，17-36。

劉青雯（2020）。素養導向教學實踐之研究：以PBL導入高中性教育為例。師資培育與教師專業發展期刊，13(1)，75-100。

劉豫鳳、吳青蓉、陳儒晰、陳彥玲譯（2008）。教學原理與應用。台北市：華騰。

265

劉麗琴、呂鍾卿、李坤霖（2008）。國小自然與生活科技領域之精熟學習研究。教育理論與實踐學刊，18，97-120。

歐用生（1996）。價值澄清法。載於黃光雄（主編），教學原理（頁199-215）。台北市：師大書苑。

歐用生、林瑞欽譯（1991）。價值澄清法。高雄市：復文。

歐陽教（1995）。教育的概念分析。載於黃光雄（主編），教育概論（頁3-30）。台北市：師大書苑。

歐陽教（1998）。教育哲學導論。台北市：文景。

蔡宜君、高熏芳（1999）。案例教學法在中小學統整課程教學之應用。發表於新世紀中小學課程改革與創新教學學術研討會論文集（頁335-345）。高雄市：國立高雄師範大學。

親子天下（2017）。「只想爲數學多做一點」：數學咖啡館要讓教室變好玩。2021年2月7日檢索自https://flipedu.parenting.com.tw/article/3671

賴翠媛（2009）。區分性課程。2019年5月3日檢索自http://www.tiec.tp.edu.tw/lt/gallery/71/71-16394.pdf.

賴慧玲譯（2004）。教學模式。台北市：五南。

賴慶三、高汶旭（2004）。國小專題本位科學展覽活動教學之研究。台北市立師範學院學報，35(2)，259-286。

賴慶三、郭榮得（2005）。國小四年級學生光的專題本位科學學習之研究。台北市立師範學院學報，36(1)，183-208。

謝州恩、吳心楷（2005）。探究情境中國小學童科學解釋能力成長之研究。師大學報：科學教育類，50(2)，55-84。

鍾聖校（2004）。情意課程溝通教學理論：從建構到實踐。台北市：五南。

叢立新等譯（2007）。學會教學。上海市：華東師大。（R. I. Arends, 2004）

簡成熙（1999）。教育的方法。載於歐陽教（主編），教育哲學（頁277-310）。高雄市：復文。

簡成熙（2005）。教育哲學專論：當分析哲學遇上女性主義。台北市：高等教育。

簡妙娟（2000）。高中公民科合作學習教學實驗之研究。國立高雄師範大學教育研究所博士論文，未出版，高雄市。

簡妙娟（2003）。合作學習理論與教學應用。載於張新仁（主編），學習與教學新趨勢（頁403-463）。台北市：心理。

簡良平（2007）。教師專業化歷程的觀察與反省：以一位偏遠國小教師之行動研究爲例。課程研究，3(1)，29-58。

簡茂發（1999）。評量。載於黃政傑（主編），教學評量（頁125-140）。台北市：師大師苑。

圖解素養導向教學原理與設計

簡楚瑛（2005）。幼教課程模式。台北市：心理。

鐘建坪（2010）。引導式建模探究教學架構初探。科學教育月刊，328，2-19。

二、英文部分

Anderson, L. W., & Krathwohl, P. W. (2001). The revised taxonomy structure: The taxonomy table. In L. W. Anderson, D. R. Krathwohl, P. W. Airasian, K. A. Cruikshank, R. E. Mayer, P. R. Pintrich, J. Raths, & M. C. Wittrock (Eds.), *A taxonomy for learning, teaching, and assessing: A revision of Bloom's educational objectives* (pp. 27-37). NY: Longamn.

Anderson, L. W., Krathwohl, D. R., Airasian, P. W., Cruikshank, K. A., Mayer, R. E., Pintrich, P. R., Raths, J., & Wittrock, M. C. (2001). *A taxonomy for learning, teaching and assessing: A revision of Bloom's taxonomy of educational objectives.* NY: Longman.

Archer, A. L., & Hughes, C. A. (2011). *Explicit instruction: Effective and efficient teaching.* New York: Guilford.

Arends, R. I. (2009). *Learning to teach.* New York: McGraw-Hill.

Arends, R. L., & Kilcher, A. (2010). *Teaching for student learning: Becoming an accomplished teacher.* New York: Routledge.

Ausubel, D. P. (1968). *Educational psychology: A cognitive view.* New York: Holt, Rinehart & Winston.

Bandura, A. (1986). *Social foundations of thought and action.* Englewood Cliffs, NJ: Prentice Hall.

Bandura, A. (2001). Social cognitive theory: An agentic perspective. *Annual Review of Psychology, 52,* 1-26.

Bell, L. R., Smetana, L., & Binns, I. (2005). Simplifying inquiry instruction: Assessing the inquiry level of classroom activities. *The Science Teacher, 72* (7), 30-33.

Benjamin, A. (2005). *Differentiated instruction using technology: A guide for middle and high school teachers.* Larchmont, NY: Eye on Education.

Bergmann, J., & Sams, A. A. (2014). *Flipped Learning: Gateway to Student Engagement.* NY: ISTE/ASCD.

Bloom, B., Englehart, M., Furst, E., Hill, W., & Krathwohl, D. (1956). *Taxonomy of educational objectives: The classification of educational goals. Handbook I: Cognitive domain.* New York: Longmans.

Borich, G. D. (2004). *Effective teaching methods* (5th ed.). Upper Saddle River, NJ: Prentice Hall.

Brophy, J. E., & Evertson, C. M. (1967). *Learning from teaching: A development perspective.* Boston: Allyn and Bacon.

267

Brown, J. S., Collins, A., & Duguid, P. (1989). Situated cognition and the culture of learning. *Educational Researcher, 18* (1), 32-41.

Bruner, J. (1966). *Towards a theory of instruction.* Cambridge, MA: Harvard University Press.

Burden, P. R., & Byrd, D. M. (2010). *Methods for effective teaching: Meeting the needs of all students.* Boston, MA: Allyn & Bacon.

Bybee, R., Taylor, J. A., Gardner, A., Van Scotter, P., Carlson, J., Westbrook, A., Landes, N. (2006). *The BSCS 5E instructional model: Origins and effectiveness.* Colorado Springs, CO: BSCS.

Carledge, G., & Milburn, J. F. (1986). Steps in teaching social skills. In G. Cartledge & J. F. Milburn (Eds.), *Teaching social skills to children.* NY: Pergamon.

Carroll, J. B. (1963). A model of school learning. *Teachers College Record, 64*(8), 723-733.

Cheong, F. (2008). Using a problem-based learning approach to teach an intelligent systems course. *Journal of Information Technology Education, 7,* 47-60.

Cruickshank, D. R., Jenkins, D. B., & Metcalf, K. K. (2009). *The act of teaching.* New York: McGraw-Hill.

Delisle, R. (1997). *How to use problem-based learning in the classroom.* Alexandria, VA: Association Supervision and Curriculum Development.

Dick, W., Carey, L., & Carey, J. O. (2005). *The systematic design of instruction* (6th ed.). Boston, MA: Allyn & Bacon.

Eisner, E. W. (1985). *The art of educational evaluation: A personal view.* London: The Falmer Press.

Emmer, E., Evertson, C., & Anderson, L. (1980). Effective classroom management at the beginning of the school year. *Elementary School Journal, 80*(5), 219-231.

Gagné, R. M., Briggs, L. J., & Wager, W. W. (1992). *Instructional design and the new technology of instruction.* New York: Holt, Rinehart & Winston.

Gay, G. (2000). *Culturally responsive teaching: Theory, research, and practice.* New York, NY: Teachers College Press.

Glaser, R. (1962). Psychology and instructional technology. In R. Glaser (Ed.), *Training research and education* (pp. 135-175). Pittsburgh: University of Pittsburgh Press.

Glaser, R. (1991). The maturing of the relationship between the science of learning and cognition and educational practice. *Learning and Instruction, 1,* 129-144.

Gronlund, N. E. (1978). *Stating objectives for classroom instruction.* NY: Macmillan.

Hall, G. E., Quinn, L. F., & Gollnick, D. M. (2008). *The joy of teaching: Making a difference in student learning.* Boston, MA: Pearson.

Heinich, R., Molenda, M., Russell, J. D., & Smaldino, S. E. (2002). *Instructional media and technologies for learning* (7th ed.). Upper Saddle River, New Jersey: Merrill Prentice Hall.

Hunter, M. (1982). *Mastery teaching*. El Segundo, CA: TIP Publications.

Johnson, D. W., & Johnson, R. T. (1999). *Learning together and alone: Cooperative, competitive, and individualistic learning* (5th ed.). Boston: Allyn & Bacon.

Jones, V. F., & Jones, L. S. (1998). *Comprehensive classroom management: Creating communities of support and solving problems*. Boston: Allyn & Bacon.

Joyce, B., Weil, M., & Calhoun, E. (2008). *Models of teaching* (8th ed.). Boston, MA: Allyn & Bacon.

Kagan, S. (1994). *Cooperative learning*. San Clemente, CA: Kagan Cooperative Learning.

Kagan, S., & Kagan, M. (1998). *Multiple intelligences: The complete MI book*. San Cemente, CA: Kagan.

Kauchak, D. P., & Eggen, P. D. (1998). *Learning and teaching: Research-based methods*. Boston: Allyn and Bacon.

Keller, J. M. (1987). Development and use of the ARCS model of instructional design. *Journal of Instructional Development, 3*, 2-10.

Kemp, J. E. (1985). *The instructional design processes*. New York: Harper & Row.

Kibler, R. J., Cegala, D. J., Miles, D. T., & Barker, L. L. (1974). *Objectives for instruction and evaluation*. Boston: Allyn and Bacon.

Kounin, J. S. (1970). *Discipline and group management in classrooms*. New York: Holt, Rinehart, and Winston.

Krathwohl, D. R. (2002). A revision of Bloom's taxonomy: An overview. *Theory Into Practice, 41*(4), 212-219.

Krathwohl, D. R., Bloom, B. S., & Masia, B. B. (1964). *Taxonomy of educational objectives. Handbook II: Affective domain*. New York: McKay.

Kubiszyn, T., & Borich, G. (2007). *Educational testing and measurement: Classroom application and practice*. Hoboken, NJ: John Wiley & Sons.

Kyriacou, C. (1995). Direct teaching. In C. Desforges (Ed.), *An introduction to teaching* (pp.115-131). Oxford: Blackwell.

Lasley, T. J., & Matczynski, T. J. (1997). *Strategies for teaching in a diverse society*. Belmont, CA: Wadsworth.

Lefrancois, G. R. (2000). *Psychology for teaching*. Belmont, CA: Wadsworth.

Linn, R. L., & Gronlund, N. E. (2000). *Measurement and assessment in teachin* (8th ed.). Upper Saddle River, NJ: Prentice-Hall.

參考文獻

Mager, R. F. (1984). *Preparing instructional objectives* (2nd ed.). Belmont, CA: David S. Lake.

Maslow, A. H. (1970). *Motivation and personality*. NY: Harper & Row.

Molenda, M. (2003). In search of the elusive ADDIE Model. *Performance Improvement, 42* (5), 34-37.

Muijs, D., & Reynolds, D. (2005). *Effective teaching: Evidence and practice*. London: Sage.

National Research Council (1996). *National science education standards*. Washington, DC: National Academy Press.

OECD(2018). *The future of education and skills 2030*. Paris, FR: Author.

Orlich, D. C., Harder, R. C., Callahan, R. C., Trevisan, M. S., Brown, A. H., & Miller, D. E. (2013). *Teaching strategies: A guide to effective instruction*. Belmont, CA: Wadsworth.

Piaget, J. (1981). *Intelligence and affectivity: Their relation during child development*. Palo Alto, CA: Annual Reviews. (Originally published 1954).

Price, K. M., & Nelson, K. L. (2007). *Planning effectiveinstruction: Diversity responsive methods and management*. Belmont, CA: Thomson.

Rosenshine, B. (2008). *Five meanings of direct instruction*. Center on Innovation & Improvement. Retrieved from http://www.centerii.org

Ryan, K., Cooper, J. M., & Tauer, S. (2013). *Teaching for student learning: Becoming a master teacher*. Belmont, CA: Wadsworth.

Scales, P. (2008). *Teaching in the lifelong learning sector*. New York: McGraw-Hill.

Schunk, D. H. (2008). *Learning theories: An educational perspective*. Upper Saddle Rriver, NJ: Pearson Prentice Hall.

Schwab, J. J. (1962). *The teaching of science* as inquiry. In J. J. Schwab & P. F. Brandwein (Eds.), The teaching of science (pp. 3-103). Cambridge, MA: Harvard University Press.

Shaftel, F. R., & Shaftel, G. (1982). *Role playing in the curiculum*. NY: Prentice-Hall.

Sharan, Y., & Sharan, S. (1992). *Expanding co-operative learning through group investigation*. New York: Teachers College Press.

Simpson, E. J. (1972). *The classification of educational objectives in the psychomotor domain: The psychomotor domain* (Vol. 3). Washington, DC: Gryphon House.

Slavin, R. (1997). *Educational psychology: Theory and practice* (5th ed.) . Needham Heights, MA: Allyn and Bacon.

Slavin, R. E. (1994). *Using student team learning* (2nd ed.). Baltimore, MD: Johns Hopkins University, Center for Social Organization of Schools.

圖解素養導向教學原理與設計

Slavin, R. E. (1995). *Cooperative learning: Theory, research, and practice* (2nd ed.). Boston: Allyn & Bacon.

Slavin, R. E. (2010). Co-operative learning: What makes group-work work? In H. Dumont, D. Istance, & F. Benavides (Eds.), *The nature of learning: Using research to inspire practice* (pp. 161-178). OECD Publishing. Retrieved from http://www.successforall.org/SuccessForAll/media/PDFs/CL-What-Makes-Groupwork-work.pdf

Suchman, J. R. (1962). *The elementary school training program in scientific inquiry.* Urbana, IL: University of Illinois.

Swanson, H. L. (2001). Searching for the best model for instructing students with learning disabilities. *Focus on Exceptional Children, 34*(2), 1-15.

Tam, M. (2001). *Introducing problem-based learning: Learning matters at Lingnan.* from http://www.ln.edu.hk/tlc/learning_matters/05-2001-242001.pdf

Tomlinson, C. A. (2005). *How to differentiate instruction in mixed-ability classrooms* (2nd ed.). Upper Saddle River, NJ: Merrill Prentice Hall.

Tomlinson, C. A. (1999). *The differentiated classroom: Responding to the needs of all learners.* Alexandria, VA: ASCD.

Wilkinson, J., & Canter, S. (1982). *Social skill training manual.* NY: John Wiley & Sons.

Zimmerman, B. (2002). Becoming a self-regulated learner: An overview. *Theory Into Practice, 41*(2), 64-70.

參考文獻

國家圖書館出版品預行編目資料

圖解素養導向教學原理與設計/周新富著. --
初版. -- 臺北市：五南圖書出版股份有限公
司, 2022.01
　　面；　公分
ISBN 978-626-317-373-6 (平裝)
1.教學理論 2.教學設計 3.教學法
521.4　　　　　　　　　110018895

1I4C

圖解素養導向教學原理與設計

作　　者 ― 周新富 (109.2)

發 行 人 ― 楊榮川

總 經 理 ― 楊士清

總 編 輯 ― 楊秀麗

副總編輯 ― 黃文瓊

責任編輯 ― 李敏華

封面設計 ― 王麗娟

出 版 者 ― 五南圖書出版股份有限公司

地　　址：106台北市大安區和平東路二段339號4樓

電　　話：(02)2705-5066　　傳　　真：(02)2706-6100

網　　址：https://www.wunan.com.tw

電子郵件：wunan@wunan.com.tw

劃撥帳號：01068953

戶　　名：五南圖書出版股份有限公司

法律顧問　林勝安律師事務所　林勝安律師

出版日期　2022年 1 月初版一刷

定　　價　新臺幣360元

經典永恆・名著常在

五十週年的獻禮 —— 經典名著文庫

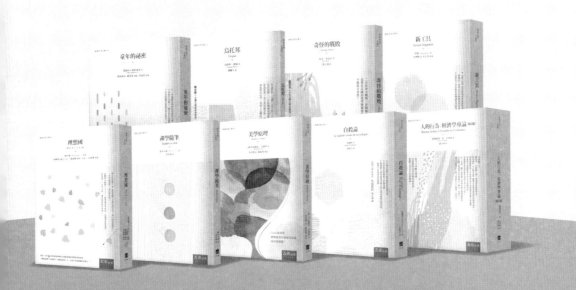

五南，五十年了，半個世紀，人生旅程的一大半，走過來了。

思索著，邁向百年的未來歷程，能為知識界、文化學術界作些什麼？

在速食文化的生態下，有什麼值得讓人雋永品味的？

歷代經典・當今名著，經過時間的洗禮，千錘百鍊，流傳至今，光芒耀人；

不僅使我們能領悟前人的智慧，同時也增深加廣我們思考的深度與視野。

我們決心投入巨資，有計畫的系統梳選，成立「經典名著文庫」，

希望收入古今中外思想性的、充滿睿智與獨見的經典、名著。

這是一項理想性的、永續性的巨大出版工程。

不在意讀者的眾寡，只考慮它的學術價值，力求完整展現先哲思想的軌跡；

為知識界開啟一片智慧之窗，營造一座百花綻放的世界文明公園，

任君遨遊、取菁吸蜜、嘉惠學子！